本书系国家社会科学基金教育学青年课题
"县域内教师交流的激励相容与约束均衡机制研究"
（课题批准号：CFA140140）的研究成果

多元视野下的农村教育丛书

县域教师交流
现实样态与机制构建

County-Level Teachers' Rotation:
Realistic Patterns and
Construction Mechanism

张源源 等 著

社会科学文献出版社
SOCIAL SCIENCES ACADEMIC PRESS (CHINA)

总　序

　　作为未来十年农村教育学学科建设的基础工程，2018 年我们策划了"社会变迁中的农村教育"、"多元视野下的农村教育"和"教育实验中的农村教育"三套丛书。目前，第一套丛书已经出版（但尚未出版完），现在拟出版第二套丛书。如果说"社会变迁中的农村教育"丛书注重的是农村教育学时间维度的话，那么"多元视野下的农村教育"丛书注重的则是农村教育学的空间维度。

　　中国是一个农业大国，在工业化、城镇化和信息化进程中，农业从业人口和农村在学人口持续减少，这是一个史无前例的大变迁，也是人类发展史上不可忽视的现代化现象，学术界对这一问题给予了足够的关注。我们第一套丛书的根本目的就是历时性地记录这一重大的社会变迁历程，探索现代化进程中的重大理论问题，发现农村教育变迁的一般规律。然而，从共时性上看，农村教育的发展演变并不是单维的，也不是线性的，相反，它是一个复杂的、非线性的演进过程，任何单一学科的视角都无法全面窥探这一重大人类现象的历史真貌。毕竟，世界原本是统一的、完整的，人类只是为了认识的方便才把统一的世界肢解成了各门相对独立的学科，形成了一个复杂的学科体系或知识体系。

　　近代以来，随着科学的发展和学科分化进程的加快，人们开始倾向于为学科划分边界，以确保学科的独立性和存在的合法性。虽然划分学科边界的标准有很多，但其中有一条重要的标准即研究对象，似乎政治现象只能由政治学研究、社会现象只能由社会学研究、经济现象只能由经济学研究，当自然现象和社会现象的学术领地被主要学科瓜分完毕之后，似乎学科的分类就完成了。但是，二战以后，人们越来越认识到问题的综合性与复杂性，人类在面对复杂的综合性问题时越发感觉到打破传统学科畛域、寻求不同学科之间的对话、促进跨学科交流的重要性。即使人类面临的是单一性问题，但从不同的视角和站位去看问题时也会有不同的认识。王之涣的《登鹳雀楼》名句"白日依山尽，黄河入海流。欲穷千里目，更上一层楼"和苏轼的《题西林壁》名句"横看成岭侧成峰，远近高低各不同。不识庐山真面目，只缘身在此山中"非常经典地说明了这个问题。对同一客观认识对象，一方面，即使在同一学科内部，由于看问题的角度不同（平视中的角度）就会得到不同的认知结果；另一方面，只有跳出单一学科视角（俯视中的站位），才能反身认知学科自身，才能认清某一学科的真面目。

据词源学家考证，英文 theory 一词来自原始印欧语词根"wer-"的"to perceive"（"察觉"）含义，后通过"wer-"的古希腊语衍生词"horan"（"看"）与古希腊语词根"thea"（"视野"）的结合，经由希腊语"theōros""theōrein""theōria"及晚期的拉丁语"theoria"最终演变成今天的"theory"。可以看出，这几个词根表征的都是"察觉""视野""看"等视觉意象。也有历史文化学家认为，theōria 是古希腊的一种"观礼"文化，理论（theōria）并不是表演本身，而是对表演的观看。观看者作为观礼员（theōros）并不是普通的观众，而是要做朝圣汇报的特殊观察员，因此观礼者必须用"理念"去重新审视表演的结构，从而建构出神圣的景象（theōria）。因此，我们这里所用的多元视野，本质上就是多种理论对同一对象、现象或问题（亦可理解为"表演"）的审视和观察。由于观察者在观众席中位置的不同，必然会看到不一样的景象，因此任何单一视角的观察都是独特的，但又不一定是全面的。若想对事物本身有更加透彻的认识和理解，多元视角是必不可少的，这既是学术民主的逻辑旨归，更是学术繁荣的重要表征。

与世界其他文明相比，中华文化有自己非常独特的认识世界的视角，特别是中华文化的整体观、中庸观、变化观、辩证观等对当今处于不稳定和大变局的世界来说是具有重要认识论和实践论意义的。然而，随着近代以来西学东渐进程的加快，我们引进了许多西方社会科学理论。向西方学习本是无可厚非的，毕竟人类文明有共性的一面，但同时我们知道，人类文明还有个性的一面，所以学习西方并不是为了变成西方，而是将西方文化的优秀成分同中华文化相融汇，形成更具现代性和包容性的中华文化，以成为更好的自己。但是，现在学术界却存在一种简单的用西方理论、西方标准套裁中国实践的现象，似乎西方的理论都是完全正确的，可以说明中国的一切。在这种情况下，较难贡献中国特色、中国风格、中国气派的学术话语，更难以形成中国的学术自信和文化自信，更难以向西方学术界发出中国声音、讲出中国故事、说出中国话语。这种状况必须得到根本转变。如果说在自然科学领域存在"卡脖子"问题的话，那么在哲学社会科学领域则存在"卡嗓子"问题，即在国际学术界有话说不出、说出没人懂、听懂也不认的问题。因此，习近平总书记在中国人民大学考察时指出，"加快构建中国特色哲学社会科学，归根结底是建构中国自主的知识体系"。① 坚持和发展中国特色社会主义需要哲学社会科学，解好"世界怎么了""人类向何处去"的时代之题，回答好中国之问、世界之问、人民之问、时代之问，必须以中国为观照、以时代为观照，立足中国实际，解决中国问题，不断推动中华优秀传统文化创造性转化、创新性发展，不断推进知识创新、理论创新、方法创新，使中国特色哲学社会科学真正屹立于世界学术之林。

当今世界的学科发展既不断分化也不断融合，学科交叉融合既是当前科学技术发展的重大特征，也是哲学社会科学发展的重要趋势；学科交叉既是新学科产生的重要源泉，也是创新型人才培养的有效路径，更是经济社会发展的内在需求。国家越来越重视学科的交叉融合，不仅新增了"交叉学科"门类，还加强了"新文科"建设。农村教育既是一个教育问题，更是一个社会问题。在研究农村教育问题的过程中，社会学、经济学、文化学、政治学、心理学等多元视野对深刻认识农村教育问题的综合性、复杂性和多样性颇有助益。本套丛书以当前农村教育研究中系列重大理论和实践问题为主题，运用多维视角开展研究与审视，重视学术性和知识生产，是一套理论取向的研究丛书。我们期望通过多元角

---

① 《加快构建中国特色哲学社会科学》，https://www.gmw.cn/xueshu/2022－05/29/content_35778593.htm，最后访问日期：2022年6月22日。

度、站位、立场对农村教育的审视，能让我们更加全面地掌握农村教育发展的基本规律，为乡村教育振兴和城乡教育一体化发展贡献思想和智慧。

邬志辉

教育部人文社会科学重点研究基地

东北师范大学中国农村教育发展研究院院长

2022 年 6 月 22 日于长春

序

　　教师交流是实现区域内城乡教师队伍一体化发展、均衡配置教师资源的重要举措。随着教师交流政策的有序推进，在各级政府的积极推动下，教师交流常态化、制度化的格局已基本形成。教师交流政策虽取得了一些成效，但也存在一些执行难题，如何"探索有效的教师交流机制"依然是当下及未来重要的研究议题。比如，有的地区教师交流仍停留在形式上，未能起到均衡师资的作用；有的地区虽然实现了教师交流的常态轮岗，但是优秀教师到艰苦边远地区学校交流的比例依然偏低；也有些地区实现了"下得去"的目标，但骨干教师的辐射带动作用尚未发挥。为此，需要基于过程的复杂性和现实的多样性，破解县域内教师交流政策执行的体制机制障碍，进一步优化政策。

　　作者基于历史文献资料，从三个历史阶段分析了不同时期教师交流政策的缘起、特征及具体表现，充分展现了教师交流政策的演进脉络与变化趋势。作者运用文本分析法对我国东、中、西部地区地方政府所发布的教师交流政策文本内容进行分析，并提取各地区政策文本的特征性因素，研判各省在教师交流政策制定过程中的重点与难点问题。

　　作者通过三次调查研究，梳理了当前县域内教师交流政策的执行情况。调查发现，当前教师交流制度趋于完善，教师交流形式逐渐多样、教师交流范围逐步扩大、"县管校聘"体制改革初见成效，然而在交流过程中仍然面临一些问题，如政策执行主体参与意愿不强、交流学科匹配度不高、教师交流效果不明显等。研究发现，产生这些问题的原因在于政策制定过程忽略执行主体的政策认同和动力激发、未充分考虑执行主体的交流需要与利益诉求，以及政策配套措施不健全、评价与监督准则不完善等。

因此，需要构建县域内教师交流的激励与约束机制，基于积极差异补偿标准的激励机制和多元弹性的教师交流评价约束机制，为充分发挥教师交流均衡师资配置的作用提供政策建议，进而提升教师交流的有效性。

依据当前教师交流的实践样态，作者归纳了教师交流的常见模式，如全员轮换模式、联校共同体模式、单向支援模式、双向互派模式、定岗走教模式、远程互动模式，并研究了县域内教师交流模式及其适宜性；通过对 L 市三个县区的义务教育教师交流典型案例的研究，以期能够为更好地完善教师交流制度提供实践样板。

本书系作者对教师交流政策及执行长期研究的成果，借此作序的机会，特向广大读者朋友推荐，期待对各地优化教师交流政策、学界朋友深化教师交流研究有启示意义。

邬志辉

2023 年 5 月于东北师范大学

目　录

绪　论

　　城乡师资配置失衡是我国义务教育均衡发展面临的瓶颈问题，教师交流是解决这一问题的重要举措之一。近年来，国家政策文件多次提到教师交流轮岗，体现出国家对教师交流政策实施的决心和力度。2010年，《国家中长期教育改革和发展规划纲要（2010—2020年）》明确提出"实行县（区）域内教师、校长交流制度"，推进义务教育均衡发展。2014年，教育部等三部门联合印发了《关于推进县（区）域内义务教育学校校长教师交流轮岗的意见》，提出"力争用3至5年时间实现县（区）域内校长教师交流轮岗的制度化、常态化，率先实现县（区）域内校长教师资源均衡配置，支持鼓励有条件的地区在更大范围内推进，为义务教育均衡发展提供坚强的师资保障"。这标志着义务教育阶段教师交流由探索试点走向全面推广。2019年，《中共中央 国务院关于深化教育教学改革全面提高义务教育质量的意见》再次提出"加大县域内城镇与乡村教师双向交流、定期轮岗力度"。教师交流政策作为均衡配置教师资源的一项重要举措已经形成了基本共识。

第一节　研究缘起

　　许多国家都重视教师的流动问题，并从宏观层面出台了相关政策促进教师的有序流动。就我国而言，教师交流政策是促进义务教育均衡发展的重要举措，在国家的大力倡导和相关政策指引下，各地对教师交流政策进行了很多实践探索，但在具体的实践过程中仍然遇到了层层阻碍。

一 世界各国对师资配置问题高度关注

优化教师资源的配置是世界各国广泛关注的教育议题。美国在 2008 年出台了人才流动激励（Talent Transfer Incentive）政策，基于薄弱学校的实际需求，结合教师意愿，并通过物质性奖励的措施吸引高质量教师流入薄弱学校。① 法国实行义务教育"学区制度"，教师的分配流动按学区由教育部统一规划，同时兼顾教师个人利益和个人意愿。② 日本实施中小学教师"定期流动制"，并对中小学教师的流动周期、流动对象、流动程序等进行了详细的规定。③ 日本文部科学省根据近年来中小学教师的平均流动率计算，全国公立基础学校的教师平均 6 年流动一次，大多数中小学校长 3 至 5 年就要流动一次。④ 综上所述，各国对教师流动问题高度关注，通过政策吸引或制度约束等机制促进教师资源进一步优化配置。

二 教师交流是促进义务教育均衡发展的重要政策举措

当前，我国义务教育的发展已经取得了巨大进步，全面普及了城乡免费义务教育，从根本上解决了适龄儿童"有学上"的问题，但区域间、城乡间、学校间的办学水平和教育质量还存在很大差距，人民群众对高质量教育不断增长的需求与供给不足的矛盾依然突出。深入推进义务教育均衡发展，着力提升农村学校办学水平，全面提高义务教育质量，实现所有适龄儿童"上好学"，对推动我国教育事业发展，促进我国教育公平，进一步提升我国国民素质、建设人力资源强国，具有重大的现实意义和深远的历史意义。教师资源配置是深入推进义务教育均衡发展的重要因素，合理配置教师资源是推进义务教育均衡发展的基本目标之一。教师交流是均衡配置教师资源的重要举措，通过城乡间教师交流，可以实现区域内优质教

① Glazerman, S., Protik, A., Teh, B. R., Bruch, J., & Seftor, N, "Moving Teachers: Implementation of Transfer Incentives in Seven Districts. NCEE 2012 – 4051," *National Center for Education Evaluation and Regional Assistance* 4（2012）: 3 – 4.

② 刘敏:《以教师流动促进教育均衡——法国中小学师资分配制度探析》,《比较教育研究》2012 年第 8 期。

③ 彭新实:《日本的教师培训和教师定期流动》,《外国教育研究》2000 年第 5 期。

④ 汪丞:《中日中小学教师流动之比较及启示》,《比较教育研究》2005 年第 11 期。

师资源共享，发挥城镇优秀教师的辐射带动作用，带动乡村薄弱学校的
发展。

三　当前教师交流在推行过程中遭遇现实困境

近年来国家重视教师交流，各地也开展了一些积极的探索，但政策在
推行过程中仍然遇到了一些阻碍。由于教师交流政策涉及教育行政部门、
派出学校、接收学校以及交流教师等多个利益相关主体，在政策推行过程
中利益如何分配的问题就会导致各利益主体间的博弈，产生一系列问题。
有的地区教育行政部门未认识到教师交流的重要性，推行意愿较低；有的
学校不愿意派出优秀教师，而是选择派出教学水平较低的教师；有的教师
交流动力不足，交流意愿不强，交流后工作积极性不高。产生这些问题的
根本原因在于对教师的激励相容问题、教师的胜任力、教师交流最佳周
期、教师交流适宜范围和适宜环境等的理论研究不足，未能很好地指导实
践；配套性的政策不完善，未能系统性地保障该项工作顺利推进；缺乏对
该制度的评价性研究，未能及时进行改进。因此，研究教师交流的激励相
容机制与约束均衡机制对提升该制度的教育效能具有重要的学术价值和实
践意义。

第二节　文献回顾

对教师交流的相关研究进行梳理，笔者发现学者们从不同的研究视角
集中研究了三个方面的问题：一是理论研究，厘清了教师交流的相关概
念，指明了交流的价值所在；二是政策研究，对教师交流政策进行了梳
理，从政策制定到政策执行、评价等方面进行了问题和对策研究；三是实
践研究，介绍了相关的教师交流模式和地方的典型经验。

一　关于教师交流研究视角的文献回顾

研究视角是研究者分析研究对象、解决研究问题的切入点和立足点。
目前国内学者对教师交流进行了全方位和多角度的分析，从经济学、管理
学、社会学、伦理学、法学等多学科视角开展研究，取得了丰富的成果。

从经济学的视角来看，关于教师交流的研究关注对效率与公平的探讨，其本质是合理有效地利用稀缺资源来实现整体资源的优化配置。教师具有"理性经济人"的特性，其行为自然是在追求经济利益最大化的目标下做出的选择。成本收益分析是对投入与产出的一种经济估算和衡量，其目的是以最小的投入获得最大的收益。董天鹅在分析教师成本收益的基础上提出教师的三种行为选择，并在此基础上提出城乡教师交流应加强成本补偿，做好收益平衡。[1] 此外，也有学者认为义务教育教师交流问题的实质是教师人力资本产权及制度绩效问题，我国现行义务教育教师人力资本产权制度存在的诸多问题导致当前教师交流的失衡。[2] 有学者借鉴劳动经济学中人口迁移的"推拉理论"，利用北京市某区县教师抽样调查的微观数据探究影响不同群组教师参与轮岗交流意愿的因素，并通过建立模型揭示了教师轮岗交流意愿是诸多拉力和推力共同作用于教师的结果。[3]

从管理学的视角来看，已有研究主要侧重于如何推动义务教育阶段教师交流的有效实施。有研究认为，教师交流是一项非常复杂的系统工程，涉及人事管理、财政管理、编制管理和教育行政管理等多方面的体制改革，因此应明确人社、财政、编制和教育行政部门等责任主体，建立教育系统人员的统一调配管理机制。[4] 一些学者从教师管理制度的角度出发，提出教师交流要打破教师的校籍管理模式，实行学校教职工全员聘任制，完善教师编制动态管理，实行"县聘校用"。[5]

从社会学的视角来看，已有研究主要围绕教师交流所涉及的人际关系、不同角色间的冲突、组织适应等问题展开。教师交流涉及交流学校的校长、教师、学生和学生家长等诸多群体的利益，因此必然要考虑可能出现的相关社会问题。刘冬岩以教师主体为切入点，探讨教师交流制度实施

① 董天鹅：《教育经济学视域下中小学教师城乡交流问题思考》，《教学与管理》2013 年第 3 期。
② 夏茂林：《人力资本产权视角下义务教育教师流动问题思考》，《教育与经济》2014 年第 3 期。
③ 杜屏、张雅楠、叶菊艳：《推拉理论视野下的教师轮岗交流意愿分析——基于北京市某区县的调查》，《教育发展研究》2018 年第 4 期。
④ 李潮海、徐文娜：《校长教师交流的困境分析与实践建构》，《中国教育学刊》2015 年第 1 期。
⑤ 史亚娟：《中小学教师流动存在的问题及其改进对策——基于教师管理制度的视角》，《教育研究》2014 年第 9 期。

对交流教师的人文关怀，提出要建立适宜的社会保障体系，在行政管理过程中要以人为本，并且要关注交流教师的专业能力提升，以此体现对交流教师的人文关怀。① 此外，姜超、邬志辉认为教师交流轮岗的动力来源于文化认同，即教师作为交流主体，其交流意愿或抵触情绪的产生均在于自身对交流政策是否认同。②

从伦理学的视角来看，教师交流本身就具有伦理基础，伦理性是其必然的内在价值追求。由于多元主体间存在利益冲突，我国的教师交流在实践中存在伦理困境，为实现教师交流伦理的回归，教师交流要做到功利性与超功利目标的契合、价值理性与工具理性的整合、他者谋划与主体参与的融合。③

此外，还有学者从法学的视角进行了研究。研究指出，义务教育教师交流制度涉及教师法律地位、任用制度等法理性问题，具有法理逻辑，刚性教师交流制度存在与现有的相关教师法律相冲突的问题。④ 夸大教师交流价值，政策设计理念定位不准，交流政策不配套，可能是导致教师交流政策执行困难的根本原因，因此需要进行法理探讨和法律重构。⑤

通过梳理目前的文献，笔者发现，对义务教育教师交流的多学科研究视角不仅深化了我们对教师交流的认识，而且有利于推动义务教育教师交流问题的解决，促进教师交流的实践探索。

二　关于教师交流价值的相关研究

近年来，对教师交流价值的研究主要从以下三个层面展开。

从宏观国家层面来说，教师交流有利于义务教育均衡发展，推动教育公平。义务教育均衡发展是保障教育公平的基础性工作，也是建设社会主

---

① 刘冬岩：《由关注到关怀——谈教师交流轮岗制度实施中的人文关怀》，《新教师》2015年第1期。

② 姜超、邬志辉：《校长教师交流轮岗机制：类型、评价和建议》，《现代教育管理》2015年第11期。

③ 谢延龙、李爱华：《教师流动伦理：意蕴、困境与出路》，《现代教育管理》2014年第4期。

④ 田汉族：《刚性教师交流制的实践困境与法律思考》，《教师教育研究》2011年第1期。

⑤ 陈鹏：《义务教育教师均衡配置的法理探源与法律重构》，《陕西师范大学学报》（哲学社会科学版）2010年第1期。

义和谐社会的重要前提和保证。① 《国家中长期教育改革和发展规划纲要（2010—2020 年）》提出"均衡发展是义务教育的战略性任务"，要切实缩小校际差距、加快缩小城乡差距、努力缩小区域差距。教育资源的非均衡配置是义务教育非均衡发展的主要表现，毋庸置疑，师资在教育资源配置中占有重要地位。加大城乡教师交流力度，能够促进师资队伍的均衡配置，充分发挥骨干教师的辐射带动作用，有力推进义务教育的均衡发展，从而推动教育公平。② 周国斌、杨兆山进一步指出城乡教师交流政策的价值取向就是指向公平、原则公平、制度公平。③

从学校层面来说，教师交流有利于缩小校际差距，缓解"择校热"问题。随着社会对教育重视程度的提高，人民群众对优质教育资源的需求日益增长。优质的师资队伍是优质教育的关键，通过合理有序的教师交流，城镇优质学校与乡村薄弱学校之间可以实现良性互动。城镇学校的优质师资输送到乡村薄弱学校，为乡村学校注入了新鲜血液，使乡村教育得到发展，缩小城乡教育差距，实现校际教育均衡发展，从而促进教育公平。④

从教师层面来说，教师交流能促进教师专业发展，保持教师队伍的活力。教师交流能为教师教育教学能力的提升提供良好的平台。具体来讲，第一，通过教师交流，教师能够在不同的学校中体验教学的差异，适应不同的教学情境，从而更好地提升教学能力、把握教学规律。第二，乡村薄弱学校的教师到城镇优质学校交流，回到乡村学校后能够传播交流时学到的教学经验和教育智慧，带动本校教学质量的提升，进而提升乡村教师队伍的整体水平。第三，教师交流轮岗可以激发教师进行自我反思和自我超越，走出专业发展瓶颈。⑤ 长期在一所学校任教容易使教师产生职业倦怠感，形成思维定式等，会限制教师自身的发展，从而影响整个教师队伍的发展。因此，合理有序的教师交流可以激发和保持教师队伍的活力，促进

① 周洪宇等：《教育公平论》，人民教育出版社，2010，第 16 页。
② 苟以勇：《义务教育均衡化目标下的城乡教师交流探析》，《教学与管理》2016 年第 5 期。
③ 周国斌、杨兆山：《论城乡教师交流政策的完善与落实》，《教育研究》2017 年第 11 期。
④ 何舒颖：《教育公平视域下的中小学教师轮岗制审视》，《继续教育研究》2013 年第 6 期。
⑤ 操太圣、吴蔚：《从外在支援到内在发展：教师交流轮岗政策的实施重点探析》，《全球教育展望》2014 年第 2 期。

教师的专业发展。①

三　关于教师交流政策的问题及对策研究

明确教师交流政策的发展历程能够为更好地研究教师交流政策提供服务。因此，需要对政策制定和执行层面存在的问题及建议进行总结。

（一）教师交流政策存在的问题研究

目前国内学者对教师交流存在的问题主要从政策制定、政策执行、政策评价和政策的配套措施等方面来论述。

1. 关于教师交流政策制定的研究

在教师交流政策的制定上，只有"自上而下"的过程，缺乏"自下而上"的过程，政策制定者忽视了政策对象的客观现实和主体意愿。各地在制定教师交流政策时以政府为主导，把交流学校、交流教师和接收学校等利益相关主体仅看成是政策指令的服从者和执行者而不是政策制定的参与者。教师往往因行政命令而被迫参与城乡教师交流。教育相关部门仅基于支教的经验和国外教师交流的做法，在政策制定前并未开展广泛的调研论证，在政策的制定过程中对农村薄弱学校、教师等来自基层的声音听取不够，从而为政策的执行带来了一些隐患。② 这种"自上而下"的政策制定方式使交流目标不够具体、交流规定不够科学、激励措施不够合理。

（1）交流目标不够具体

政策目标是政策预期能够达到的目的和结果，是政策的基本条件和执行的前提。虽然目前各省市都出台了相关的教师交流政策，在政策指导下，各地区也制定了教师交流的目标，但现有实施方案对政策目标的规定过于宏观，没有结合各地区的基本特点，制定出切实可行的具体目标。③对教师交流的目标规定不具体，容易使政策在执行过程中难以把握，交流任务模糊，进而不利于良好交流效果的取得。

---

①　薛正斌、刘新科：《中小学教师流动样态及其合理性标准建构》，《陕西师范大学学报》（哲学社会科学版）2011 年第 1 期。

②　张源源、刘善槐：《县域内教师交流的机制梗阻与政策重建》，《中国教育学刊》2016 年第 10 期。

③　张清宇、苏君阳：《校长教师交流轮岗实施方案中的问题与改进策略——基于 35 个区（县）校长教师交流轮岗实施方案的内容分析》，《教师教育研究》2017 年第 6 期。

（2）交流规定不够科学

学者们认为目前的交流政策规定不科学，主要表现在交流教师的遴选标准不科学、教师交流的时间规定不恰当、教师交流的人事管理不统一。

第一，交流教师的遴选标准不科学。当前的交流教师遴选带有一定的强制性色彩，遴选程序缺乏科学性和自主性，特别是在遴选标准方面存在改进空间。[①] 在教师交流政策文本中，对交流教师的规定仅限于身份的规定，即大中城市的优秀教师、骨干教师和校长等。虽然有一些限制条件，但对一些具体要求并没有明确规定，如教师教授的科目、工作能力等。而且交流教师的选拔标准偏低，交流教师能够发挥的引导作用非常有限，无法驾驭农村教学环境，[②] 往往只能补充乡村薄弱学校的教师数量，而不能真正满足乡村学校的实际教学需求。

第二，教师交流的时间规定不恰当。教师交流政策对教师交流的时间并没有给出明确的规定，只是在政策文件中提到原则上要有 1 年以上的任教经历。然而，交流教师在交流到新学校后，需要一段时间才能适应新学校，适应之后也需要一定的时间才能发挥作用。同时，教师的专业成长具有阶段性。新入职教师通常需要 1~2 年时间才能适应新环境，发挥自己的教育教学能力和水平，而优秀骨干教师的成长通常需要 8~10 年才能实现。[③] 所以 1 年时间就显得格外短暂，1 年内达到良好的交流效果是比较难的。也有部分地区规定交流年限为 3 年，但有学者认为太久脱离原学校岗位对教师会产生不利影响。[④] 总之，目前政策文本对交流时间的规定有待进一步考量。

第三，教师交流的人事管理不统一。教师的人事管理问题一直是交流面临的一个难题，不统一的人事管理容易使学校在管理交流教师过程中出

[①] 王光明、张永健、卫倩平：《教师交流轮岗政策研究——以天津市义务教育为例》，《天津师范大学学报》（社会科学版）2017 年第 6 期。

[②] 鲍传友、西胜男：《城乡教师交流的政策问题及其改进——以北京市 M 县为例》，《教育研究》2010 年第 1 期。

[③] 国家教育发展研究中心编《中国教育政策分析报告（2011）》，高等教育出版社，2012，第 96 页。

[④] 鲍传友、西胜男：《城乡教师交流的政策问题及其改进——以北京市 M 县为例》，《教育研究》2010 年第 1 期。

现混乱。当前教师交流工作存在教师"异地交流"和"属地管理"的困境。[①] 教师在交流期间会离开本校，但是交流教师的人事关系还在本校，其工资和人事管理归本校所管，这导致交流教师在交流期间处于无管理主体的尴尬境地。[②] 所以，在实行教师交流政策时，现有的学校人事管理制度就不再适切。

（3）激励措施不够合理

教师交流的激励措施一般包括经济补贴和职称评定两方面，学界的研究主要在职称评定方面。一是激励措施不符合规定。教师交流的激励措施与教师考核制度相矛盾。现有的教师考核评价指标主要包括"德、能、勤、绩"四方面。教师参与交流的经历可以作为"绩"的一部分，但是不应该成为教师晋升的必要条件，不能以偏概全。此外，激励措施与教师聘任制相矛盾。从《教师法》来看，教师的聘任应该是基于聘任双方平等的原则，在平等自愿、协商一致的基础上进行的。根据《小学教师职务试行条例》和《中学教师职务试行条例》的有关规定，评定考核的主要依据是教师在教育教学、科研等能力方面的表现，并没有涉及教师的工作经历，而现有的中小学教师轮岗政策的政策文本多属强制性规定，这违背了相关法律法规。[③] 二是激励效用发挥受限。将教师交流经历作为职称晋升条件，限制了政策本身的激励效用的发挥。激励政策预计的对教师交流行为的肯定与激励，对于坚守农村的教师以及拥有高级职称的教师而言是不成立的，无法激发教师参与交流的内在动力。

2. 关于教师交流政策执行的研究

美国公共政策学者尤金·巴达克用博弈理论来分析公共政策的执行过程，他将政策执行过程视为一种赛局，在冲突和竞争的情况下，每位参加者都在寻求最大的收获，并希望将损失降到最低。而政策的成功与失败，取决于各方参加者的"战略选择"。[④] 教师交流政策也是如此，交流政策的执行也面临不同主体的博弈。教育行政管理部门、交流学校和交流教师等

---

① 田汉族、戚瑜杰、李丹华：《北京市义务教育教师交流的现状、问题与对策建议》，《教育科学研究》2014 年第 12 期。

② 柳燕：《论我国教师交流轮岗制度的实施困境与机制创新》，《教学与管理》2015 年第 10 期。

③ 周晨琛：《我国中小学教师轮岗政策的合法性分析》，《教育发展研究》2015 年第 8 期。

④ 钱再见：《公共政策执行的风险因素分析》，《江苏社会科学》2001 年第 6 期。

政策执行主体往往会因自身的目的、个体的素质和能力等因素而不能有效地执行政策，这使教师交流政策在执行中遭遇层层阻力。

（1）教师交流意愿不强

政策的有效执行有赖于公众，尤其是政策参与者对政策的理解和配合。可是在实际中，教师对交流政策响应度不高，交流意愿不强，主动请缨者非常少。① 田汉族等在调研中发现，赞成城乡教师交流制度和愿意交流的教师仅占一半，教师对交流本身存在不信任的现象。②

教师交流意愿不强的原因主要包括两个方面。一是各地的政策宣传缺乏政策解释和沟通，导致教师对政策未能充分理解，政策认同度较低。③这也会导致部分交流教师不能正确认识自己的使命，不同程度地存在在岗不敬业、支教不支招、优越不优势等现象，给农村学校及农村教师队伍带来了一些负面影响。④ 二是教师在交流过程中会遇到一些适应性问题，降低了教师交流的积极性。有学者对四川成都、宜宾参加城乡交流的教师进行了持续调研，发现既存在城镇教师到农村学校后的居家生活及工作交通不适、工作量过大及教学条件不佳等问题，也存在农村教师到城市学校后的工作量不足、教学媒体使用技术缺乏等问题。⑤ 这些适应性问题会使交流教师对交流制度产生抵触情绪，产生"软抵抗"行为。这又会导致其工作热情低、精力投入不足，难以对农村薄弱学校的教育质量产生较大的积极影响，由此也影响了农村薄弱学校的积极性，使受援学校对教师轮岗制度只是持"谨慎欢迎"的态度。⑥ 当教师交流意愿不强时，即使其参与教师交流，也会因其内心的消极心理而影响其教学行为，导致交流效果不佳。

---

① 毛春华：《义务教育教师交流轮岗存在的问题、成因与对策》，《教学与管理》2019 年第 18 期。

② 田汉族、戚瑜杰、李丹华：《北京市义务教育教师交流的现状、问题与对策建议》，《教育科学研究》2014 年第 12 期。

③ 张源源、刘善槐：《县域内教师交流的机制梗阻与政策重建》，《中国教育学刊》2016 年第 10 期。

④ 李宜江：《城乡教师交流政策实施中问题与对策——基于对安徽省 A 县的调研分析》，《中国教育学刊》2011 年第 8 期。

⑤ 唐智松、温萍：《城乡教师交流中的适应性问题》，《中小学教师培训》2010 年第 7 期。

⑥ 刘光余、邵佳明：《构建基于受援学校的教师专业发展机制——教师轮岗制度的政策趋向探析》，《中国教育学刊》2010 年第 9 期。

（2）政策执行出现偏差

教育政策执行是教育政策过程中的关键环节。在教育现实中，政策往往在实施过程中存在执行偏差，表现为对教育政策相关规定的形式化执行、替代性执行、功利性执行。

第一，形式化执行，即在政策执行的过程中，仅是发文件喊口号，不制订切实方案，或即使制订方案也是为了应付检查，政策未能深入执行。教育行政部门在推行教师交流政策时主要迫于上级行政命令和社会发展形势，所以在推行教师交流时力度并不大，"雷声大雨点小"，存在文件说很重要，实践操作不重要；会议宣传很重要，会后落实不重要等不良现象。① 有的地方教师交流工作谨小慎微，放不开手脚，只选取寥寥几所学校进行试点，推行面不广。② 而且，在交流过程中，参与交流的城镇教师并非农村薄弱学校真正需要的教师，而是一些资历较浅的年轻教师或者教学能力较弱的教师，这种情况下城镇学校选派的教师只是"形式上"达到了上级部门的要求，却无视农村薄弱学校在师资质量和结构上的真正需求，农村学校紧缺的学科没有选派教师来任教，而交流教师所任教的学科又不缺人，交流教师只能跨学科教学，所学专业和任教学科之间的专业不匹配导致交流教师"英雄无用武之地"。③ 由于专业不匹配，交流教师所能发挥的引领和榜样示范作用就更加有限，这也不利于农村薄弱学校的发展。

第二，替代性执行，即从表面上看与原政策一致，而实际上背离了原政策精神，表面按章办事，实则另有一套应对办法。④ 教师交流政策的初衷是通过选派优秀教师带动农村学校的发展，然而，现实中部分城镇学校对交流政策执行走样，"上有政策下有对策"。⑤ 不少城镇优质学校保守，

---

① 李宜江：《城乡教师交流政策实施中问题与对策——基于对安徽省 A 县的调研分析》，《中国教育学刊》2011 年第 8 期。
② 毛春华：《义务教育教师交流轮岗存在的问题、成因与对策》，《教学与管理》2019 年第 18 期。
③ 贾晓静、张学仁：《县域内城乡义务教育阶段教师交流：问题、原因及对策》，《教师教育论坛》2017 年第 7 期。
④ 石火学：《教育政策执行偏差的表现、原因及矫正措施》，《教育探索》2006 年第 1 期。
⑤ 李宜江：《城乡教师交流政策实施中问题与对策——基于对安徽省 A 县的调研分析》，《中国教育学刊》2011 年第 8 期。

派出的不是优秀教师，而是处于学校末流或不好管理的教师。[①] 而且有的地方缩短了轮岗时间，有学者对某地区教师轮岗政策执行进行调查后发现，93% 的教师仅轮岗了一年，而不是当地政策规定的两年。[②] 这严重违背了政策初衷，也会使教师交流的效果大打折扣。

第三，功利性执行。教师交流相关的激励规定使教师交流具有功利性。教师出于自身利益的考虑采取应对政策的行为，很多教师出于职称晋升的需要参与教师交流，这样就使交流行为带有功利性色彩。在评定职称这一附加条件上，教师交流的功利性明显强于公益性。[③] 教师如果出于功利的目的参与教师交流，难以将全部精力用于教育教学、帮助农村及薄弱学校改善其现状。带有功利性色彩的教师评聘也会对整个教师队伍的发展造成损害。

3. 关于教师交流政策评价的研究

所谓教育政策评价，是指教育政策主体按一定的价值准则，对教育政策方案，教育政策决策、执行与执行后果，以及教育政策的其他相关因素所进行的价值判断。[④] 教育政策评价工作在我国还处于起步阶段，在政策评价的标准与原则、方式和手段等方面还不完善、不规范，所以政策评价的结果难以保证客观有效。

当前教师交流政策方案中缺乏明确的考核评价机制，没有对交流评价指标的明确规定，对交流效果是否达到预期目标，以及在多大程度上达到预期目标缺乏评价依据。交流教师的考核评价主体和标准不明确，若流出学校负责，则"鞭长莫及"；若流入学校负责，则大多数会碍于情面，流于形式。由于缺乏有效的日常管理和考核评价，诸多交流教师形成了"干好干坏一个样"的心理，容易"身在曹营心在汉"。[⑤] 为了激励交流教师，

---

① 毛春华：《义务教育教师交流轮岗存在的问题、成因与对策》，《教学与管理》2019 年第 18 期。
② 邢俊利、葛新斌：《我国西部边远地区教师轮岗政策的执行困境与破解——基于西藏教师轮岗政策执行的调查分析》，《教师教育研究》2018 年第 6 期。
③ 马用浩、谷莎：《城乡教师交流轮岗制度运行的困境与对策》，《北京教育学院学报》2016 年第 5 期。
④ 孙绵涛主编《教育政策学》，中国人民大学出版社，2010，第 165 页。
⑤ 贾晓静、张学仁：《县域内城乡义务教育阶段教师交流：问题、原因及对策》，《教师教育论坛》2017 年第 7 期。

一些地区采取"概括式"评价，只要参与教师交流，即可被评为"优秀"，这有损教育公平，也会给学校管理带来难题。[①] 此外，还存在教育行政部门在教师交流政策的效果评价中既当"运动员"又当"裁判员"的问题。在这种政府强势主导的评价体系中，城乡教师交流政策执行中遇到的一些问题往往会被掩盖，出现"报喜不报忧"的现象。[②] 总之，当前的教师交流评价机制并不健全，即使有些地区的相关政策文件提到了对教师交流的评价考核，实际中也难以执行到位，起不到应有的激励作用。

4. 关于教师交流配套措施的研究

当前教师交流政策的配套措施跟进乏力，导致城镇教师到乡村学校后"人在心不在"，希望能够早日回到城镇学校；而乡村教师到城镇学校容易"水土不服"，很难融入城镇教师群体，最终都未能达到应有的成效。[③] 其主要表现在以下三个方面。首先，生活不便，交流教师难以安心工作。将教师强行调任到偏远而又交通不便的农村，生活保障问题令交流教师不太满意；由于离家太远，教师难以照看家中的老人和孩子，承担的家庭职责让其颇具压力。[④] 其次，工作安排不当，交流教师难以有较高的成就感。[⑤] 由于现有的交流政策对交流教师的工作量、工作任务等缺乏明确而具体的规定，也没有提出具有针对性和操作性的指导建议，教师在交流的过程中难以产生较强的成就感。最后，待遇较低，交流教师满意度低。当前教师交流待遇保障政策不能得到完全兑现，不足以让交流教师满意。[⑥] 教师交流的相关配套措施不完善，教师在家庭生活、日常工作等方面遇到一些问题，这使教师参与交流时会有很多后顾之忧，心有余而力不足。

[①]　陈旭峰：《县域内城乡小学教师交流的激励机制研究》，《教学与管理》2019 年第 27 期。

[②]　李宜江：《城乡教师交流政策实施中问题与对策——基于对安徽省 A 县的调研分析》，《中国教育学刊》2011 年第 8 期。

[③]　张源源、刘善槐：《县域内教师交流的机制梗阻与政策重建》，《中国教育学刊》2016 年第 10 期。

[④]　刘伟、朱成科：《农村学校实施教师轮岗制度的困境及其对策》，《教学与管理》2010 年第 22 期。

[⑤]　李宜江：《城乡教师交流政策实施中问题与对策——基于对安徽省 A 县的调研分析》，《中国教育学刊》2011 年第 8 期。

[⑥]　李宜江：《城乡教师交流政策实施中问题与对策——基于对安徽省 A 县的调研分析》，《中国教育学刊》2011 年第 8 期。

（二）关于教师交流制度完善的研究

由于教师交流政策在政策制定、政策执行等方面尚存在诸多问题，学者们提出了进一步完善教师交流制度的政策建议。

1. 政策制定层面

（1）确立明确的交流目标

有研究指出教师交流的目标应该包含长远目标和阶段性目标，应该在长远目标的基础上制定出相对容易实现的阶段性目标，通过阶段性目标的达成，促进政策长远目标的渐进实现。[①] 此外，国家提出教师交流制度的政策目标，在宏观上是为了进一步统筹教育资源，推进义务教育优质均衡发展；在微观上是为了缓解（或消除）教师的职业倦怠、提升学校的教育教学质量和水平及促进教师个人的专业发展。[②] 确立明确的交流目标能够使教师交流工作的开展有章可循，增加交流目标实现的可能性。

（2）建立教师遴选机制

有研究指出应建立科学的交流教师遴选标准，邀请专家、学者协助，保证遴选标准的科学性。[③] 在教师遴选上，要充分考虑交流教师的意愿，在保证交流任务能够完成的前提下，探索双向选择的交流教师遴选办法，推动教师交流持续健康运行。[④] 在教师的遴选过程中，采取教师自愿报名和教育行政部门统筹安排相结合的方式，[⑤] 尽可能兼顾交流学校和交流教师个体的利益。

（3）制定有效的激励机制

学者们对教师交流的激励措施提出了具有针对性、可操作性的政策建议。有研究指出应满足交流教师对家庭义务的履行、住宿、生活等基本的

① 张清宇、苏君阳：《校长教师交流轮岗实施方案中的问题与改进策略——基于35个区（县）校长教师交流轮岗实施方案的内容分析》，《教师教育研究》2017年第6期。

② 李茂森：《城乡教师交流制度实施难题破解探析——基于浙江省A县的个案研究》，《中国教育学刊》2015年第6期。

③ 王光明、张永健、卫倩平：《教师交流轮岗政策研究——以天津市义务教育为例》，《天津师范大学学报》（社会科学版）2017年第6期。

④ 司晓宏、杨令平：《西部县域校长教师交流轮岗政策执行中的问题与对策》，《教育研究》2015年第8期。

⑤ 孙刚成、翟昕昕：《义务教育教师轮岗交流制度的困境及其对策》，《教学与管理》2016年第9期。

保障性"底线"要求,通过交流期间的福利待遇和教师职业发展方面的鼓励性激励提升教师交流的意愿。① 也有学者提出对在教育教学工作中表现突出的交流教师,给予一定的物质、精神奖励,或者在评先评优、职称评审方面给予一定的政策倾斜,交流教师与当地教师一样享受农村教师和边远地区教师特殊津贴,并每月发放一定的生活补助和交通补贴。② 这不仅有助于保证交流教师交流目标的实现,还能够激发交流教师的交流工作积极性。

2. 政策执行层面

(1)加大教师交流政策宣传力度,提高政策认同度

现实中政策执行遇到阻碍在很大程度上是由于相关执行主体对教师交流政策认识不到位。因此,当务之急是加大对政策的宣传力度,争取教育行政部门、学校校长、教师、学生、学生家长及社会各界等对教师交流的价值认同达成共识。③ 通过对政策的宣传,增加民众对农村学校的信任,让交流教师更易融入农村学校和农村社区,更能适应交流生活。④ 这能够提升交流教师对政策的认同度,提高交流意愿。

(2)提高政策执行者的素质,注重人文关怀

政策执行者素质的高低直接影响交流政策的执行效果,决定交流目标的实现程度。因此,为了促进教师交流政策的有效执行,必须提高政策执行者的个人道德素质和个体的业务素质。⑤ 同时,强化对城乡教师交流轮岗政策执行的考核问责,地方教育行政部门应将教师流动政策实施细则尽可能地细化,将流动政策实施情况纳入教育督导检查,追究执行不力学校领导的责任。⑥ 政策执行者不仅要关注交流目标的实现,而且要注意方式方法,体现对交流教师的人文关怀。

---

① 李梦琢、刘善槐、房婷婷:《县域教师交流政策的场域脱嵌与优化路径——基于全国 13 省 50 县的政策文本计量分析》,《教师教育研究》2021 年第 3 期。

② 王彦才:《中小学教师流动:问题及对策——基于海南省中小学教师流动现状的调查分析》,《教师教育研究》2014 年第 2 期。

③ 司晓宏、杨令平:《西部县域校长教师交流轮岗政策执行中的问题与对策》,《教育研究》2015 年第 8 期。

④ 李先军:《城乡教师交流轮岗政策的失真与对策》,《教育科学研究》2019 年第 2 期。

⑤ 马焕灵、景方瑞:《地方中小学教师轮岗制政策失真问题管窥》,《教师教育研究》2009 年第 2 期。

⑥ 李先军:《城乡教师交流轮岗政策的失真与对策》,《教育科学研究》2019 年第 2 期。

3. 政策评价层面

教师交流政策的评价应以实现交流学校、交流教师、学生等多方共赢为价值取向。首先，交流教师是交流的基础，应关注交流教师的生存与发展。其次，学生的发展是教育的出发点，应关注交流学校学生的发展。基于尊重学生的前提，教师交流评价应充分考虑学生的情感需要，保障学生评价主体地位。① 就具体的评价实践而言，应完善教师交流的监测机制，全程、全面、全员监测，建立切实可行的监测指标体系，为教师交流的政策评价奠定基础。② 此外，在各级政府统筹下，应依据相关政策法规，明确政府、教育行政部门和交流学校在交流轮岗中应承担的责任，落实对教师交流体制机制的监督评价和问责制度。③

四 关于教师交流实践模式的研究

《辞海》中"模式"的定义为"可以作为范本、模本、变本的式样"。④ 教师交流的模式即按照一定的标准和方法进行模仿或复制的动态过程。

有学者从教师流动的角度对教师交流的模式进行研究。如廖全明、张莉提出教师交流分初级（对口帮扶）、中级（派送优秀教师支教薄弱学校）、高级（教师定期轮换）三个阶段进行，对不同阶段、不同形式的教师交流应循序渐进开展。⑤ 佛朝晖提出原有教师不流动、招聘的新教师分配至农村、偏远地区工作的增量流动三种教师交流模式。⑥ 李喜燕提出教师交流模式应该是"农村—城市—农村"与"城市—农村—城市"的模式，实施这样的双向交流模式，可以提升受援学校和支援学校教育教学水

① 樊改霞、孙焕盟：《学生：受惠主体还是政策服从者——基于城乡教师交流政策的分析》，《中小学教师培训》2015 年第 5 期。

② 司晓宏、杨令平：《西部县域校长教师交流轮岗政策执行中的问题与对策》，《教育研究》2015 年第 8 期。

③ 徐玉特：《校长教师交流轮岗体制机制的困境与破解》，《教育理论与实践》2016 年第 4 期。

④ 夏征农主编《辞海》，上海辞书出版社，2002，第 1185 页。

⑤ 廖全明、张莉：《我国中小学教师城乡交流现状、问题及对策》，《现代教育管理》2011 年第 5 期。

⑥ 佛朝晖：《县域义务教育师资均衡配置政策执行现状、问题及建议——基于县市教育局长的调查分析》，《教育发展研究》2011 年第 11 期。

平，达到促进师资优质均衡发展的目的。① 邬志辉总结了我国教师交流的实践模式，并将这些现实样态多样的模式划分为轮岗模式、转会模式和支教模式 3 种类型 13 种模式。② 其中，支教模式是指城市优质师源或师范院校毕业生到农村学校承担教育、教学、管理、培训的一种教师交流模式；轮岗模式包括人走关系走、系统人身份、集团模式、托管模式、互换模式等。

综上所述，目前学术界关于教师交流的已有研究能够为进一步开展研究提供参考，也能为更好地落实教师交流政策提供理论依据，但仍存在一些不足。

从研究的方法来看，对政策的执行者、交流教师、接受交流教师的农村学校的教师的深入访谈和对他们日常的教学活动的观察比较少，难以发现教师交流过程存在的更深层次的问题。

从研究的内容来看，当前对教师交流政策执行现状的研究多，而对具体的体制机制的研究相对较少。在对教师交流政策的研究中，学者们多是从政策制定和执行的角度出发，归纳总结县域内城乡教师交流政策存在的问题，虽然提到了当前的激励机制尚不完善，但鲜有学者详细地提出完善的激励机制。而在实践中教师交流政策没有得到有效执行，在很大程度上是由于缺乏有效的激励机制。因此，探寻与创新具有适宜性的、本土化的、多路径的教师交流激励相容机制显得尤为必要。此外，学者们较多关注交流教师能够"下得去"的政策目标，而对于如何能保证交流教师"教得好"，却只是从学校文化的适应性方面进行了探讨，未从评价的角度进行相关方面的研究。构建约束均衡机制的目的是促进交流教师"教得好"，保证骨干教师能够发挥教学专业辐射作用，使交流真正"有效果"。因而，如何深入完善交流教师评价标准，约束交流教师的行为，使其不断接近政策期望的目标，是教师交流研究下一步应该重点关注的方向。

从研究的类别来看，较多研究关注了各地教师交流的实践成果。地方教育行政部门在推行教师交流政策的过程中，积累了许多优秀的经验。未

---

① 李喜燕：《义务教育教师交流的问题、困境及制度路径》，《教育学术月刊》2011 年第 1 期。

② 邬志辉主编《中国农村教育评论——教师政策与教育公正（2013）》，北京师范大学出版社，2013，第 13～29 页。

来的研究可以进一步对实践模式根据实际情况进行适宜性分析，对其经验进行归纳与总结，构建出适宜于不同区域类型的教师交流的理论模型，分析不同模式教师交流制度可能出现的问题及产生这些问题的体制机制障碍，实现制度最优组合。

第三节 概念界定

研究县域内教师交流政策的激励相容与约束均衡机制必须辨析"教师流动"与"教师交流"的区别，并对"激励相容""约束均衡"等核心概念进行界定。

一 教师交流

教师交流的相关研究存在"教师交流""教师流动""教师轮岗"等概念混用的情况，这容易使研究问题范围模糊，并产生歧义。为了限定本研究的范围，明确本研究中"教师交流"的意义，笔者对这些概念进行辨析与界定。

靳希斌认为"教师流动包含两方面的内容：一是合格劳动者进入或退出教师领域，二是在职教师由一所学校转入另一所学校任职，即劳动者在教师领域内的流动"。[1] 教师流动的第一种情况是对教师职业的选择或放弃，是教师资源向教育系统外部的流动。教师进入教育系统可称为"教师补充"，而教师退出教育系统则是"教师流失"或"教师退出"。第二种情况是教师从一所学校流动到另一所学校，是教师资源在教育系统内部的流动，但发生了空间范围内的资源转移。

按照不同的分类标准，对教师流动的分类不同。按照教师流动的去向，可将教师流动分为垂直流动和水平流动。[2] 垂直流动包括由上到下的流动和由下到上的流动。其中，教师由经济发达地区到不发达地区、由城市到农村、由优质学校到薄弱学校，是由上到下的流动。而水平流动是教

---

① 靳希斌主编《市场经济大潮下的教育改革》，广东教育出版社，1998，第288页。
② 张茂聪、张雷等：《公平与均衡：义务教育管理体制改革及制度保障》，山东教育出版社，2013，第138页。

师在教育教学条件类似的地区或校级之间流动。依据参与流动的教师人事关系变动与否，分为刚性流动和柔性流动；依据流动的对象，分为择优流动和全体流动；依据流动的地域范围，分为区域内流动和跨区域流动。①

轮岗是指岗位的轮换，教师轮岗是为了实现县（区）域内城乡教师资源的均衡配置，统筹安排城镇优质学校教师和薄弱学校教师之间进行岗位轮换的制度设计。义务教育阶段学校教师在同一所学校连续任教一定年限后，由教育行政主管部门统筹规划，按照一定程序轮换岗位到其他学校进行任教。总体而言，教师轮岗是由教育主管部门开展的、区域内城乡教师参与的、一种有序且大范围的教师交流形式。

目前学者们对教师交流的概述主要从以下两个特性理解。一是教师交流具有交互性，是一种合理有序的双向流动。根据《现代汉语词典》（第7版）的解释，"交流"指彼此把自己有的供给对方。② 可见，"交流"强调双方的交互性。教师交流也具有这一特征，即强调把区域内优质学校的教师组织选调到薄弱学校进行师资的辐射交流，同时把薄弱学校的教师选派到优质学校进行学习的双向互助过程。二是教师交流是一种官方行为，在一定区域内，由政府职能部门主导在不同地区或校际进行重新配置教师资源的过程。③ 我国的义务教育管理体制是以县为主的，因而教师交流也可以分为县域内交流和县域间交流，主要以县域内交流为主。

基于上述文献的分析，本研究认为教师交流是教师流动的一种表现形式，是指区域内教育行政部门对本区域内学校师资配置情况进行综合分析判断，通过城乡交流、轮岗、支教等多种形式在城乡范围内统筹调配教师资源，促进城乡师资均衡配置，进而构建区域内义务教育均衡发展的机制。教师交流是在职教师在教师领域内部的流动，轮岗是教师交流的一种重要的实施方式。此外，教师交流还包括支教、转会制、走教、集团内师资共享等多种形式。本研究基于教育领域内的教师流动，主要分析县域内义务教育阶段的城乡教师交流轮岗。

---

① 郝保伟：《促进教育均衡发展的中小学教师流动研究》，知识产权出版社，2015，第34～37页。

② 中国社会科学院语言研究所词典编辑室编《现代汉语词典》（第7版），商务印书馆，2016，第650页。

③ 田汉族、戚瑜杰、李丹华：《北京市义务教育教师交流的现状、问题与对策建议》，《教育科学研究》2014年第12期。

二　激励相容

激励能够调动人的积极性和创造性，激励相容的制度设计有利于制度的推行。激励相容的机制可以使个体与集体能够达成利益和谐的状态，从而推动最终目标的实现。

"激励"一词译自英文"motivation"，包含着激发、鼓励的意思。学术界对"激励"的概念定义相似但又不尽相同。美国管理学家贝雷尔森和斯坦尼尔认为，激励是人类活动的一种内心状态，"一切内心要争取的条件，希望、愿望、动力等都构成了对人的激励"。[①] 在组织行为学中，激励主要指激发人的动机，使人有动力朝着期望的目标前进。许学梅等将激励定义为在外在诱因的作用下，个体通过有效的自我调节，从而达到激发、引导、维持和调节个体朝向某一既定目标而努力奋斗的心理过程。[②] 人的工作能否取得实效取决于能力和干劲，其中，干劲指从事工作时的积极性，而积极性则取决于受到的激励。因此，在能力相仿时，个体的工作实效取决于其受到的激励。美国心理学家威廉·詹姆士在对人的激励问题研究时发现，一个没有受到激励的人在工作时仅能发挥个人能力的 20% ~ 30%，如果受到充分而有效的激励，则能发挥个人能力的 80% ~ 90%，甚至更高。[③] 可见激励在组织发展中起着不容忽视的作用。综上所述，激励主要包含三个因素：第一个因素是通过激励使个体或群体产生动机从而实现目标，第二个因素是外部激励的运用要科学、适切，第三个因素是激励内容必须符合组织中个体以及群体的需求。

激励机制是激发、促使个体或组织发展的动力机制。在教育管理工作中，激励机制是指通过研究和了解教育工作者的需要，运用一定的外部刺激去激发其动机，调动其工作积极性。[④]

1972 年，赫维茨在《论信息分散系统》中首次提出了激励相容的概念。他认为，在社会经济活动中，每个人都有自私自利的一面，其行为会

①　小詹姆斯·H. 唐纳利、詹姆斯·L. 吉布森、约翰·M. 伊凡赛维奇：《管理学基础——职能·行为·模型》，李柱流等译，中国人民大学出版社，1982，第 195 页。
②　许学梅、稽东海、许方维：《激励研究综述及展望》，《经济研究导刊》2009 年第 21 期。
③　蒋硕亮：《国家公务员激励机制研究》，《中国行政管理》2003 年第 6 期。
④　汪波：《教育管理工作中的激励机制》，《教育理论与实践》2003 年第 16 期。

追逐利益的最大化。① 假如有一种合理的制度安排，能够促使个人在追逐利益最大化的同时，恰好与组织实现利益最大化的目标相契合，从而实现个人与组织利益最大程度的契合，这种制度安排即为激励相容。② 激励相容理论包括两方面特征：一是个体权力与责任的和谐统一，二是个人与整体之间的利益和谐。基于激励相容的教师交流机制即是将政策的整体目标和参与交流主体的个人目标相结合的机制模式，最终达到参与主体在追求个人目标的同时，在客观上实现教师交流政策既定目标，达到激励相容的状态。

教师交流政策是教育行政部门对教师资源的权威性分配调整，这种资源的调整必然会引起不同主体之间的利益变化，进而引发利益冲突。教师交流政策涉及多重利益关系，其中上级教育行政部门与县级政府的关系、县教育局与派出学校的关系、县教育局与交流教师的关系对政策实施效果有决定性的影响。激励相容的机制设计能够在政策链的各个环节上发挥作用，协调好各个层级主体的利益关系，使它们的价值目标趋于一致。首先，能够有效避免县级政府的政策规避行为。上级教育行政部门与县级政府的关系决定了教师交流政策推行的广度。国家推行教师交流政策的本意是保证区域内学校能够共享优质教师资源，提升教育质量，通过配置教师资源推进区域教育的一体化发展。然而，受制于当地地理条件、可支配的教育投入以及文化背景因素，地方政府容易选择以规避的方式执行政策，激励相容的机制设计可以使国家及省级政府考虑县级政府的经济压力与客观条件，给予其相关经费与政策倾斜，使县级政府有能力、有条件、分步骤落实政策。其次，能够最大限度地破除城镇派出学校的政策敷衍行为。县教育局与派出学校的关系决定了教师交流政策推行的力度。对参与交流的城镇学校而言，如果频繁地把优秀教师从学校抽离出去以支持农村学校的发展，会给派出学校带来教学质量评价的压力。激励相容机制促使县级政府改变对城镇派出学校的考核与评价，激励派出学校教师参与交流。再次，能够消解交流教师在政策执行中的"软抵抗"行为。县级教育局与交

---

① Hurwicz L., "On Informationally Decentralized Systems," in Radner and McGuire, eds., *Decision and Organization* (*Amsterdam: Elsevier Science*, 1972).

② 周黎莎、余顺坤：《基于激励相容的企业绩效管理模式设计》，《技术经济与管理研究》2012 年第 1 期。

流教师的关系决定了教师交流政策推行的效果。教师交流会对教师个体的工作、生活等方面产生不便，损害教师个体利益，激励相容的机制设计则可以弥补教师个体利益的损失，使其与政策目标达成一致。

三 约束均衡

"均衡"最初是从物理学引入的。在物理学的意义上，均衡强调任何体系内部的所有变量存在相关关系和溢出影响，在彼此不断的、持续的作用下，使系统最终趋于稳定的形式；将其引入经济学中，指在市场体系中，经济行为人为了满足自己的偏好，基于市场机制做出行为选择，不断调整行为选择，使最终达到一种稳定的态势。[①] 从"均衡"最初的含义与后来在不同学科的引申义考察，"均衡"强调所处系统处于稳定的状态，且这种稳定的状态是动态的稳定。

"约束均衡"最早出现在经济学领域，指在所考察的短暂时期里，经济系统处于这样一个状态：虽然商品的货币价格和劳动的货币工资不能调整，从而市场不能出清（供求相等），但是行为人已根据接收到的价格信号和数量信号把他们的行为调整到相互协调。[②] 在教师交流研究视域下，"约束均衡"是指在激励与补偿状态下，通过评价等约束方式，政策执行主体能够根据他们接收到的经济引导信号与需求信号调整其行为，从而实现预期的政策目标。

第四节 研究方法

一 研究思路

传统意义上对教师交流的理解就是发达地区对薄弱地区、优秀学校对薄弱学校单方面的资源输入以及资源帮扶。教师交流激励相容机制与约束均衡机制研究力图通过经济方面的激励与补偿给予市场引导，改变教师群

---

① 王芳琴：《嵌入人力资本的劳动力市场非均衡分析》，博士学位论文，吉林大学，2013，第14页。

② 费方域：《约束均衡与短缺均衡理论的区别》，《学术月刊》1991年第11期。

体对教师交流的传统理念；以专业发展方面的激励与补偿给予专业引导，将教师交流政策逐步衍化为区域内教师专业发展的象征；以约束评价标准的提升，推进教师交流的质与量的并行，逐步实现规范化与专业化。

研究遵循"理论先行、注重调查、结合实践、归纳完善"的研究路线。通过文献研究归纳出当前影响区域内教师交流效果的内在与外在因素。采取"一切从实际出发"的原则，开展实地调研，了解当前县域内教师交流政策执行的现实情况与存在问题，明确制约政策下一步推进的因素与障碍。通过对国外文化同源型、大国型、先发型国家教师交流的经验总结与借鉴，依据我国县域内教师交流政策的实际情况，进一步完善我国县域内教师交流政策，并构建教师交流的激励与约束机制。通过模式分析判断适宜不同区域类型的教师交流推广模式，并对实践中的案例进行全面分析，进而实现制度的最优组合。

二　研究方法

依据上述研究思路，本研究将文献研究法、调查研究法、政策分析法作为研究的核心方法。通过以下方法的适切使用，以实现各部分预计研究目标。

（一）文献研究法

通过对国内外相关学术期刊的查阅和整理，梳理其中的观点，并归纳类别，对其进行系统的分析。通过文献研究，充分利用前人对义务教育阶段城乡教师交流的研究成果，并在此基础上准确把握当前我国教师交流存在的问题，找出以往研究中有待深入研究的问题，结合这些问题演绎出当前县域内教师交流制度的不足，并提出有针对性的意见和建议，进而获得理论分析或者逻辑架构方面的借鉴，为之后的研究打下坚实的基础。这一方法在教师交流的政策研究中使用较为普遍。

（二）调查研究法

利用聚类分析方法对我国的区域类型进行分类，调查每种区域类型教师交流的政策文本、采用的交流模式，分析不同模式下教师交流所面临的制约因素（如教师特质与外在制度设计等）对教师交流效果的影响。在此基础上，抽取部分学校为调查对象，采用访谈的方法，与所调查地区的教

育局局长或学校的校长、教师等进行对话。表0-1为部分被访人员基本信息。通过面对面的交流，获得教育局局长、校长、教师等的真实想法，进而研判教师交流在具体操作过程中存在的问题，为后续研究奠定基础。

表0-1　部分被访人员基本信息

编码	调研时间	调查地区	人员身份
JYJ2018NF	2018年	陕西省洋县	教育局副局长
JYJ2020MLK	2020年	连云港市赣榆区	教育局局长
JYJ2020WH	2020年	连云港市赣榆区	教育局局长
XZ2015BF	2015年	广西壮族自治区灵山县	校长
XZ2015WG	2015年	河南省固始县	校长
XZ2015GY	2015年	贵州省织金县	校长
XZ2017DHT	2017年	江西省弋阳县	校长
XZ2017TY	2017年	宁夏回族自治区海原县	乡镇校长
XZ2018CD	2018年	广西壮族自治区昭平县	校长
XZ2018FDS	2018年	河南省东丰县	农村校长
XZ2018KH	2018年	重庆市奉节县	校长
XZ2018ZS	2018年	福建省古田县	校长
XZ2020MP	2020年	连云港市赣榆区	校长
XZ2020YG	2020年	连云港市赣榆区	校长
XZ2020SGH	2020年	连云港市赣榆区	校长
XZ2020SLJ	2020年	连云港市赣榆区	实验中学副校长
JS2017TQ	2017年	江西省弋阳县	教师
JS2017FH	2017年	江西省弋阳县	教师
JS2018WFF	2018年	福建省古田县	教师
JS2018WY	2018年	河南省东丰县	教师
JS2018WL	2018年	河南省东丰县	教师
JS2020XDS	2020年	连云港市赣榆区	教师
JS2020WP	2020年	连云港市赣榆区	教师
JS2020CF	2020年	连云港市赣榆区	教师
JS2020YL	2020年	连云港市赣榆区	教师
JS2020NTS	2020年	连云港市赣榆区	教师
JS2020PNN	2020年	连云港市赣榆区	教师

编码	调研时间	调查地区	人员身份
JS2020MK	2020 年	连云港市赣榆区	教师
JS2020LS	2020 年	连云港市赣榆区	教师
JS2020KDY	2020 年	连云港市赣榆区	教师
JS2020LT	2020 年	连云港市赣榆区	教师
JS2020WM	2020 年	连云港市赣榆区	教师
JS2020WSD	2020 年	连云港市赣榆区	教师

注：编码原则为人员身份＋调研时间＋匿名代码。

（三）政策分析法

在充分收集各地教师交流政策的基础上，运用政策文本分析的方法对县域内教师交流的政策进行分析，探讨教师交流政策文本存在的不足，并提出完善的对策。分析影响教师交流效能的外部环境变量与内部变量，对不同地区教师交流的模式进行适宜性分析。了解不同模式教师交流的内生变量与外生变量之间的关系。合理的教师交流政策执行模型不仅可以全面了解政策执行过程中各因素之间的逻辑关系，还可以帮助决策者在不同环境条件下对制度进行调整，做出恰当的决策。

第一章
教师交流政策的历史沿革

　　教师交流是薄弱学校师资补充的重要渠道，也是促进校际教育质量同步提升的有效举措。教师交流政策历经援助式交流阶段、城乡互动式交流阶段及共同体式交流阶段。从 20 世纪 50 年代至 21 世纪初，为大力扶持西部贫困地区教育事业，缩小地区间教育发展差距，全国制定初步的支教教师政策，进入援助式交流阶段。从 21 世纪初至 2010 年左右，城乡教育二元结构成为义务教育均衡发展过程中的主要矛盾，为反哺农村教育，缩小城乡间教育发展差距，全国制定城镇教师对口支援农村教育政策，逐步跨入城乡互动式交流阶段。2010 年左右至今，在城乡教育一体化发展的时代趋势下，为扩大优质资源的覆盖面，缩小校际教育发展差距，全国开展县域内及跨区县的学校交流工作，走向共同体式交流阶段。

第一节　援助式交流阶段（20 世纪
50 年代至 21 世纪初）

　　为保证边疆地区学龄儿童有机会接受教育，西藏、新疆等地区陆续建校开班，内地分批派遣教师协助进行学校建设。为了全面完成普及九年义务教育的战略任务，中央政府统筹引导东部地区的学校教师支援西部贫困地区的学校。该时期，教师交流活动主要由中央政府统筹实施，由东部地区向西部地区单项式辐射，具有单纯援助式特征。

一　援助式交流的缘起

　　20 世纪后期，我国教育工作的重点在于满足学龄儿童"有学上"的教育需求，普及义务教育处于"重中之重"的发展地位，然而，长期以来西部地区的教育发展仍处于较低水平。为此，在"东部优先发展并支援西部地区"的政策引领下，全国组织东部发达地区对口支援西部贫困地区的教育事业。

（一）"东部优先发展并支援西部地区"的政策引领

改革开放以后，受资源储备限制，我国实行"东部地区优先发展并支援西部地区"的政策。为此，全国教育系统内通过派遣教师的方式对西部贫困地区进行教育援助。1978 年，中央工作会议召开，邓小平首次提出"鼓励一部分地区一部分人通过诚实劳动和合法经营先富起来，提倡先富带动和帮助后富，逐步实现共同富裕"。① 在此政策背景下，东部地区率先在全国范围内发展起来，并对西部欠发达地区开展扶贫工作。1979 年，全国边防工作会议针对边疆地区的经济建设、文化建设等作出工作部署。1987 年，《关于民族工作几个重要问题的报告》进一步指出，民族地区与发达地区建立多元化的横向联系，通过对口支援促进资金、技术、人才的合理流动。20 世纪 90 年代中期，东西扶贫协作政策正式提出并加以实施，全国统筹区域间的资源调配，着力推动发达地区对贫困地区开展以硬件基础为主的经济援助和以人力资源为主的智力援助。在全国扶贫开发的工作任务下，1997 年，国家教委、国家民委下发《关于认真贯彻中央扶贫工作会议精神，进一步加强对口支援民族和贫困地区发展教育事业的通知》，明确了教育扶贫的主要任务和具体的实施办法等。

（二）普及九年义务教育的战略任务

20 世纪八九十年代至 21 世纪初，普及九年义务教育成为我国教育事业发展的重要任务。东西部地区对口支援工作依旧是提高西部贫困地区教育普及程度的重要任务。1985 年，《中共中央关于教育体制改革的决定》明确提出我国要有步骤地实行九年制义务教育。1986 年，《中华人民共和国义务教育法》明确了九年义务教育的法律地位。1993 年，《中国教育改革和发展纲要》将做好"两基"工作规划作为教育事业发展的战略任务，

---

① 《中国共产党第十五次全国代表大会报告》，中华人民共和国央视网，http://www.cctv.com/special/777/1/51883.html，最后访问日期：2023 年 3 月 25 日。

各地区根据自身经济社会发展程度，分类分步骤地实现"两基"目标。随后，国家建立了"两基"督导评估验收制度，并陆续出台了《县级扫除青壮年文盲单位检查评估办法（试行）》《普及义务教育评估验收暂行办法》。2000年，我国虽然基本实现了普及九年义务教育的目标，但是普及的程度仍然是"低水平的、不全面的"。就区域来讲，西部地区尤其是贫困地区农村义务教育的普及依然没有达到相应的标准，在未实现"两基"目标的县（市、区）中，大多数处在"老、少、边、贫"地带，超半数是国家扶贫开发工作重点县。在基本温饱问题尚未解决的现实状况下，教育发展面临在夹缝中求生存的困境。为加快西部贫困地区教育普及工作，东西部地区的教育支援工作循序展开。

（三）东西部教育发展悬殊的现实样态

这一时期，我国面临地区间教育发展悬殊的严峻挑战。为缩小东西部地区教育发展差距，扶持贫困地区的教育发展，建立地区间的对口帮扶机制至为关键。20世纪中后期，我国处于社会主义建设初级阶段，区域间教育发展还很不平衡，尤其是西部落后地区的教育发展还很不充分，借助东部发达地区的外部支援是促进西部贫困地区教育普及和提高的必要举措，也是统筹区域协调发展的重要体现。从区域经济的发展差距来看，在城乡间，受公有制经济发展体制的影响，城市与乡村之间的贫富差距较小，相对贫困并不突出；相较而言，在东西地区间，地区经济发展差距较为明显，尤其是西部边疆地区整体发展缓慢且较为落后。受区域经济发展水平的影响，教育投入水平和教育质量也呈现与其一致的发展落差。因此，扶持西部贫困地区的教育事业成为该时期的重要任务。

二 援助式交流的特征

20世纪五六十年代至21世纪初，在发达地区对口支援贫困地区的时代背景和普及九年义务教育的历史任务驱动下，全国逐步开展援助式的教师支教工作。该时期，教师交流以"对口支援"形式为主，并集中表现出单纯援助的功能属性。

（一）地区发展不平衡的驱动机制

20世纪中后期，东西部地区在经济、文化建设等方面均表现出不平衡的发展样态，教育对口支援在东西部全面扶贫历史任务驱动下产生，我国掀起扶贫开发的热潮。为保证扶贫工作的全方位开展，跨地区的教育扶贫工程应运而生。为从根本上消除贫困，普及教育成为阻断贫困代际传递的可行性路径，发展西部地区的教育事业，尤其是做好义务教育的师资保障，成为扶贫工作的重要方面。然而，在普及九年义务教育验收阶段，西部贫困地区仍未达到普及标准，为保证西部边远地区保质保量地尽快完成九年义务教育普及任务，全国启动实施"东部地区学校对口支援西部贫困地区学校工程"和"西部大中城市学校对口支援本省（自治区、直辖市）贫困地区学校工程"。

（二）中央政府主导型的组织形式

该时期，教育对口支援是中央政府自上而下统筹实施的，是从计划经济时代延续下来的援助模式。受地缘性因素的影响，东部地区自发对口支援西部地区的困难程度较高，因此，对口支援工程主要由中央政府部门启动并统筹推进，通过行政力量迅速集中人、财、物力，以协调教育资源配置，取得快速扶持西部贫困地区教育事业的成效。在此过程中，政府的主导地位较为突出。自1996年以来，在中央政府的统一领导和组织下，全国多个地区按照扶贫协作的对口关系建立帮扶机制，具体落实校对校的对口支援工作，为西部贫困地区教育事业的发展提供强有力的智力支持和师资保障。[①]

（三）地区跨越式的单向支援

在运行模式上，教育对口支援通过建立"一对一"或者"多对一"的帮扶关系实现物质资源和智力资源单向援助的目的。发达地区和欠发达地区以支援方和受援方的身份关系开展援助活动，其中支援方和受援方在上级政府组织领导下结成对子，可以是"一对一"的双方关系，也可以是"多对一"的组合关系。在全国范围内，东部地区和西部贫困地区或西部省域范围内按照"结对子"形式进行教育援助。支援地区将教学质量较高的学校作为对口支援的优质学校，受援地区将教学环境较差和教育水平较

[①]　《山海携手共圆梦——辽黔推进东西部扶贫协作工作综述》，辽宁省人民政府，http://www.ln.gov.cn/ywdt/jrln/wzxx2018/202007/t20200723_3912000.html，最后访问日期：2023年3月25日。

低的学校列为薄弱学校，优质学校和薄弱学校之间结成对子。从对口支援地区和学校的组成属性来看，支援方大多以东部发达地区的优质学校为主，受援方主要以西部贫困地区的薄弱学校为主，通过物资输送、教师支教实现对贫困地区教育事业的单向援助。从教师交流的性质来看，这一阶段教师交流尚处于初步探索阶段，主要表现为单向式的援助。交流政策试图通过跨地区式的短期支援，解决落后地区师资力量薄弱的问题，但较难从根本上提高薄弱学校教师队伍的质量。

（四）东西部跨地区的资源辐射

教育对口支援工程旨在建立东部地区向西部地区的资源输送链条，试图在全国范围内实现最大范围的资源辐射。教育对口支援方主要以发达地区尤其是东部发达省份为主，也可以是西部较发达的大中城市，受援方主要以欠发达地区尤其是西部贫困地区为主。[①] 在行政组织形式下，东西部地区打破制度壁垒、跨越地域障碍开展智力支教活动。从地域因素来看，教育对口支援的重要基地在西部地区，通过东部发达地区传送的师资力量带动欠发达地区的教育事业发展，从而在跨地区的远距离范围内进行教育援助。从援助的内容来看，除了对西部地区进行物质层面的供给，还在师资上给予重点支持。在师资的选派类型上，兼顾教学人员和管理人员，在教学技能培养和治校水平的提升方面实现"双管齐下"。

（五）贫困地区外援式的发展机制

在功能定位上，教育对口支援工程带有单向式的援助属性。东部地区作为教育发展水平较高的支援方，西部地区作为教育薄弱的受援方，通过东部发达地区向西部贫困地区分批派遣支教教师的形式，开展"以强带弱"的援助活动。"东部地区学校对口支援西部贫困地区学校工程"和"西部大中城市学校对口支援本省（自治区、直辖市）贫困地区学校工程"以不增加被支援地方的经济负担为前提，本着以东部地区为西部地区教育发展做贡献的信念开展支援活动。为鼓励发达地区的教师到欠发达地区支教，支援地区还要主动制定相应的优惠政策和补偿机制，并支付支教教师

---

① 《中共中央办公厅 国务院办公厅关于推动东西部地区学校对口支援工作的通知（摘要）》，http://www.gov.cn/gongbao/content/2000/content_60165.htm，最后访问日期：2023年3月25日。

和管理人员的相关经费。在西部贫困地区教育资源极度匮乏的现实情境下，东部地区利用优先发展优势带动其他地区发展，为促进东西部地区教育事业的均衡发展、实现地区资源布局合理化奠定基础。

三　援助式交流的实践活动

为保证边疆地区学校教学活动的正常开展，全国实施内地地区对边疆地区的智力支教和物质支援。为加快西部地区普及九年义务教育的步伐，全国组织跨区域结对帮扶的实践活动。

（一）边疆地区的智力帮扶

20 世纪 50 年代至八九十年代，教师交流工作以教育对口支援形式为载体，先后在西藏、新疆等边疆地区开展支援性活动。中华人民共和国成立后，为了振兴边疆地区民族经济，采取了许多支援西部民族地区教育事业的特殊政策，全国多个地区通过选派教师的形式支援民族地区的教育事业。20 世纪五六十年代，我国出现了教育支边、教育援疆的交流活动。1956 年，为振兴西藏地区的教育建设，拉萨、昌都等地逐步成立中学，并举办师资短期训练班。但受制于人力资源储备尚不充足，中学师资总量极为缺乏，仅靠自身力量进行教师队伍建设极为困难。为此，教育部下发《关于抽调初中、师范教员和教育行政干部支援西藏的通知》，在国家力量统筹下，内地有 13 个省区市先后选派大批政治、业务、身体素质较高的教师长期支援西藏教育事业，掀开了教师支教的序幕。[①] 1956 年，教育部在《关于内地支援边疆地区小学师资问题的通知》中要求四川、陕西等省对周围贫困地区展开援助式交流，在师资培养环节扩大招生比例，以备教育对口支援之需。为满足西藏地区人才储备的工作需要，中央民族学院成立藏语文教研室，以支持西藏地区的教育事业。[②] 援藏计划主要以定校包干支援的办法进行，即各省市与西藏地区学校建立稳定的对口援助关系。在组织形式上，对口支援西藏计划采取每期两年、每校每期选派 45 人的方式

---

① 贺新元：《以毛泽东为核心的第一代领导集体对中央"援藏机制"的理论贡献与积极探索》，http://myy.cass.cn/sflw/201204/t20120426_1969312.shtml，最后访问日期：2023 年 3 月 25 日。

② 牛菊奎：《前进中的中央民族大学藏学研究院》，《中国民族》2001 年第 6 期。

进行，主要分三期完成。1979 年，全国边防工作会议的报告提出，国家要继续组织动员内地省份与边境地区形成对口关系，如上海支援云南、天津支援甘肃等。[1] 1987 年，国务院又召开第二次援藏工作会议，围绕进一步做好全国智力援藏的问题进行了讨论。[2]

（二）贫困地区的对口支援

在普及九年义务教育的过程中，西部贫困地区的发展进程稍显落后，因此，全国开展大规模对口支援西部贫困地区工程。为帮助贫困地区加快实施普及九年义务教育，1995～2000 年，第一期"国家贫困地区义务教育工程"启动并逐步实施。[3] 1999 年，中共中央、国务院印发《关于深化教育改革全面推进素质教育的决定》（中发〔1999〕9 号），提出为推动贫困地区义务教育普及任务的完成，要继续加大对口支援的扶持力度。在西部大开发战略背景下，2000 年，《中共中央办公厅 国务院办公厅关于推动东西部地区学校对口支援工作的通知（摘要）》（厅字〔2000〕13 号）指出，全国启动实施"东部地区学校对口支援西部贫困地区学校工程"和"西部大中城市学校对口支援本省（自治区、直辖市）贫困地区学校工程"，选派教师和管理人员到贫困地区任教、任职，帮助提高学校的教育质量和管理水平。同年，教育部、国务院扶贫开发领导小组、中共中央组织部等六部门联合印发了《关于东西部地区学校对口支援工作的指导意见》（教基〔2000〕20 号）。文件指出，教育对口支援工作由教育部牵头，多个部门通力合作，按两期四年的时间周期组织实施，在时间周期内合理划分参与对口支援的学校名单；在对口支援地区构成上，受援地区原则上应是 2000 年前尚未普及九年义务教育的国家及省级贫困县，受援学校应是教育水平稍低的义务教育学校；在经费保障上，支援地区需要针对参与对口支援的教师群体额外拨付经费，并辅之以其他的优惠政策以达到激励效果；在人事关系上，支教教师在交流期内只进行临时关系调整，身份属性不发生改变；在福利待遇上，就激励性因素而言，将支教经历与职务评定

---

[1] 李勇：《改革开放以来东西扶贫协作政策的历史演进及其特点》，《党史研究与教学》2012 年第 2 期。

[2] 原思明：《邓小平及第二代中央领导集体治藏兴藏的思想》，《西藏研究》2004 年第 3 期。

[3] 《实施国家贫困地区义务教育工程》，http://www.gov.cn/ztzl/fupin/content_396671.htm，最后访问日期：2023 年 3 月 25 日。

建立联动机制，就保障性因素而言，受援地区为支教教师做好生活保障工作。为贯彻落实"对口支援"工作精神，上海市积极支援西部农村教育。自 2000 年沪滇两地实施教育帮扶合作以来，上海市先后选派了 460 名教师到云南支教，推动了云南贫困地区义务教育水平的提高和当地教育的发展。[①]

第二节　城乡互动式交流阶段（21 世纪初至 2010 年左右）

为加强农村教师队伍建设，全面落实素质教育改革工作，各地区利用"城市支持农村"的政策契机在县域内、跨市县范围内实施城乡互动式交流。该时期，教师交流工作由省、市、县等多级部门协商开展，力图在城乡双向互动过程中发挥优质教师示范带动作用，形成农村教师内生式的发展机制。

一　城乡互动式交流的缘起

21 世纪初，我国城乡教育二元结构的现实矛盾逐渐突出，素质教育综合改革逐步推进。在"城市支持农村"和社会主义新农村建设的政策支持下，城乡互动式交流工作开始提上日程并全面展开。

（一）"城市支持农村"的发展契机

城乡互动式交流模式的推动，适逢我国经济发展迈入"工业反哺农业、城市支持农村"的重要转折期，也正值大力建设社会主义新农村的发展阶段。2004 年，党的十六届四中全会明确指出，纵观其他国家的社会发展轨迹，在初始阶段需要农业支持工业化发展、农村支持城市发展，但在工业化达到相当程度以后，"工业反哺农业、城市支持农村"将成为普遍化发展趋势。[②] 2005 年，《中共中央 国务院关于进一步加强农村工作提高

---

① 《101 名优秀教师加入第 6 批赴滇支教队伍》，新浪网，https://news.sina.com.cn/c/edu/2006 - 08 - 24/14559838470s.shtml，最后访问日期：2023 年 3 月 25 日。

② 朱玉明：《关于"工业反哺农业、城市支持农村"若干问题的探讨》，《财政研究》2005 年第 12 期。

农业综合生产能力若干政策的意见》（中发〔2005〕1号）明确提出，实行"工业反哺农业、城市支持农村"的行动方针。为顺应"城市支持农村"的政策走向，教育领域内也逐步开展城镇教育支持农村教育工作，并通过城镇教师支援、城乡教师互动等形式提高农村教育水平。2005年，党的十六届五中全会进一步指出大力建设社会主义新农村，我国进入农村社会发展的综合变革期。促进农村教育发展成为社会主义新农村建设的重要内容，也是实现新农村建设目标的有效路径。因此，全力发展农村教育的必要性和重要性越来越突出，在教育事业发展历程中逐渐被提上重要议程。为加速农村教育的发展步伐，城镇地区与农村地区建立对口支援关系，这为社会主义新农村建设开启助力工程。①

（二）全面推进素质教育的改革走向

21世纪初，全面推进素质教育成为教育改革进程中的重要部署，实施素质教育成为基础教育发展的必然走向。《中共中央 国务院关于深化教育改革全面推进素质教育的决定》（中发〔1999〕9号）发布并指出，各地区要积极部署和落实素质教育课程，致力于培养学生在德智体美等方面的全面发展，要求学校在发展学生智育的同时，着重加强在德育、体育、美育以及劳动技术教育等多个维度的进步，从而实现基础教育从应试教育向素质教育转型。为贯彻落实教育改革的精神，农村学校试图开展英语、美术、音乐等素质教育课程。但长期以来，农村学校在教师总量上不充足，学科结构严重失衡，甚至在县域范围内的大部分学校，音体美、英语等课程的教师都极为紧缺，多数农村学校没有小科的专职教师。以H省S县为例，2006年左右，S县约有303所小学，共352个教学点，应素质教育的改革要求，全县针对所有三年级小学生开设英语课程，经过初步核算，全县需要300余名专职英语教师，但全县所有小学连30个专职英语教师都没有。② 为缓解素质教育课程的师资压力，城乡学校双管齐下，采取送教下乡和就地培养两条路径。一方面，城镇学校为农村学校输送师资力量以帮其开展素质教育课程；另一方面，农村学校选拔有潜质的教师到城镇地区

---

① 《中共中央 国务院关于推进社会主义新农村建设的若干意见》，http://www.scopsr.gov.cn/zlzx/ddh/ddh17_3945/ddh175/201811/t20181121_329130.html，最后访问日期：2023年3月25日。

② 陈黎明、田刚：《"走教"现象暗含危机》，《瞭望》2007年第7期。

接受专业课程体系的培训，经过专业理论学习后回校传授相关知识，在开齐开足素质教育课程上发挥内生动力，突破素质教育转型过程中的瓶颈制约。

（三）城乡教育二元结构的现实矛盾

受经济发展等因素的影响，我国形成城乡二元结构的社会格局，城乡教育失衡的现实矛盾日渐凸显，城镇教师支援农村学校是推进城乡教育协调发展的重要举措。2000年，我国初步实现了"两基"的战略目标，但不均衡的教育资源配置造成城乡教育发展严重失衡。城乡教育发展失衡的现实样态与教育管理体制有着密切联系。新中国成立初期，依托"效率优先、城市优先"的教育政策，城市教育在国家财政投入体制内集聚了一批优质教育资源。与之相反，在城乡二元结构下，农村教育的资源配置主要由村集体承担，农村教育仍处于"人民教育人民办"的办学窘态。农村学校的师资配置在数量和质量方面明显不能满足其需求。第一，农村教师总量不足。为保证课程开足开齐，农村地区聘用了大量代课教师。2001年，全国中小学共聘用代课教师70.5万人，占岗位教师总数的6.6%；主要分布在农村，农村中小学代课教师58.0万人，占农村中小学岗位教师总数的9.6%，占全国代课教师总数的82.3%。[①] 历经大规模民办教师清退工作后，2004年，全国仍有49.9万名代课教师，2005年进一步减少到44.8万名，其中分布在农村公办中小学的大约有30万名，占农村公办中小学教师总数的5.9%。[②] 第二，农村教师的整体素质不高。2001年，城乡小学和初中专任教师学历合格率分别相差2.2个百分点和7.6个百分点，而高学历教师比例城乡差距分别为20.7个百分点和14.2个百分点。[③] 在城镇化进程和教育失衡发展的双重影响下，农村学龄人口外流现象越发严重。乡村学校学龄人口密度不断下降，县域内义务教育资源分布与学龄人口流动

[①] 唐松林：《中国农村教师发展面临的基本问题（二）》，《湖南农业大学学报》（社会科学版）2005年第6期。

[②] 《中国现有44.8万名代课教师 其中30万在农村学校》，中国新闻网，https://www.chinanews.com/news/2006/2006-03-27/8/708505.shtml，最后访问日期：2023年3月25日。

[③] 杨天平：《我国农村中小学布局调整的原因、进程、问题及对策》，《教育理论与实践》2013年第16期。

之间的矛盾日渐凸显。① 在严重失衡的城乡教育发展生态下，仅依靠农村地区难以改变这一样态。因此，城乡间需要建立互动帮扶机制，利用长效的共建机制提高农村地区的办学效益，逐步缩小城乡间的教育发展差距。

二 城乡互动式交流的特征

进入 21 世纪后，城乡教育二元结构的矛盾越来越突出，全国开始建立城乡互动式交流的长效机制，鼓励城乡教师在双向互动机制中帮助实现区域教育的协调发展。这一时期，城乡互动式交流在多个政府部门的统筹下逐步开展，以结对学校互派教师为载体，在省域范围内最大限度地扩大优质资源的覆盖率，以期促成农村学校发展的内生力量。

（一）农村师资力量薄弱难题的驱动机制

随着城镇化进程的加速，城乡间教育发展差距逐步拉大，农村师资力量薄弱的问题越来越突出。为加强农村教师队伍建设，城乡互动式交流应运而生。从教师数量上看，受编制配备标准影响，农村小规模学校普遍存在"包班教学""跨学科、跨年级教学"的现象，农村地区的教师队伍中有大量的代课教师。有数据统计，2014 年，全国小学代课教师共有 151951 人，其中乡村地区有 78575 人，占 51.71%；从教师专业水平来看，75.00% 的音乐课程教师没有音乐专业知识背景，65.25% 的美术教师没有美术专业知识背景，64.58% 的体育教师没有体育专业知识背景。② 城乡互动式交流为补充师资数量和提升师资质量提供了可行性路径。

（二）多部门助力式的组织形式

为破除城乡教育二元结构，省、市、县等多级政府相关部门为城镇教师支援农村学校工程提供助力。首先，长期以来，城乡社会之间存在体制机制壁垒，只有政府部门通力作为才能破除体制机制障碍。其次，在"以县为主"的教育管理体制下，省域范围内跨区县的教师交流活动需要上级政府部门间的统筹协调。针对跨区县交流教师的管理问题，多个部门也需要进行统一协商，达成一致意见，形成推动合力。

---

① 白亮、万明钢：《城乡义务教育一体化发展中县域学校布局优化的原则与路径》，《教育研究》2018 年第 5 期。
② 刘善槐：《我国农村教师编制结构优化研究》，《教育研究》2016 年第 4 期。

（三）双向互动型的运行模式

在运行模式上，城乡互动式的教师交流大多以结对子的形式开展，城镇学校和农村学校通过"手拉手"项目进行双向互动。一是城镇地区和农村地区开展"面对面""点对点"的结对子活动，形成"以城带乡、以乡促城"的互动机制。从 2000 年开始，四川省选择了 9 个市、1568 所办学条件较好的中小学，通过"一对一"或"几对一"的组织形式对口支援甘孜、阿坝、凉山三个自治州的 1514 所学校。2005 年，河南省实施"城乡对口支援的百千万工程"，每年确定一定数量的乡镇和农村学校进行对口帮扶。[①] 二是城镇学校根据农村学校的实际需求选派优秀教师，农村学校派遣表现突出的教师到城镇学校挂职学习。首先，通过城镇支援教师改善农村地区的学校风貌。其次，通过农村教师的跟岗实践学习城镇学校的教学技能和管理经验，在城乡双向互动的过程中逐步建立长效稳定机制。2006 年，《教育部关于大力推进城镇教师支援农村教育工作的意见》（教人〔2006〕2 号）提出，农村学校的教师通过到城镇学校挂职锻炼、跟岗学习等方式参与交流，城镇教师通过下乡送教、走教等方式开展智力支教活动，在双向互动基础上提高农村教师资源配置水平。教师交流模式开始逐渐从单向式向双向式交流过渡，也为教师县域内"平行流动"政策埋下了伏笔，标志着教师流动制度的逐步完善。[②]

（四）城乡间跨层级的资源辐射

在辐射范围上，城乡互动式交流活动在县域范围内和跨区县范围内同时开展。在县域范围内，城镇地区与农村地区形成结对关系。以湖北省丹江口市为例，2009 年左右，习家店和六里坪教育发展协作区跨乡镇交流的教师分别有 9 人和 8 人，校际交流分别有 22 人和 36 人。[③] 鉴于县域之间的教育发展水平存在一定差距，省级政府部门发动较发达的县区跨越地缘障碍支援贫困地区的教育事业，在跨区县范围内开展城乡互动式交流工作。2016 年，《鞍山市开展优秀校长教师城乡互派挂职支教活动实施方案》指

---

① 《各地加大力度积极开展城镇教师支援农村教育工作》，中华人民共和国中央人民政府，http://www.gov.cn/gzdt/2007 - 07/23/content_693536.htm，最后访问日期：2023 年 3 月 25 日。
② 戴颖：《我国教师交流政策发展与地方实施述评》，《教育评论》2015 年第 6 期。
③ 李学海、沈明意、王伟：《均衡发展城乡教育 创新教育管理机制》，《教育实践与研究（A）》2010 年第 2 期。

出要开展跨县域的教师交流活动，其中铁东区、千山区与海城市为对口互派单位，立山区、高新区与台安县为对口互派单位，铁西区、开发区与岫岩县为对口互派单位。[①]

（五）农村教师内生式的发展机制

在功能定位上，城乡互动帮扶机制不再局限于构建输血式的援助模式，而是通过双向互动过程培养农村教师内生式的"造血"能力。一方面，城乡互动式交流强调双方是相互促进的过程，秉持着"以城带乡、以乡促城"的理念在区域间、校际开展交流活动，实现资源共享、互利共赢。另一方面，城镇学校派遣优质的教师队伍到农村学校支教，将教学理念、教学方法、教学活动等传播到农村学校，农村学校派遣教师到城镇学校跟岗锻炼，吸取优秀的教学经验，通过城镇教师下乡、乡村教师跟岗两种路径双管齐下，增强农村学校发展的内生动力。城乡互动式交流更加注重培养农村教师自身的教学能力，旨在提高农村教师的业务水平。

三 城乡互动式交流的实践活动

21 世纪初，城镇地区超编与农村地区缺编并存，"城镇挤"的大规模学校与"乡村弱"的小规模学校并存。为实现区域间教师资源的合理配置，加强农村地区的教师队伍建设，各地积极组织跨城乡的互动式交流活动，鼓励城镇教师到薄弱学校顶岗支教、农村教师到城镇学校跟岗学习，逐步开展结对共建、互派教师等活动。

（一）中心城区与郊区县对口合作

为响应城镇教师支援农村教育的政策号召，各地积极推进中心城区与远郊区县对口合作工作。2003 年左右，为促进教师资源在城乡间的合理流动，上海市积极开展市区与郊区县教育对口支援工作。上海市 9 个中心城区与 9 个郊区县签署了"对口合作交流协议书"，以 3 年为合作期限。[②] 截

---

① 《鞍山市教育局关于印发〈鞍山市开展优秀校长、教师城乡互派挂职支教活动实施方案〉的通知》，http://fgcx.bjcourt.gov.cn:4601/law?fn=lar1366s193.txt，最后访问日期：2023 年 3 月 25 日。

② 《上海市区郊区对口交流有效促进基础教育均衡发展》，中华人民共和国中央人民政府，http://www.gov.cn/gzdt/2006-10/26/content_424121.htm，最后访问日期：2023 年 3 月 25 日。

至 2006 年，上海市中心城区共有 707 名教师分赴郊区农村学校支教；同时，郊区中小学选派了 183 名表现突出的教师和校长到市区学校挂职锻炼。除了互派教师的形式，还有 30 多位城区中小学特级教师到郊区农村学校举办培训讲座 60 多场次，指导农村学校开展校本培训 60 多场次。[1] 为了丰富交流的内容，县教育局领导之间、各职能科室之间以及校长、教师之间开展了不同维度的交流，在充分合作的基础上实现资源共享。

2005 年，北京市人民政府办公厅转发了《北京市城镇教师支援农村教育暂行办法》，提出在区域内和跨区县范围内同时开展城乡互动式交流活动，并将北京市海淀区、朝阳区、丰台区与 10 个远郊区县搭建合作桥梁，组织双方开展教师互派行动。城镇教师可以自由选择全职型交流和兼职型交流。全职型交流主要由中级职称的城镇教师构成，在班级授课、学科教研上对农村学校给予支持，交流期限为 1 个学年；兼职型交流主要安排高层次的教师参加，如职称级别较高的教师、骨干教师等。其主要负责对农村学校进行课堂示范、教学培训和学科指导等，交流期限以工作量的标准核算，完成 480 个课时即视为完成一学年交流任务。[2]

2009 年，成都为市区及远郊区县牵线搭桥，促使双方签订互动发展协议，结成互动发展联盟，整体推进教师流动、教师培训和教学研究等教育资源的流动共享，形成优势互补、资源共享与共同发展的良好态势。以"青—蒲对流"为例，成都市青羊区和蒲江县两地教育局开始落实关于教师交流的政策，双方在教师交流互动中实现了共同发展。

（二）城镇教师到农村学校任教服务

为切实落实城镇教师支援农村学校工作，建立教师职称评定与农村学校任教经历的联动机制，我国实施城镇中小学教师到乡村任教服务期制度。1999 年，中共中央、国务院作出《关于深化教育改革全面推进素质教育的决定》，将教师交流轮岗工作与职称评聘制度挂钩，将薄弱学校的任教经历作为教师职称评定的必备条件之一。2003 年，《国务院关于进一步

---

[1] 《各地加大力度积极开展城镇教师支援农村教育工作》，中国教育新闻网，http://www.jyb.cn/zgjyb/three/200707/t20070717_99089.html，最后访问日期：2023 年 3 月 25 日。

[2] 《北京市人民政府办公厅转发市教委关于城镇教师支援农村教育暂行办法的通知》，北京市人民政府办公厅，http://www.beijing.gov.cn/zhengce/zfwj/zfwj/bgtwj/201905/t20190523_75144.html，最后访问日期：2023 年 3 月 25 日。

加强农村教育工作的决定》（国发〔2003〕19号）进一步提出"城镇中小学教师到乡村任教服务期制度"和"区域内城乡'校对校'教师定期交流制度"。2005年，《教育部关于进一步推进义务教育均衡发展的若干意见》（教基〔2005〕9号）进一步明确了城镇教师到乡村学校任教服务期制度，并提出采取巡回授课、流动教学等多样化的方式方法。

2005年，天津市建立了六项长效帮扶机制，包括城市对口支援农村帮扶制度、城镇中小学教师到乡镇任教服务期制度、大学生到农村中小学任教服务期制度、特级教师送教上门讲学制度、农村中学教育硕士师资培养计划、支教津贴补贴制度。2005年，天津市长效帮扶机制选派了364名具有中级以上教师职称的骨干校长、教师到农村中小学从事学校管理和教学工作；派遣180多名新招的应届大学毕业生到农村中小学任教，为期一年；组织六批特级教师，到农村地区举办了18次讲座；设置100余万元专项经费用于保障城乡对口支援工作的落实，用于保证支教教师福利待遇、津补贴。[①] 这一系列举措有力地促进了天津市城乡基础教育的均衡发展，实现了互补双赢。

（三）省域范围内跨市县结对帮扶

为实现教师资源在更大区域范围内的合理化布局，有条件的地区逐步开展跨市县的结对帮扶工作。2006年，教育部下发了《关于大力推进城镇教师支援农村教育工作的意见》，其中明确指出在县域内及更大区域范围内建立城乡互动交流工作机制。一方面，在省域范围内，积极鼓励大中城市开展跨市县的农村支教工作，省级教育行政部门在此过程中要发挥统筹指导作用，在把握全省教育基本情况的基础上制订科学合理的交流计划。另一方面，在本行政区域内建立"校对校"的互动合作机制，鼓励和支持城镇办学水平高的中小学与农村学校建立联动机制，通过定期的教师选派、项目合作等多种有效形式，实现学校间的深度合作。

"十一五"期间，江苏省率先组织实施"千校万师支援农村教育工程"，在省域范围内积极探索跨市县结对帮扶的工作机制。从2007年至

---

① 《天津建立六项长效帮扶机制支援农村教师队伍建设》，中华人民共和国中央人民政府，http://www.gov.cn/gzdt/2006-08/25/content_369896.htm，最后访问日期：2023年3月25日。

2010 年，为实现省域内义务教育阶段的均衡发展，江苏省在全省范围内选派优质学校的骨干教师，与苏北农村的薄弱学校结对，以结对帮扶关系的建立为发展契机，正式启动跨区县范围的城乡互动交流。在经费保障上，省财政以 4000 万元/年的经费标准进行拨付，该专项经费主要用于对支教学校的补偿和激励，每所支教学校大概每年享有近 4 万元补贴；支教教师的交流补偿主要由地方政府负担，其补偿标准每月不低于 500 元。[①] 在政策支持上，建立二次奖励机制，即除了补偿基本损失，为激发交流学校和教师的工作积极性，依据考核结果对参与交流的学校单位和教师个体进行综合奖励，并在职称晋升和评优评先上给予倾斜。

第三节　共同体式交流阶段 （2010 年左右至今）

随着城镇化进程的推进，城乡间教育失衡问题尚未得到有效解决。在城乡教育一体化的发展态势下，政府和学校等多元主体合力推动教育集团内共享师资、联盟学校内教师联动、网络平台上送课到校、县管校聘下全员轮岗等交流形式。该时期，教师交流采取联区式、联校式的组织形式，实现跨片区的资源共享，促进教师队伍一体化发展。

一　共同体式交流的缘起

受城乡二元结构的影响，城乡教育发展仍存在巨大差距。即使在县域范围内，义务教育的发展同样存在明显的不均衡，校际资源配置的差异性逐渐显著，"择校热"现象愈演愈烈。为保证城乡间、片区内教育的协调发展，义务教育逐渐走向城乡教育一体化发展，学校之间逐步组成教育共同体，在"抱团发展"的组织形式下互派交流教师以实现资源的二次配置。

---

① 《江苏省启动千校万师支援农村教育工程》，中华人民共和国中央人民政府，http://www.gov.cn/govweb/fwxx/wy/2007 - 03/13/content_549432.htm，最后访问日期：2023 年 3 月 25 日。

（一）城乡教育一体化发展的时代潮流

推动城乡教育一体化发展是破解城乡二元结构的基本路径。统筹城乡义务教育一体化发展，保证农村学龄儿童享有同等的接受优质教育的机会，是新时代我国义务教育事业发展的重要战略和目标。首先，推动城乡教育一体化发展是缓解城乡二元结构矛盾的有效机制。当前，我国社会的主要矛盾是人民日益增长的美好生活需要和不平衡不充分的发展之间的矛盾。在教育领域，其主要矛盾是学龄儿童对优质资源的教育诉求与城乡教育发展不平衡、农村教育发展不充分之间的矛盾。其次，推动城乡教育一体化发展是实现乡村振兴战略目标的有效途径。党的十九大提出实施乡村振兴战略，为农村学龄儿童提供更高质量的义务教育成为乡村振兴的重要任务。再次，推动城乡教育一体化发展是全面建成小康社会的重要内容。党的十八大提出到 2020 年全面建成小康社会的奋斗目标，通过城乡教育一体化发展，提升农村学校办学质量是实现目标的重要环节。最后，推动城乡教育一体化发展是促进农村教育深度发展的重要路径。要以城乡教育共同体为载体促进农村教育提档升级，以尊重农村教育特征的思维方式探索农村教育的发展路径。基于城乡教育一体化发展的重要意义，2010 年，《国家中长期教育改革和发展规划纲要（2010—2020 年）》指出，建立城乡一体化义务教育发展机制是实现县域内义务教育均衡发展、缩小城乡差距的有效举措。为了更好地落实城乡基本公共教育服务均等化目标，2016 年，国务院发布《关于统筹推进县域内城乡义务教育一体化改革发展的若干意见》（国发〔2016〕40 号），系统论述了城乡义务教育一体化发展的指导思想、基本原则、工作目标、主要措施、组织保障方面的内容，通过区域联合、校际联合形式发展共同体，进一步推动县域内及跨区县的教师交流工作。

（二）城乡教育失衡越加凸显

随着城镇化的发展，城乡教育失衡问题并未得到有效缓解，教育资源配置矛盾越来越突出。20 世纪七八十年代，县域范围内城乡义务教育发展水平虽有差距，但办学条件和师资力量等方面的差距尚不明显。随着城镇化进程的加快，城乡义务教育呈现"乡村弱"和"城镇挤"的特征。一方面，农村小规模学校的数量持续增加，乡村教师不断流失，教育质量亟待提高；另一方面，城市学校大班额问题严重，优质教育资源供需矛盾突出。为此，提高教育质量、扩大优质资源的覆盖面成为教育改革进程的重要议题。这不仅是实现适龄儿童从"有学上"到"上好学"目标的重要路径，也是各级政府推进义务教育均衡发展的重要任务。2005 年，《教育部关于进一步推进义务教育均衡发展的若干意见》（教基〔2005〕9 号）指出，在推进各项重大义务教育工程的同时，实现县域内义务教育的均衡发展，并在此基础上推动区域间的教育均衡。2012 年，为切实实现县域范围内义务教育的均衡发展，教育部决定建立县域义务教育均衡发展督导评估制度，开展义务教育发展基本均衡县（市、区）的评估认定工作。2016 年，国务院印发了《关于统筹推进县域内城乡义务教育一体化改革发展的若干意见》（国发〔2016〕40 号），指明义务教育基本均衡和优质均衡的发展走向。2017 年，教育部印发《县域义务教育优质均衡发展督导评估办法》（教督〔2017〕6 号），围绕"促进公平、提高质量"两大战略主题构建县域义务教育优质均衡发展评估体系，着重加大了教师相关指标的权重，将骨干教师配备，体育、艺术（美术、音乐）专任教师配备等指标纳入其中。

（三）优质资源紧缺引发的择校热点

受重点学校制度因素的影响，不少地方出现"择校热"现象，并成为社会热点问题。为发挥优质学校的辐射带动作用，优质学校和薄弱学校结成教育共同体。从 20 世纪 50 年代开始，鉴于教育资源相对匮乏，国家只能在有限的环境条件下优先发展一部分学校，为此设立了一批优质的义务教育阶段学校，并逐步建设成重点学校，从而满足社会发展对人才的需求。与此同时，普通学校与重点学校的资源配置差距也随之增大。2006 年，重点校政策取消，原来的重点校成为示范校或实验校，但各级政府在配置教育资源过程中仍然向这些优质学校倾斜，教师在自由选择的行为导向下也更倾向于这些优质学校，优质学校在人力资源、物质资源等方面明显占据优势地位。在"物以稀为贵"的市场机制影响下，较为稀缺的优质学校在教育市场掀起激烈竞争，择校现象也愈演愈烈。

二　共同体式交流的特征

2010 年左右，联校、联片式的交流模式在全国范围内逐步开展并形成

一股潮流，教育均衡从"单向作战"跨入"抱团发展"，进入共同体式的交流阶段。为缓解人民群众对教育质量的强烈诉求与优质资源极为紧缺之间的矛盾，政府部门和学校主体共同致力于教育共同体的发展，通过区域联合、校际合作等方式进行资源共享，构建区域内教师一体化发展机制。

（一）优质资源不充足的驱动机制

在优质资源极为紧缺，教育发展不充分、不均衡等现实矛盾因素的驱动下，创建联区、联校式教育共同体成为时代所需。为盘活教师资源，教育共同体内部引导教师校际流动，实现教育资源的二次配置和合理布局。自 2011 年全国所有省（区、市）通过了国家"普九"验收工作之后，我国进入从"有学上"到"上好学"的教育转折时期，学龄儿童对接受优质教育的诉求只增不减。在区域范围内实现教育资源的合理配置和教育质量的共同提高是不可抵挡的趋势，以共同体为发展载体建立学校之间的深度融合是发挥优质资源辐射带动作用的有效途径。2012 年，《国务院关于深入推进义务教育均衡发展的意见》（国发〔2012〕48 号）颁布，其鼓励各地探索学校联盟和集团化办学等组织形式，扩大优质教育资源的覆盖范围，着力推进义务教育均衡发展。2013 年，教育部启动义务教育均衡发展督导评估工作，在推动地方实现义务教育基本均衡的基础上鼓励进一步走向教育优质均衡。在教育均衡发展的时代趋向下，单纯互派教师的交流形式已不能满足提高农村学校办学质量的教育诉求，在教育共同体内实现校际的多维互动成为缓解优质资源不足、促进义务教育优质均衡发展的可行性路径。

（二）多元主体合力式的组织形式

教育共同体式的教师交流突破了刚性、被动的约束机制，从政府强势主导的政治行为逐渐转变为政府援助、学校主动合作的工作体系。教育共同体有多种组织形态，如根据地缘结构、资源配置等因素，政府引导县域内或跨区县的学校组建为学校联盟或教育集团，联盟或集团内的成员学校形成教育共同体，成员学校以联盟或集团为载体，以互派教师团队、项目合作等形式建立联动关系。另外，还有部分地区试点实施"县管校聘"管理体制改革，教师由过去的"学校人"转变为"系统人"，在县域范围内实现从学校单个发展向教育系统共同发展的转变。教育共同体的建设是多元主体合力推动的组织结果，在这一过程中，政府不再是唯一的推动力，更多的是发挥引导和辅助作用，以资金支持、体制机制互通等方式为共同体开展教师交流提供支持。① 学校在教育共同体发展阶段的主动性更加凸显，成员学校在办学理念、教学教研等方面表现出内生式的群动力。例如，2018 年，兰溪市教育局推出的《兰溪市城区优质学校与薄弱学校结对帮扶方案》提出，兰溪五中和游埠中学开展校际结对合作活动，双方秉持着"合作双赢"、"可持续合作"和"合作分享"的结对理念签署合作交流协议书。为了给"城区学校与薄弱学校结对帮扶"项目提供支持，兰溪市教育局按照学校的年度考核结果对帮扶成效显著的学校和个人进行表彰、奖励。② 重庆市渝中区也有类似举措，即鼓励学校在自愿基础上自由组合，依托区域政策支持，曾家岩小学、解放小学与人民小学结为学校共同体。③

（三）联区、联校式的运行模式

教育共同体突破区域制度障碍，跨越条块分割的校际壁垒，通过互派教师团队的形式建立横向协作关系，在办学理念、学校管理、教学科研等方面进行多维互动。④ 教育共同体在交流形式上较为多元，既可以学科为依据互派教师个体，也可以团队形式进行交流。其中在互派的团队成员构成中，除了学科教师，还兼顾校长、教学主任等中高管理层。在交流内容上比较多维，在学校层面，校长通过互换身份在交流学校顶岗任职，在工作过程中汲取好的管理理念和经验，提高管理效能和水平，整合和构建学校管理知识网络体系。在教师层面，名优师资"综合共享"，最大限度地发挥了教育人力资源的作用，通过共同备课、同步教研等方式实现课程资源的共享和交流，提升成员学校教师的专业素质。在学生层面，学校在教育共同体内部充分挖掘和发挥各自的环境优势，组织不同学校之间的学生

---

① 李勇：《改革开放以来东西扶贫协作政策的历史演进及其特点》，《党史研究与教学》2012 年第 2 期。

② 《兰溪城区优质学校与乡村薄弱学校结对帮扶》，兰溪新闻网，http://lxnews.zjol.com.cn/lxnews/system/2018/12/19/031348519.shtml，最后访问日期：2023 年 3 月 25 日。

③ 周珊、胡忠英：《组建教育"共同体"，释放发展"群动力"》，《重庆日报》2018 年 5 月 14 日，第 10 版。

④ 李勇：《改革开放以来东西扶贫协作政策的历史演进及其特点》，《党史研究与教学》2012 年第 2 期。

进行多边互动，打破学校间的制度障碍。此外，城乡教育联盟共同体的建立，使优质学校与农村学校、薄弱学校建立起紧密的联系，共同体学校内部做到"办学理念共享、教育资源共享和成果共享"，使优质教育资源规模化和效益化。在资源共享原则下辅之以捆绑式考评，进一步缩小了县域内校际差距。

（四）区域内跨片区的资源辐射

教育共同体在区域间和区域内最大限度地扩大优质资源的覆盖面，在县域范围内助力城乡学校联盟工程，在片区范围内推行试点学区一体化管理，也可以跨区县开展名校集团化办学等，从而在最大范围内实现区域资源的有机整合。一方面，为了进一步促进城乡间学校的深度融合，在县域范围内尝试和推动城乡学校联盟，通过联盟体的组织形式捆绑城乡学校，走城乡学校共同体式的发展道路。另一方面，为了给"择校热"降温，在区域内组建教育集团或学校联盟等，发挥名校的辐射带动作用，在县域内推行"县管校聘"制度，实现区域资源的有效整合。

（五）师资配置一体化的发展机制

在功能定位上，教育共同体按照整体联动原则统筹协调师资配置，将共同体作为教师交流平台，带动学校管理、教师队伍、课程教研等方面的多维联动，从而促进共同体学校的同步发展。第一，在区域范围内实现联动发展。以学校联盟或教育集团为载体，建立教育共同体，在共同体内部实现教育理念互商、教育经验互通、教育资源互享，办学水平较高的名校牵头，带动区域内其他薄弱学校的发展。第二，在学校、教师、教研等方面实现多维互动。在共同体内部，教师交流不再仅仅局限于教师在教学技能上的切磋与学习，而是以提高学校办学质量为目标，在学校管理理念和模式上进行调整，提高学校管理的效能。在教师发展上进行规划指导，引导全体教师提升教学业务能力；在课程和教研上实现同步，组织共同体学校的教师进行集体备课，提升全体教师的教学业务能力。

三　共同体式交流的实践活动

进入 21 世纪后，部分地区先行探索学校联盟、集团化办学、县域内全员轮岗等组织形式的实践活动。经过 10 余年的推进，共同体式的教师交流活动蓬勃发展，各地逐步探索出区域内的教师流动机制，通过教育共同体的组织形式统筹协调教师资源配置。

（一）教育集团内师资共享

21 世纪初，部分地区启动集团化办学实践。2010 年，全国各地掀起集团化办学热潮，在教育集团内部实现师资共享。集团化办学为开展交流轮岗工作提供了一个过渡的平台。在交流轮岗层面，集团内部开展的教师互派活动，间接地实现了均衡配置教师资源的工作职能，在优质学校和薄弱学校之间形成良性互动。在县管校聘层面，县管校聘管理体制改革的目的是将教师转变为"系统人"，集团化办学间接把教师引入为"集团人"，为实现"系统人"目标迈出一小步。交流轮岗政策在某种程度上降低了教师的心理归属感和稳定感，集团化办学为重建交流教师的归属感和稳定感提供了准确支点。[1]

2013 年左右，随着教育综合改革的不断深入，以集团为单元进行整体性教育重组，不同程度、不同形态的集团化办学开始蓬勃发展。为发挥名校的资源优势，《成都市教育局关于推进名校进县城托管到乡镇深化教育圈层融合的意见》（成教办〔2013〕14 号）提出，实施名校集团化办学，在集团内部开展教师交流工作，通过学校干部和学科教师的内部流动，带动周围教师的教育教学、课题研究等各方面能力的提升，教师交流从"输血"功能转向"造血"功能。2018 年，杭州市建立跨市县的教育集团，逐步向市域均衡转型，着力突破编制管理、专项经费、配套政策等方面的障碍。[2]

（二）联盟学校内教师联动

在教育共同体的组织形式中，除了集团化办学模式，全国各地也逐渐开启学校联盟的合作方式，并在学校联盟体内探索教师交流新形式。2010年，江苏省常州市金坛区推出"学校联盟内的教师区域交流"新模式，在

---

[1]　李奕：《集团化办学：基础教育基本公共服务模式的转型升级》，《人民教育》2017 年第 11 期。

[2]　李萍、储召生、蒋亦丰：《名校跨域突破 教育"时差"归零》，《中国教育报》2018 年 7 月 25 日，第 4 版。

联盟学校体内创新教师定期交流制度。常州市金坛区按照 1 所城区中小学校和 2~4 所农村中小学校的配置结构把全区义务教育阶段的学校分为 12 个学校联盟，其中城区学校为联盟体内的龙头学校，担负教师交流的统筹职能。[①]

2010 年，重庆市教育委员会与上海方略教育机构全面合作，启动了"重庆市农村中小学领雁工程"（以下简称"领雁工程"）。领雁工程计划让 100 所城镇优质学校为 100 所农村项目学校提供为期三年的指导服务，再由这 100 所农村项目学校发挥辐射带动作用，促进更大范围内农村学校的发展。[②] 大部分农村项目学校已经成为当地领雁工程示范校，能够起到引领带动的作用，增强了农村薄弱学校的自主"造血"功能，有利于促进城乡教育均衡发展。

2011 年，为推进区域教育公平，山西省晋中市太谷县建立城乡学校联盟，实施名校带动工程。在此基础上，为促进城乡各校协调发展，充分发挥群体优势、盟区效应和名师名校影响力，2017 年，《太谷县深化义务教育办学模式改革实施方案》将全县学校根据综合办学水平、教育教学质量、教师配置情况、教学研究特点、所处地理位置等指标划分为一、二、三类，每个盟区根据学校类别、乡镇数、学校数、学生数等基本均衡的原则，进一步优化覆盖全县学校的六大教育盟区。

2017 年，甘肃省岷县创新学校联盟组织形式，创设城乡教育联盟共同体和农村教育联盟共同体，通过健全完善城乡学校双校级"双重领导"机制、城乡学校共同管理机制等机制体制，建立了城乡学校互助组织架构，筛选 47 所基地学校与农村学校结成共同体。[③] 在辐射范围上，岷县教育联盟共同体既在城乡之间进行校际联动，又在农村学校内部探索共生机制。城乡教育联盟共同体以城区优质学校为核心，辐射到农村薄弱学校；农村教育联盟共同体以农村优质学校为核心，辐射到乡镇村小和教学点。在组织形式上，由结对学校双方的校级领导组成工作领导机构，建

---

① 储优君、陈旭：《金坛市推出学校联盟教师交流新模式》，《学校党建与思想教育》2010 年第 24 期。

② 朱亚丽、宋乃庆：《城乡教育帮扶模式的实践与思考——以重庆市"领雁工程"为例》，《教育研究与实验》2015 年第 1 期。

③ 《岷县：构筑"联盟体"帮助教育人才长技提能》，定西市人民政府，http://www.dingxi. gov.cn/art/2019/12/16/art_5_1248042.html，最后访问日期：2023 年 3 月 26 日。

立城乡学校共同管理机制。由县教育局选派人员对共同体的运行管理进行监督。

（三）网络平台上送课到校

为顺应信息化社会的发展趋势，学校联盟体和教育集团内部突破地理空间障碍，以网络资源为载体，推进优质教育资源向边远薄弱学校辐射，扩大优质教育资源的覆盖面。2018 年，四川省广元市朝天区倡导城镇学校与农村小规模学校联盟联建，各乡村学校在完善信息化环境设计的基础上，使用"同步课堂"与城镇学校建立互动机制，与联盟的城镇学校实现同步教学、同步教研、同步管理等。通过"三通两平台"等信息化手段，实现管理资源、教学资源、活动资源共享，以信息化建设为契机促进城镇学校与农村小规模学校共同发展、同步提高。[1] 当前阶段，基于网络载体建立教育集团成为杭州名校集团化办学的新方向。为跨越地理上的障碍，最大限度地向边远乡村辐射，使更多的学龄儿童有机会接触优质的教育资源，杭州市教育局创设集团化办学新形式，鼓励名校教育集团通过网络平台输送优质的网络课程，开启"教师走网"交流模式，通过信息化手段实现优质教师资源、课程资源的共享。为实现网络送课的交流新形式，杭州市投入 1400 万元，搭建网络课程服务平台，如名师公开课、网上名师工作室等。截至 2017 年，杭州市全面实现从小学到高中全学段各学科名师公开课微课学习网上点播服务。[2]

（四）县管校聘下全员轮岗

县管校聘的实施经历了两个阶段，首先是部分县市的先行试点，其次是全国范围内的推开。在各地方试点的基础上，国家逐步开始了县管校聘的全面推行。

首先，部分地方进行了积极的试点尝试。2013 年，成都市已有 16 个区（市）县成立了教师管理服务中心，已有 20957 名教师被纳入"县管校用"范畴，实施刚性流动和柔性流动相结合的全员轮岗式交流。[3] 刚性流

① 《四川广元朝天区：推动城乡教育一体化的"3 +"模式》，四川教育信息化网，http://www.ict.edu.cn/p/sichuan/sxdt/n2018071212787.html，最后访问日期：2023 年 3 月 25 日。
② 李萍、储召生、蒋亦丰：《名校跨域突破 教育"时差"归零》，《中国教育报》2018 年 7 月 25 日，第 4 版。
③ 高海明：《"无校籍管理"促教师流动》，《教育》2014 年第 16 期。

动主要是教育主管部门通过行政命令的方式，制定一系列中小学教师流动政策，涉及教师流动的规模、年限、职称、学历和补偿等硬性条件。如成都市规定教师队伍必须实行"全员流动"，基本方式是"九年一轮"。除了年满 50 周岁的男教师和年满 45 周岁的女教师，成都市所有教师将不固定在一所学校任教，每年实际交流人数必须达到符合交流条件的交流人数的 15% 以上，有计划、分批次进行交流，每期（批）三年。柔性流动主要是以支教、培训和协作等为手段的教师流动模式，如成都市教育局鼓励在岗的年轻中小学教师进行志愿服务，主动交流、支教。而且，成都市教育局为便于对流动教师进行管理，由人才流动服务中心教育分中心担任此项任务，从而使交流教师逐步转变为"系统人"身份。教育分中心的机构设置在一定程度上打破了传统的管理体制障碍，促进了教师的有序流动，对教师交流的常态化发展具有重要意义。总体上，成都市中小学教师交流大致是刚性流动与柔性流动相结合、多种创造性流动形式并用的模式，旨在帮助农村地区、偏远地区提高教育质量，促进师资资源均衡配置，推进城乡间、县域间教育协调均衡发展，逐步实现教育公平。

其次，全国范围内开展试点工作。2014 年，在联校共建发展模式的基础上，为实现县域内更大范围的交流轮岗，国家积极探索创建县管校聘的管理机制，尝试将整个县域内的义务教育学校组成教育共同体，从而实现县域内教育事业的整体均衡和协调发展。2014 年，《教育部 财政部 人力资源和社会保障部关于推进县（区）域内义务教育学校校长教师交流轮岗的意见》（教师〔2014〕4 号）出台，明确提出逐步开展"县管校聘"管理体制改革试点工作，并在此基础上进行全面推广，为推进教师交流轮岗奠定基础。根据该文件，各地纷纷出台相关政策，规定教师在满足既定工作期限后全部纳入交流教师队伍中，从而在"县管校聘"管理体制内逐步实现全员轮岗。全员轮岗模式的推行将实现教师资源的有序流动和合理布局，在县域范围内带动大多数学校的整体发展，也是在最大辐射范围内实现城乡教育的共同发展，从而形成更大的教育共同体。为推进全员轮岗模式，2015 年，全国选取 19 个地区作为"县管校聘"管理体制改革试点区域，着力探索"系统人"的人事管理方式。2015 年，山东省潍坊市在推进教师队伍建设过程中，开始探索和全面推行"县管校聘"管理体制改革，由县级教育管理部门按需设岗，组织跨校竞聘，辅之以绩效激励等内容的改革。在岗位设置上，潍坊市专门设置不少于 5% 的岗位用于流动教师跨校竞聘。其岗位信息和竞聘信息由教育人才服务机构汇总和发布，每年 7 月份左右，教师可以在网络平台上获取岗位需求信息，根据个人意愿进行申报和竞聘。①

---

①　潍坊市政府：《潍坊市三项措施深化中小学教师管理体制改革》，《机构与行政》2015 年第 8 期。

第二章
县域内教师交流的政策文本与执行样态

教育政策执行是将观念形态的教育决策转变为现实形态的教育政策的过程。它大致分为两个过程：一是教育政策在地化环节中的差别化再制定过程，二是按照地方再制定的政策文本操作执行过程。教师交流政策执行样态主要包括三个方面的内容：一是地方政府在教师交流政策再制定过程中的文本内容设计，二是教师交流政策文本内容转化为操作性行为过程中的实践样态分析，三是综合研判教师交流政策的执行效果。

第一节　县域内教师交流政策的文本分析

与教育决策初衷相比，教师交流政策在在地化制定过程中极易发生文本再制定的偏差行为，对政策文本进行梳理分析是实现决策目标的重要途径。为此，笔者从我国东中西部筛选出典型地区作为文本案例，采用文本分析方法对政策文本进行梳理。其中，教师交流政策以县域内资源均衡配置为价值理念，以年龄、学科、农村或薄弱学校任教经历为筛选条件，鼓励一定比例的教师通过定期交流、跨校竞聘、对口支援、走教等多种方式参加交流，并在职称晋升、薪酬福利、评优表彰等方面向交流教师倾斜。

政策文本是政策过程中的重要环节，是指导政策实施的基本出发点。把政策和政策执行过程本身作为理解和分析对象，试图通过政策研究来增进决策者和普通公众对政策相关现象的理解，一直是政策科学的重要传统。[1] 基

---

① 卢乃桂、柯政：《教育政策研究的类别、特征和启示》，《比较教育研究》2007 年第 2 期。

于对现有教师交流政策文本的收集、整理和归纳，通过横向与纵向的比较了解政策存在的问题，从而提出解决方案，在理论和实践上都具有重要意义。

一　教师交流政策文本的研究方法

通过网络资源平台和实地调研进行文本收集工作，从我国东中西部地区筛选出代表性样本，并采用文本分析的方法对代表性样本的政策文本内容进行词频统计处理，利用层次聚类的方法提取各地区政策文本的特征性因素。

（一）政策文本的收集与筛选

2014 年，教育部、财政部、人力资源和社会保障部印发了《关于推进县（区）域内义务教育学校校长教师交流轮岗的意见》（教师〔2014〕4号）（以下简称《意见》）。《意见》发布以后，各省区市积极响应，据统计，全国已有 25 个省区市陆续发布了教师交流的相关政策。省级教师交流政策文件的公开时间主要集中在 2014～2015 年。重庆、浙江、福建、吉林、陕西、河北、贵州这 7 个省份先于国家政策出台了地方校长教师交流轮岗实施意见，进行了教师交流轮岗制度的探索。其余省份在国家政策颁布后陆续出台相关政策（见表 2－1）。

表 2－1　各省份教师交流政策出台时间

年份	发布省份
2012	重庆市
2013	浙江省
2014	福建省、吉林省、陕西省、河北省、贵州省、辽宁省、上海市、天津市、新疆维吾尔自治区
2015	广东省、海南省、山东省、甘肃省、内蒙古自治区、宁夏回族自治区、四川省、河南省、湖北省、湖南省、江西省、山西省
2016	北京市、安徽省

除了表 2－1 提及的省份，并未检索到云南省、青海省、江苏省、黑龙江省、广西壮族自治区、西藏自治区出台的政策文件，但是其中一些省份有其他政策或报道佐证其正在推行或准备推行教师交流轮岗政策。如江苏

省 2010 年印发了《关于江苏省义务教育优质均衡改革发展示范区建设的意见》(苏政办发〔2010〕65 号);广西壮族自治区 2014 年出台了《关于深入推进义务教育均衡发展的实施意见》(桂政发〔2014〕7 号);西藏自治区 2017 年出台了《关于统筹推进县域内城乡义务教育一体化改革发展的实施意见》(藏政发〔2017〕18 号)。这些政策文件均提到教师交流轮岗的相关内容,说明这些省份正在或者准备推行教师交流轮岗政策。

笔者通过实地调研和各省、市、县教育局官方网站查询等多种方式获得国家、省和县级教师交流政策文本共 80 份,其中国家级 1 份、省级 28 份、县级 51 份。政策文本包括校长教师交流轮岗实施方案、教师支教实施方案。虽然有些县的政策文本不可以公开获取,但其相关政策文本涉及教师交流的内容,与其他教师交流政策文本内容有较高的一致性,如交流教师的考核、补助待遇政策及"县管校聘"政策等,此类政策文本也被纳入分析范围。

考虑到政策文本数量过少会影响该省份政策文本的代表性,每省份至少选取两个县进行筛选。筛选结果包含四个东部省份、四个中部省份和五个西部省份。东部省份包括浙江省、辽宁省、福建省和广东省,中部省份包括山西省、安徽省、江西省和湖北省,西部省份包括陕西省、四川省、贵州省、广西壮族自治区和重庆市(见表 2-2)。

表 2-2 教师交流相关政策文本汇总

所属地区	省份	县	政策级别	政策名称
全国	—	—	国家级	《教育部 财政部 人力资源和社会保障部关于推进县(区)域内义务教育学校校长教师交流轮岗的意见》(教师〔2014〕4 号)
东部	浙江省	—	省级	《浙江省教育厅 浙江省机构编制委员会办公室 浙江省财政厅 浙江省人力资源和社会保障厅关于推进县(市、区)域内义务教育学校教师校长交流工作的指导意见》(浙教人〔2013〕70 号)
		玉环	县级	《关于推进县域内小学教师校长交流工作的实施意见(试行)》(玉教〔2014〕18 号)
		苍南	县级	《苍南县教育局关于做好 2019 年教师交流工作的通知》(苍教人〔2019〕121 号)

续表

所属地区	省份	县	政策级别	政策名称
东部	浙江省	平阳	县级	《平阳县教育局关于做好 2019 年"县管校聘"管理改革教师校际交流工作的通知》（平教政〔2019〕269 号）
		桐庐	县级	《桐庐县教职工"县管校聘"暨轮岗交流工作实施细则的通知》（桐教组〔2019〕7 号）
		天台	县级	《天台县推进中小学教师"县管校聘"管理改革实施意见》天政办发〔2017〕29 号
		磐安	县级	《磐安县中小学教师流动工作实施细则》（磐教〔2018〕35 号）
		嵊泗	县级	《嵊泗县小学教师支教轮岗工作实施意见》（嵊教〔2010〕43 号）
		云和	县级	《云和县人民政府办公室关于印发〈云和县中小学教师"县管校聘"管理改革工作实施意见〉的通知》（云政办发〔2018〕68 号）
		岱山	县级	《中共岱山县委岱山县人民政府办公室关于岱山县中小学校教师校长交流工作的实施意见》（岱党政办发〔2014〕159 号）
	辽宁省	—	省级	《辽宁省教育厅 辽宁省财政厅 辽宁省人力资源和社会保障厅关于推进县（市、区）域内义务教育学校校长教师交流轮岗的意见》（辽教发〔2014〕159 号）
		桓仁满族自治县	县级	《桓仁满族自治县人民政府办公室关于印发义务教育学校校长教师交流轮岗工作实施方案（试行）的通知》（桓政办发〔2017〕70 号）
		阜新蒙古族自治县	县级	《阜新蒙古族自治县人民政府办公室关于银达阜新蒙古族自治县义务教育学校校长教师交流轮岗工作实施方案的通知》（阜蒙政办发〔2016〕93 号）
	福建省	—	省级	《福建省教育厅 福建省人力资源和社会保障厅 中共福建省委机构编制委员会办公室 福建省财政厅〈关于进一步推进县域内义务教育学校校长教师校际交流工作的意见〉》（闽教人〔2014〕29 号）
		顺昌	县级	《顺昌县人民政府办公室关于印发〈顺昌县城乡中小学教师支教交流工作实施意见〉的通知》（顺政办〔2008〕78 号）
		建宁	县级	《建宁县教育局关于印发〈2018—2019 学年建宁一中教师支教工作实施方案〉的通知》（建教〔2018〕125 号）
		仙游	县级	《仙游县 2015 年超编初级中学富余学科教师校际交流（支教）实施方案》（仙教〔2015〕280 号）

续表

所属地区	省份	县	政策级别	政策名称
东部	广东省	—	省级	《广东省教育厅〈关于进一步加强县域内义务教育学校校长教师交流轮岗工作的实施意见〉》（粤教师〔2015〕1号）
		佛冈	县级	《佛冈县教育局〈关于做好组织教师到农村中小学支教工作的意见〉》（佛教〔2006〕22号）
		五华	县级	《中共五华县委办公室 五华县人民政府办公室关于印发〈五华县中小学公办教师"县管校聘"管理改革实施方案〉的通知》
		连平	县级	《连平县义务教育学校校长教师交流轮岗工作实施方案》（2015年7月7日）
中部	山西省	—	省级	《山西省教育厅 山西省财政厅 山西省人力资源和社会保障厅 山西省机构编制委员会办公室〈关于实行中小学教师"县管校聘"管理改革全面推进县（区）域内义务教育学校校长教师交流轮岗工作的意见〉》（晋教师〔2015〕21号）
		太谷	县级	《太谷县教育局2012年义务教育阶段学校教师交流支教的通知》（太教〔2012〕37号）
		平遥	县级	《关于进一步加强中小学教师队伍建设的实施意见》（平政发〔2010〕18号）
	安徽省	—	省级	《安徽省教育厅 安徽省财政厅 安徽省人力资源和社会保障厅关于推进县（区）域内义务教育学校校长教师交流轮岗的实施意见》（皖教师〔2016〕1号）
		枞阳	县级	《枞阳县人民政府关于义务教育学校校长教师交流工作实施意见》（枞政〔2015〕26号）
		肥东	县级	《肥东县2019年教师交流轮岗工作的通知》（东教体〔2019〕151号）
		广德	县级	《广德市教体局〈关于做好2018年秋季教师支教工作的通知〉》（广教体办〔2018〕88号）
		绩溪	县级	《绩溪县人民政府关于印发〈绩溪县义务教育学校校长教师交流轮岗工作实施办法〉（修订）的通知》（教人〔2019〕39号）
		太和	县级	《太和县教育局关于印发〈太和县2018年教师交流实施意见〉的通知》（太教人〔2017〕244号）
		固镇	县级	《固镇县中小学（幼儿园）教师交流支教管理办法》（固教体〔2019〕97号）
		泾县	县级	《关于城区（郊）学校选派教师到农村学校支教的通知》（教人〔2008〕25号）
		青阳	县级	《关于建立完善青阳县中小学教师定期支教制度的意见》（青教党组〔2017〕142号）

续表

所属地区	省份	县	政策级别	政策名称
中部	江西省	一	省级	《江西省教育厅 江西省机构编制委员会办公室 江西省财政厅 江西省人力资源和社会保障厅〈关于推进义务教育学校校长教师交流轮岗工作的指导意见（试行）〉》（赣教发〔2014〕3号）
		南昌	县级	《南昌县人民政府办公室关于印发〈南昌县关于推进义务教育学校校长教师交流轮岗工作实施方案（试行）〉的通知》（南政办发〔2015〕25号）
		会昌	县级	《关于印发〈会昌县2013年中小学教师支教实施方案〉的通知》（会教字〔2013〕78号）
		定南	县级	《定南县教育体育局〈关于选派城区中小学校优秀教师到农村中小学校支教的通知〉》（定教办字〔2018〕20号）
	湖北省	一	省级	《湖北省机构编制委员会办公室 湖北省教育厅 湖北省财政厅 湖北省人力资源和社会保障厅关于进一步加强县域内义务教育学校校长教师交流轮岗的实施意见》（鄂教人〔2015〕2号）
		株洲	县级	《株洲县教育系统开展教师交流的实施方案》（2018年8月14日）
		郧西	县级	《郧西县教育局〈关于进一步加强义务教育学校校长教师交流轮岗的实施意见〉》（西教发〔2015〕59号）
西部	陕西省	一	省级	《陕西省教育厅〈关于报送中小学校长职级制改革及校长教师交流轮岗工作情况的通知〉》（陕教人办〔2016〕27号）
		商南	县级	《关于印发〈商南县义务教育学校教师校长交流轮岗实施办法〉的通知》（商教发〔2014〕315号）
		富平	县级	《富平县教育局关于印发〈县域内城乡教师交流工作实施方案〉的通知》（富教发〔2019〕195号）
		府谷	县级	《府谷县人民政府关于中小学教师交流调配的实施办法》（2011年7月15日）
		礼泉	县级	《礼泉县中小学教师校长交流轮岗工作实施方案（征求意见稿）》（2014年7月16日）
		蒲城	县级	《蒲城县教育局关于深入推进义务教育学校教师校长交流轮岗工作的实施意见》（蒲教发〔2014〕87号）
	四川省	一	省级	《四川省教育厅 四川省财政厅 四川省人力资源和社会保障厅关于推进县（市、区）域内义务教育学校校长教师交流轮岗的实施意见》（川教〔2015〕103号）
		叙永	县级	《叙永县教育局 关于推进城乡教师交流任教（支教）的实施意见》（叙教局发〔2015〕49号）
		荥经	县级	《荥经县教育局关于安排2016年中小学、幼儿园教师支教工作的通知》（荥教函〔2016〕81号）

所属地区	省份	县	政策级别	政策名称
西部	四川省	西充	县级	《西充县教育体育和科学技术局关于印发〈西充县2015年中小学教师支教实施方案〉的通知》（西教体科发〔2015〕40号）
		中江	县级	《中江县义务教育学校教师轮岗交流工作意见（试行）》（江教人〔2015〕22号）
	贵州省	—	省级	《贵州省教育厅 贵州省编委办 贵州省人力资源和社会保障厅〈关于推进县域内校长教师定期交流轮岗的指导意见〉》（黔教师发〔2014〕241号）
		剑河	县级	《关于印发〈2018年剑河县中小学幼儿园教师交流调整和选调实施方案〉的通知》（剑府办函〔2018〕139号）
		盘县	县级	《盘县中小学校校长教师定期交流轮岗实施方案（讨论稿）》（2014年11月13日）
	广西壮族自治区	—	省级	《广西壮族自治区人民政府关于深入推进义务教育均衡发展的实施意见》（桂政发〔2014〕7号）
		南丹	县级	《关于做好2018年中小学校教师交流轮岗工作的通知》（丹教发〔2018〕7号）
		平南	县级	《平南教育局关于做好2017学年平南县中小学教师支教走教计划相关工作的通知》（平教发〔2017〕44号）
		宁明	县级	《宁明县人民政府办公室关于印发〈2017年宁明县县域内义务教育学校校长教师交流轮岗工作实施方案（试行）〉的通知》（宁政办发〔2017〕101号）
		龙州	县级	《龙州县人民政府办公室关于印发〈龙州县中小学教师支教走教实施方案〉的通知》（龙政办发〔2014〕74号）
		融安	县级	《关于印发〈融安县中小学教师队伍轮岗交流工作方案（2017—2018）〉的通知》（融教字〔2017〕50号）
		西充	县级	《西充县教育体育和科学技术局 关于印发〈西充县2015年中小学教师支教实施方案〉的通知》（西教体科发〔2015〕40号）
		鹿寨	县级	《关于印发〈鹿寨县中小学教师支教轮教工作方案（暂行）〉的通知》（鹿教〔2018〕50号）
	重庆市	—	直辖市	《关于印发〈重庆市中小学领导干部及教师交流工作指导意见（试行）〉的通知》（渝教人〔2012〕63号）
		云阳	县级	《云阳县教育委员会关于印发〈云阳县教师交流引进办法〉（试行）的通知》（云教发〔2018〕22号）

注：重庆是直辖市，下辖县较少，且只查询到一个县的政策文本，因此只选取一个县。

（二）研究方法的选择

文本分析是文本挖掘的一个重要问题，对文本进行特征词提取、向量化表示并运用统计方法，可以发现蕴含在文本中的深层内涵。笔者通过对政策文本进行分析，结合各省份发展实际，对各省份的教师交流政策进行梳理，从而发现各省份在教师交流过程中的改革重点与难点问题。

省域内各县政策文本中高频出现的词语，通常反映省域内共同关注的内容。为找到省域内共同关注的内容，本文的研究步骤如下：一是采用jieba分词的方法对政策文本进行分词处理；二是对文本出现的词语进行词频统计，根据词频由高到低进行排序，得出词频排行榜；三是将文本以段落为单位进行向量表示，生成文本向量；四是采用层次聚类的方法，以词频排行榜前50个词为节点进行聚类，得到聚类树状图；五是通过分析聚类树状图以及各省份政策文本的异同发现各省政策中的特点与针对内容。

层次聚类方法中凝聚型层次聚类应用广泛，凝聚型层次聚类的基本思想是：假设有 n 个对象被分类，通过对这 n 个对象进行逐层划分，得到 n 个集合：D_n，D_{n-1}，…，D_1。其中，D_1 中只含有一个簇，这个簇中含有全部的对象；D_n 中含有 n 个簇，每个簇中只含有一个对象。

凝聚型层次聚类生成过程如下。

（1）把 n 个对象构造成 n 个簇 P_1，P_2，…，P_n，每个簇中含有一个对象。

（2）计算出每两个簇之间的距离。

（3）将距离最近的两个簇 P_i，P_k 合并为一个簇，则簇的个数变为 $n-1$。

（4）计算这 $n-1$ 个簇中每两个簇之间的距离，重复步骤（4），直到满足终止条件。

在激励机制方面，广西壮族自治区采用经济补贴和校长教师职称评聘优先导向两种方式，通过每月额外发放生活补助以及在评优评先中向参加过交流的教师予以政策倾斜，鼓励教师参加交流。广西壮族自治区主要的交流方式是支教与走教，这与该地区相对落后的经济状况和师资配置情况有关。同时，交流校长教师的监督工作由学校和县教育局负责，与国家政策中"省级统筹、以县为主"的管理体制相吻合。以广西壮族自治区激励保障机制方面的文本为例，笔者通过聚类树状图分析梳理出其在教师交流过程中该框架下的具体内容（见图2-1）。

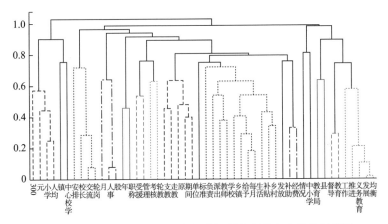

图 2-1 广西壮族自治区激励保障机制方面的文本聚类树状图

二 教师交流政策文本的相关内容分析

通过政策文本分析可以发现，教师交流政策以县域内资源均衡配置为价值理念。在交流对象上，以县域内的义务教育公办学校在编人员为主，辅之以年龄、学科、农村或薄弱学校任教经历等筛选条件；在交流比例上，大部分地区按照国家标准制定；在交流方式上，因地制宜地探索定期交流、跨校竞聘、学区一体化、学校联盟、名校办分校、集团化办学、对口支援、教师走教等多种方式；在激励保障机制上，在"编制核定、岗位设置、职务（职称）晋升、聘用管理、业绩考核、培养培训、评优表彰"等方面制定相应优惠政策。

（一）教师交流宏观理念与政策取向分析

《意见》指出"深入推进义务教育均衡发展，教师资源配置是关键"。自《国家中长期教育改革和发展规划纲要（2010—2020 年）》发布以来，教育均衡发展成为我国近年来的重要发展任务，而校长教师交流则是促进教育公平的关键举措。《意见》明确提出"力争用 3 至 5 年时间实现县（区）域内校长教师交流轮岗的制度化、常态化"的发展目标。

通过对提取的文本关键词的分析可以发现，省级和县域教师交流轮岗政策文本更加强调以"县域"为单位的"资源""均衡""配置"。一些省份提到这种配置是通过"统筹"来实现的,这与我国现行"省级统筹,以县为主"的教育管理体制相吻合。其中,"均衡"旨在促进义务教育的发展,在地理范围上指城乡间的一体化,在内涵上包括师资的均衡,即通过师资的均衡分布实现"结构优化"。我国通过促进校长、教师交流来实现教育资源合理配置,从而推进义务教育的均衡发展。

(二) 教师交流的实施方案

《意见》对交流轮岗的人员范围进行了限定,并要求各省份根据本地实际情况与经验选择合适的交流轮岗方式。表2-3为各省份交流政策具体措施的相关内容汇总。

表2-3 各省份交流政策具体措施的相关内容汇总

省份	交流对象	交流比例、年限	交流方式	申请程序	日常管理	交流教师职责
福建省	同一所学校任职两届的校长、副校长,任教达到6年的教师为应交流对象	交流期限一般为1年	交流教师到义务教育阶段教育薄弱地区支教	选派交流教师上报到教育局,教育局研究确定交流教师名单	接收学校负责为交流教师的教学与生活安排提供必要条件,并对交流人员进行全面考核	交流期间支教教师要认真完成教育教学任务
广东省	—	处于孕期或哺乳期的女教师或患有严重疾病且经县级教育行政部门指定的市级以上医院诊断不宜交流的教师可暂不参加交流	交流轮岗时间不少于3年	根据各地经验和做法,各县选择适合本地的交流方式。重点是推动优质学校向薄弱学校交流轮岗	学校确定交流人员,并由县教育局根据工作需要统筹安排	—
辽宁省	在同一所学校连续任满两届的校长、副校长,任教满9年的教师(男50周岁及以下、女45周岁及以下)均应交流轮岗	每学年教师交流轮岗的比例不低于符合交流条件教师总数的10%,其中骨干教师交流轮岗应不低于交流总数的20%	提倡"优秀校长+教务主任+学科骨干教师"团队式交流,整体提高农村学校、薄弱学校师资水平	—	—	—

省份	交流对象	交流比例、年限	交流方式	申请程序	日常管理	交流教师职责
浙江省	在同一所公办学校任职不超过10年的校长、副校长，任教不超过12年的教师均应参加交流轮岗	—	校长、骨干教师一般在县（市、区）域内进行交流，普通教师一般在就近片区内进行交流	县级教育行政部门和学校要重点引导骨干教师和校长向农村学校和城区薄弱学校流动，引导超编学校教师向空编学校流动	交流期满经考核合格的，校长教师可选择回原学校任教	—
安徽省	在同一所学校任满两届的校长、副校长，任教6年以上的教师（男50周岁及以下、女45周岁及以下）均应参加交流	每年教师交流轮岗的比例不低于符合交流条件教师总数的10%，其中骨干教师交流轮岗应不低于交流总数的20%	交流教师到教师紧缺学校任教，切实解决农村小学（教学点）教师紧缺、学科不配套等问题	县教育局根据派出和受援学校师资供求情况，下达支教安排计划	—	交流期间支教教师要认真完成教育教学任务
湖北省	教师交流轮岗的人员范围为义务教育阶段公办学校在编在岗教师	每年教师交流轮岗的比例不低于符合交流条件教师总数的10%，其中骨干教师交流轮岗应不低于交流总数的20%	学校按要求选派交流教师。鼓励教师参与"三区"支教、援藏援疆工作	—	各派出、接收学校要严格依据考核标准对在本校交流的教师进行工作考评	交流教师要认真完成支教受援学校的日常教育教学教研任务
江西省	在同一所学校任职、任教达10学年以上的校长教师应交流轮岗		与实际相结合，采用多种形式推进交流轮岗工作，积极引导优秀校长和骨干教师到农村学校、薄弱学校交流轮岗	—	—	交流教师要认真完成受援学校分配的教育教学任务，承担相应学科或专业的教学任务

续表

省份	交流对象	交流比例、年限	交流方式	申请程序	日常管理	交流教师职责任务
山西省	在同一所义务教育阶段公办学校连续任职满6年的在任校长（含其他校领导）和连续任教满6年且完成一轮教学任务的在编在岗专任教师均应参加交流	每年教师交流轮岗的比例不低于符合交流条件教师总数的10%，其特级教师、学科带头人、教学能手、骨干教师、县级以上模范（优秀）教师以及中高级教师要达到应交流总数的20%以上	采取多种方式统筹推进校长教师交流轮岗工作	—	—	交流期间交流教师认真完成教育教学任务
广西壮族自治区	义务教育阶段公办学校在职教师，男55周岁、女50周岁以下教师应交流轮岗	—	教师交流的主要方式是支教走教	由县教体局根据各学校编制数及教师实际情况下达有关单位支教教师派出计划	—	—
贵州省	在同一所学校工作满6年或学校学科岗位人员结构不尽合理有必要交流的教师，以及任职满两届的校长均为交流对象	校长、教师每年交流人数原则上在应交流对象的10%以上，其中参加交流的骨干教师比例不得低于交流教师总数的20%	坚持组织选派与教师个人志愿相结合，按照人事调配的相关规定，采取多种形式开展校长教师校际交流工作	—	—	—
陕西省	在同一所义务教育阶段公办学校连续任教满地方教育行政部门规定年限的专任教师均应交流轮岗	—	以支教帮扶形式鼓励骨干教师、优秀教师、校长在县域范围内交流	各学校确定交流校长教师名单后上报给县教育局，县教育局根据实际情况确定交流名单	—	—

续表

省份	交流对象	交流比例、年限	交流方式	申请程序	日常管理	交流教师职责
四川省	在同一所义务教育阶段公办学校连续任职满3届的校级干部、任教满9年的在编教师原则上应当交流轮岗	校长、教师每年交流人数原则上在应交流对象的10%以上，其中参加交流的骨干教师比例不得低于交流教师总数的20%	以支教为主	由县教育局根据各学校编制数及教师实际情况下达有关单位支教教师派出计划	—	—
重庆市	在同一所学校任职10年以上的校级领导干部（男53周岁以下，女48周岁以下），任教9年以上的教师（男50周岁以下，女45周岁以下）均应参加交流	—	主要分为不变动人事关系的交流和变动人事关系的交流两种	—	—	交流教师承担教学任务和教师培训工作。同时需指导学科教学、教研科研活动和课程改革，培养青年教师，参与学校管理等

下面，笔者从交流对象，交流比例、年限，交流方式与申请程序这三个角度，结合聚类结果与政策文本具体内容进行分析。

1. 交流对象

参与交流的对象主要分为校长和教师两类。《意见》规定，"教师交流轮岗的人员范围为义务教育公办学校在编在岗教师。在同一所学校连续任教达到地方教育行政部门规定年限的专任教师均应交流轮岗"。从部分提取的交流对象的关键词与聚类结果中可以看出，交流教师的筛选范围主要限定在县域内义务教育公办学校在编人员，主要提及的有县域内乡镇中小学。年龄、学科、农村或薄弱学校任教经历是交流教师的主要筛选条件。部分省份的交流政策对参加交流的教师的年龄有一定规定，即男不超过50周岁、女不超过45周岁（有38.5%的省级政策作出了这一规定）。没有在农村或薄弱学校任教过的教师应参加交流。76.9%的省份规定，处于孕期、哺乳期教师或身体情况经当地教育行政部门指定医院诊断不适宜交流的教师可暂不纳入交流范围。①

在学科选择方面，乡村学校紧缺学科教师应参加交流，这有助于有针对性地补充乡村教师力量，进而在一定程度上提升政策效果。有的省份对教师的质量水平有要求，突出了"骨干教师"。

《意见》明确指出参加校长交流轮岗的人员范围为"义务教育阶段公办学校校长、副校长"，并规定"校长、副校长在同一所学校连续任满两届后，原则上应交流"。大部分省份与国家政策的相关规定保持一致，如辽宁省规定校长、副校长在同一所学校连续任满两届后，原则上应交流。还有部分省份因地制宜，对校长在同一所学校连续任教年限的规定与《意见》有所不同。如四川省规定"校长交流轮岗的年限原则上不少于一届"，江西省规定"在同一所学校任职、任教达 10 学年以上的校长教师应交流轮岗"等。

2. 交流比例、年限

关于教师交流的比例，《意见》规定"城镇学校、优质学校每学年教师交流轮岗的比例不低于符合交流条件教师总数的 10%，其中骨干教师交流轮岗应不低于交流总数的 20%"。在具体的流动比例上，92.3% 的省份要求与《意见》的规定基本保持一致。如福建省规定"每年交流人数要达到应交流对象的 10% 以上，其中每年参与交流的特级教师、县级以上名师、学科带头人、骨干教师（上述人员统称'骨干教师'）要达到应交流骨干教师的 10% 以上"，在规定基础上根据省份的自身情况将骨干教师交流比例进行了适当调整。

《意见》指出"对教师在同一所学校连续任教年限的规定，应与中小学学制学段相衔接"，各省根据当地实际，对教师在同一所学校连续任教年限进行合理规定。如贵州省等规定在同一所学校任教达到 6 年的教师原则上应参加交流，部分省份则规定在同一所学校任教达到 9 年或 12 年的教师应参加交流。

3. 交流方式与申请程序

教师交流的方式多种多样，包括定期交流、跨校竞聘、学区一体化管

---

① 《我市发布〈义务教育学校校长和教师交流轮岗工作实施方案〉》，大连市人民政府，ht-tps://www.dl.gov.cn/art/2022/5/12/art_1187_2017556.html，最后访问日期：2023 年 3 月 25 日。

理、学校联盟、名校办分校、集团化办学、对口支援、乡镇中心学校教师走教等多种方式。各省份的关键词中都出现了"支教"。虽然国家鼓励农村与城市双向交流，但落实到各省县难免出现单向支教交流的情况，对于从城市到农村的教师来说，支援支教更能体现交流的本质。在交流方式上，各省份因地制宜，采取适合本地的交流方式。在西部省份中，陕西省和重庆市都出现了"结对""帮扶"等关键词，陕西省的教师交流由县教育局统筹，"以支教帮扶形式鼓励骨干教师、优秀教师、校长在县域范围内交流"，鼓励优质学校的名师、骨干教师和校长向农村小学和教学点流动，指导农村薄弱学校的学科建设和队伍建设。在中部省份中，安徽省的关键词突出了"走教""支教""受援"，安徽省的教师交流主要由县教育局组织，各县较普遍采取的交流形式以走教和支教为主，即各校派出教师到受援学校的单向教师交流。湖北省则出现了"三区""援藏""支教"等关键词。在湖北省的省县政策文本中，"三区"人才支持计划是教师交流中的一项重要内容。

从教师交流政策文本中可以发现，参加教师交流的申请程序是以学校为单位申报；县级教育局或教体局是教师交流政策实施的管理部门，负责审批；学校在符合交流条件的教师中进行筛选和选派。广东、山西等有些省份则实行分片和学区的划分，教师在此范围内流动。

中部地区的安徽省、湖北省、山西省，东部地区的福建省，西部地区的重庆市，其教师在交流期间的工作职责内容的关键词是"教育"和"教学"。也就是说，完成规定的教育教学任务是交流教师的主要职责。除了完成教育教学工作，有一些省份还规定交流教师需要带领受援学校开展教研工作，达到传授教育教学技能（"授之以渔"）的效果。

（三）教师交流政策激励保障的文本分析

《意见》提出"通过激励保障机制进行政策引导，激发校长教师参与交流轮岗的积极性和主动性"，要求各地在"编制核定、岗位设置、职务（职称）晋升、聘用管理、业绩考核、培养培训、评优表彰等方面制定优惠政策"，以保证校长教师的交流工作能够顺利开展。在编制管理和岗位设置工作中，要在核定的教职工编制总量内，按照"严控总量、盘活存量、优化结构、增减平衡"的要求，采取互补余缺、有增有减的办法，统筹安排县（区）域内校长教师交流轮岗；在职务（职称）评聘工作中，要将教师到农村学校、薄弱学校任教 1 年以上的工作经历作为申报评审高级教师职务（职称）和特级教师的必备条件；在薪酬福利、评优表彰等工作中，要切实保障参加交流轮岗校长教师的工资待遇，在绩效工资分配中予以倾斜，优先使用教师周转房。同时鼓励各省县全面推进"县管校聘"，打破教师交流轮岗的管理体制障碍（见表 2 - 4）。

表 2 - 4　各省份教师交流政策激励保障内容汇总

省份	宏观管理体制	激励机制	具体工作要求
福建省	实行"县管校用"，统一县域内义务教育学校教师工资待遇制度、编制标准、岗位结构比例、招考聘用、考核办法、退休教师管理和服务，逐步缩小县域内城乡、校际的师资配置条件差距	完善校长选拔和教师评聘机制，改善教师生活条件，给予交流的校长教师一定的补贴	支教期满后，教师经过全面考核后方可回城区任教
广东省	推进教师"县管校聘"改革。县级教育行政部门会同有关部门制定本县内教师岗位结构比例标准、公开招聘和聘用管理办法、培养培训计划、业绩考核和工资待遇方案，规范人事档案管理和退休管理服务	完善交流校长教师晋升和评优机制，在评优评先方面，优先考虑具有交流轮岗工作经历的校长教师。对交流轮岗时间长、做出突出贡献的校长教师，要在各级评优表彰工作中予以倾斜	加强对教师的考核监督
辽宁省	推进"县管校聘"管理改革，逐步打破教师交流轮岗的管理体制障碍。在编制管理和岗位设置工作中，要在核定的教职工编制总量内，统筹安排校长教师交流轮岗，并及时根据实际调整方案，以适应和满足教师交流到农村和薄弱学校岗位聘用的需要	在乡村学校任教 3 年以上（含城镇学校交流、支教）、经考核表现突出并符合具体评价标准条件的教师，同等条件下优先评聘	加强对交流轮岗校长教师的针对性培训，在各级评优表彰中，对做出突出贡献的参加交流轮岗的校长教师予以倾斜，将教师交流工作的完成情况作为考核的基本条件
浙江省	建立和完善与交流制度相适应的编制、人事管理机制。人员交流后，县级教育行政部门及时将编制使用和岗位聘任变化情况报告给相关各部门，各部门及时衔接好人员交流后的机构编制实名制管理和岗位聘任等相关编制、人事管理工作	对参与交流的教师，在评优评先、职称评聘等方面予以倾斜，并加大交流教师培养培训力度	教育行政部门要建立完善相应的考核和管理机制、骨干教师选拔和管理机制、交流的后续管理机制和交流教师档案管理机制

省份	宏观管理体制	激励机制	具体工作要求
安徽省	完善中小学教师"以县为主"编制、人事管理机制，全面推行中小学"无校籍管理"和"县管校聘"制度。注重政策宣传，做好校长教师交流轮岗的政策宣传和思想教育工作，进一步激发校长教师的积极性、主动性	完善教师职称评聘和校长任用机制，完善骨干校长教师培养、选拔与使用机制	强化考核管理，严肃工作纪律
湖北省	实行义务教育学校编制、岗位总量控制、动态管理，完善义务教育学校校长选任交流机制	将交流轮岗作为校长教师聘用合同、年度考核、绩效考核的重要内容，并在绩效工资分配、职称评审、岗位聘用、职务晋升、培养培训、评优评先等方面对交流轮岗校长教师予以倾斜	组织实行对交流轮岗教师的年度考核工作
江西省	统一教师编制标准，按中央的有关要求和部署，实行城乡统一的中小学教职工编制标准	完善校长选拔和教师评优评先机制，专业技术职称评聘与农村任教经历挂钩，改善教师工作生活条件	县级教育行政部门制定校长教师交流轮岗考核办法，指导学校规范开展年度考核工作。加强政策宣传，为推进校长教师交流工作创设良好的氛围和环境
山西省	完善校长选拔和教师评先评优机制	发挥教师职称评聘导向作用，加大校长教师培养培训的力度	加强师德师风建设，完善师德监督考核机制
广西壮族自治区	—	主要以经济补贴方式为主，以校长教师职称评聘优先导向为辅，通过给交流教师每月额外发放生活补助，同时在评优评先中，向参加过交流的教师予以倾斜，以鼓励教师参加交流	由县教育局和学校负责校长教师交流轮岗工作的考核
贵州省	各级教育、编办、人社等部门负责指导县域内校长教师交流轮岗工作	为参加交流的校长教师提供良好保障，切实解决教师交流中工作生活等困难，并在各级评优评先中予以倾斜。发挥教师职称评聘导向作用，引导教师到农村学校、薄弱学校任教	交流轮岗学校、所在地中心校分别对交流校长教师给予评价并给出建议考核等次，然后报县教育局审核
陕西省	在编制管理和岗位设置工作中，要在核定的教职工编制总量内，统筹安排县（区）域内校长教师交流轮岗	发挥教师职称评聘导向作用，并在薪酬福利、评优表彰等工作中，切实保障参加交流轮岗校长教师的工资待遇，在绩效工资分配中予以倾斜	切实做好校长教师的思想工作，确保"交流轮岗"平稳推进做好

省份	宏观管理体制	激励机制	具体工作要求
四川省	完善义务教育学校教职工编制和岗位管理制度	完善义务教育学校校长选拔任用制度，严格校长任职资格和条件；职务（职称）晋升和特级教师、名优教师评选向交流轮岗人员倾斜；在培养培训、评优表彰等方面对交流轮岗人员予以倾斜	切实保障交流轮岗人员的薪酬福利
重庆市	—	在评优评先中对交流教师予以倾斜，引导教师到农村学校、薄弱学校任教	交流期间对校长教师进行考核

由表 2-4 可知，各省份根据本地实际情况，在激励保障方面各有侧重。下面就聚类结果与各省份政策文本的具体内容进行分析，并找出各省份在激励保障方面的重点内容与推行难点。

编制是各省份在政策文本的宏观管理体制上提及最多的关键词。目前，教师编制依然是各省份的突出问题。在事业编制总量"只减不增"的原则下，如何解决教师编制"总量超编，结构性缺编"的问题是现在各省份面临的一个重要难题。

福建、广东、辽宁等东部省份的政策文本均提到"县管校聘"等关键词。《意见》指出，为实现义务教育的均衡发展，"打破教师交流轮岗的管理体制障碍"，要全面推进"县管校聘"管理体制改革。东部省份在教师管理体制改革方面积极响应、努力创新，这与其经济相对发达密切相关。

广西壮族自治区、贵州、四川等西部省份的政策文本突出了"生活补贴""补助经费""保障补助""住宿情况"等关键词，规定为交流教师安排住宿；通过经济补贴的方式，激励校长教师参加交流。给予有乡村或薄弱学校任教经历教师的激励还包括参加培训的机会、职务（职称）评聘或评优评先的优先权等。西部地区相对艰苦的生活条件和教师配置情况决定了在教师交流过程中需要更多的激励措施以鼓励校长、教师参加交流。

中部省份的政策文本出现了"组织""保障""推广""推动""改革"等关键词，提到要加大政策宣传力度，旨在让相关政策主体更加了

解交流政策的具体情况，激发主体参与的积极性，提升他们的政策配合度。

在对交流效果的监督管理方面主要以对交流教师的年度考核为主。考核内容为教师的教育教学工作完成情况，不同地区的交流教师考核评价由不同的单位组织进行。

第二节　县域内教师交流政策的执行情况

为了解县域内教师交流政策的执行现状，课题组于 2015 年、2017 年和 2018 年进行调研，收集了有关教师交流制约因素的数据。

课题组于 2015 年在浙江省玉环县、湖北省大悟县、山东省蓝村镇、广东省常平镇、贵州省织金县、云南省砚山县、甘肃省高台县、广西壮族自治区灵山县、河南省固始县、湖南省蒸湘区、江西省安源区、重庆市酉阳县 12 省 10 县 2 镇收集到 3462 份有效教师问卷，其中交流教师的问卷有 349 份，占总问卷的 10.1%；于 2017 年在江西省弋阳县、浙江省遂昌县、湖南省永顺县、宁夏回族自治区海原县、云南省绥江县 5 省 5 县收集到 5340 份有效教师问卷，其中交流教师的问卷有 1123 份，占总问卷的 21.0%；于 2018 年在甘肃省康县、湖南省辰溪县、河南省东丰县、福建省古田县、广西壮族自治区昭平县、江西省定南县、陕西省洋县、重庆市奉节县八省八县收集到 37360 份有效教师问卷，其中交流教师的问卷有 4125 份，占总问卷的 11.0%。

教师交流政策的最终执行者是教师，因此对教师交流政策执行情况的分析实质上是对交流教师在交流过程中执行情况的分析。这些情况可以分为两个方面：第一个方面是交流教师的自身情况，主要包括交流教师的年龄、学历、职称、所获荣誉；第二个方面是教师交流的情况，主要包括教师交流的主要派出学校、交流教师教授的科目、交流方式、生活补助等。

一　交流教师的自然特征与职业特征

分析交流教师的自然特征与职业特征对评估政策执行行为具有重要

意义。通过数据分析发现，教师交流的选派主体在年龄分布上以 36～45 岁教师为主，在学历结构上以中师/中专毕业的教师为主，在职称结构上以中级及以上职称教师为主，且交流教师大多获得县级层面荣誉。

（一）交流教师以青壮年为主

从交流教师的年龄分布情况来看，交流教师以青壮年为主，年龄主要集中在 36～45 岁。从 2015 年、2017 年和 2018 年筛选后的调查数据可以看出，年龄为 36～45 岁的交流教师所占比例分别为 44.1%、37.8% 和 41.8%（见表 2-5）。

表 2-5 交流教师年龄分布情况

单位：人，%

年龄	2015 年		2017 年		2018 年	
	人数	占比	人数	占比	人数	占比
20～25 岁	6	1.7	65	5.8	72	1.7
26～30 岁	37	10.6	152	13.5	396	9.6
31～35 岁	82	23.5	134	11.9	665	16.1
36～40 岁	95	27.2	189	16.8	977	23.7
41～45 岁	59	16.9	236	21.0	748	18.1
46～50 岁	45	12.9	211	18.8	629	15.2
51～55 岁	19	5.4	87	7.7	473	11.5
56～60 岁	6	1.7	49	4.4	165	4.0

交流教师的教龄分布情况也可印证以上结论。参加交流的教师教龄一般集中在 16～25 年。2015 年、2017 年和 2018 年筛选后的调查数据显示，教龄集中在 16～25 年的交流教师所占比例分别为 39.0%、38.2% 和 34.1%（见表 2-6）。与此形成对比的是，50 岁以上教师参加交流的人数较少，2015 年、2017 年和 2018 年筛选后的调查数据显示，50 岁以上参加交流的教师占比分别为 7.1%、12.1% 和 15.5%。其中，55 岁以上教师所占比例很小，分别为 1.7%、4.4% 和 4.0%（见表 2-5）。

表 2-6 交流教师教龄分布情况

单位：人，%

教龄	2015 年		2017 年		2018 年	
	人数	占比	人数	占比	人数	占比
5 年及以内	19	5.4	209	18.6	412	10.0
6～10 年	46	13.2	112	10.0	533	12.9
11～15 年	77	22.1	67	6.0	446	10.8
16～20 年	90	25.8	210	18.7	796	19.3
21～25 年	46	13.2	219	19.5	610	14.8
26～30 年	44	12.6	200	17.8	601	14.6
31～35 年	19	5.4	53	4.7	430	10.4
36～40 年	8	2.3	53	4.7	297	7.2

（二）交流教师的第一学历多为中师/中专

从交流教师的第一学历分布情况来看，交流教师第一学历多为中师/中专。2015 年、2017 年和 2018 年筛选后的调查数据显示，第一学历为中师/中专的交流教师所占比例分别为 45.6%、43.9% 和 41.7%（见表 2-7）。

表 2-7 交流教师第一学历分布情况

单位：人，%

第一学历	2015 年		2017 年		2018 年	
	人数	占比	人数	占比	人数	占比
研究生	0	0.0	2	0.2	4	0.1
本科	55	15.8	176	15.7	508	12.3
大专	120	34.4	405	36.1	1414	34.3
中师/中专	159	45.6	493	43.9	1721	41.7
高中及以下	15	4.3	47	4.2	478	11.6

（三）交流教师多为中级及以上职称

从交流教师的职称分布情况来看，交流教师职称多为中学一级和小学高级。2015 年、2017 年和 2018 年筛选后的调查数据显示，职称为中学一级和小学高级的交流教师所占比例分别为 56.5%、46.6% 和 41.9%。同时，通过对数据的横向比较可以发现，2018 年交流教师各职称所占比例更为均衡（见表2-8）。

表 2-8　交流教师职称分布情况

单位：人，%

职称	2015 年		2017 年		2018 年	
	人数	占比	人数	占比	人数	占比
正高级	—	—	—	—	4	0.1
中学高级	29	8.3	74	6.6	299	7.2
中学一级	90	25.8	171	15.2	827	20.0
中学二级	49	14.0	146	13.0	619	15.0
中学三级	3	0.9	9	0.8	28	0.7
小学高级	107	30.7	353	31.4	902	21.9
小学一级	63	18.1	222	19.8	883	21.4
小学二级	2	0.6	128	11.4	506	12.3
小学三级	6	1.7	20	1.8	57	1.4

（四）交流教师所获荣誉主要为县级层面的荣誉

从交流教师所获荣誉情况来看，交流教师所获荣誉一般集中在县级层面。从2015年和2017年筛选后的调查数据可以看出，获得县级荣誉的教师所占比例分别为32.4%和39.1%，占交流教师的1/3左右。将2015年和2017年的数据横向比较可以发现，获得国家级荣誉的交流教师所占比例有所提高，获得市级和省级荣誉的交流教师所占比例有所下降，分别下降了9.5个百分点和6.3个百分点（见表2-9）。

表 2-9　交流教师所获荣誉情况

单位：人，%

荣誉	2015 年		2017 年	
	人数	占比	人数	占比
无	32	9.2	168	15.0
校级	55	15.8	63	5.6
乡镇级	0	0.0	135	12.0
县级	113	32.4	439	39.1
市级	87	24.9	173	15.4

荣誉	2015 年		2017 年	
	人数	占比	人数	占比
省级	47	13.5	81	7.2
国家级	15	4.3	64	5.7

二 县域内教师交流的模式

当前，教师交流的形式主要包括县（区）内城乡交流、学区内交流、乡镇中心学校教师走教等，派出学校主要以乡镇学校和村小为主，而县城重点学校和县城普通学校则较少选派教师交流。

从 2015 年、2017 年和 2018 年筛选后的调查数据可以看出，2015 年教师交流的主要形式为学区内交流、对口支援和学校联盟内部交流，所占比例合计为 63.6%；2017 年教师交流的主要形式为学区内交流、县（区）内城乡交流和乡镇中心学校教师走教，所占比例合计为 69.1%；2018 年教师交流的主要形式为普通支教、县（区）内城乡交流和学区内交流，所占比例合计为 62.9%。其他教师交流形式占有一定比例，但比例不高。

表 2-10 教师交流形式统计情况

单位：人，%

交流形式	2015 年		2017 年		2018 年	
	人数	占比	人数	占比	人数	占比
县（区）内城乡交流	47	13.5	211	18.8	785	19.0
普通支教	—	—	—	—	1033	25.0
对口支援	67	19.2	103	9.2	219	5.3
学校联盟内部交流	66	18.9	149	13.3	219	5.3
学区内交流	89	25.5	413	36.8	781	18.9
跨校竞聘	10	2.9	13	1.2	66	1.6
跟岗学习	15	4.3	74	6.6	189	4.6
乡镇中心学校教师走教	44	12.6	152	13.5	646	15.7

续表

交流形式	2015 年		2017 年		2018 年	
	人数	占比	人数	占比	人数	占比
集团化办学内部交流	11	3.2	8	0.7	63	1.5
三支一扶	—	—	—	—	124	3.0

此外，从交流教师的派出学校统计情况来看，派出学校以乡镇学校和村小为主。其中，乡镇学校所占比例高于村小。派出学校为县城重点学校和县城普通学校的较少。2015 年、2017 年和 2018 年筛选后的调查数据显示，派出学校为乡镇学校和村小的所占比例分别为 74.8%、82.8% 和 79.9%；派出学校为县城重点学校的所占比例分别为 8.6%、4.2% 和 5.3%；派出学校为县城普通学校的所占比例分别为 11.7%、9.2% 和 8.3%（见表 2 – 11）。

表 2 – 11　交流教师的派出学校统计情况

单位：人，%

学校类型	2015 年		2017 年		2018 年	
	人数	占比	人数	占比	人数	占比
县城重点学校	30	8.6	47	4.2	219	5.3
县城普通学校	41	11.7	103	9.2	343	8.3
乡镇学校	155	44.4	578	51.5	1995	48.4
村小	106	30.4	352	31.3	1301	31.5
教学点	17	4.9	43	3.8	267	6.5

第三节　县域内教师交流政策的执行效果

综合研判教师交流政策的执行效果是政策优化的关键环节。通过数据分析发现，就政策执行主体而言，校领导与交流教师持消极的观望态度，交流意愿不强；交流教师大多以职称评定为目的，功利性较强。就学科结构而言，交流教师学科分布略有失衡，主要以语文和数学教师为主。

一　政策执行主体参与意愿不强

交流主体对政策的认同是保证政策执行效果的不可忽视的重要内容。目前，多数教师在职称评定的动机驱动下被动参加交流轮岗，但考虑到交流工作所带来的额外成本与补偿水平的落差，教师参加交流的意愿普遍不强，交流主体对政策执行的长效性也持观望态度。

（一）参与学校对交流政策持观望态度

政策的执行者——学校对交流政策的态度直接影响交流的效果，真心支持和应付检查两种不同的态度，会产生截然不同的效果。通过调研发现，学校的领导和教师对交流政策主要持观望态度。有校长（XZ2015BF）表示："全乡镇（支教教师有）8~10个，基本都没到教学点，都是在村完小，反正村完小也缺老师。（支教教师的）教学水平只能说还可以，实际上并没有派很优秀的老师，（都是）让超编的教师去支教。说实在的话，不会派优秀的教师出去交流。"流入校的教师反映"起不到应有的作用，一般都是派多余的、不优秀的教师来完成任务"。流出校派出"多余""不优秀"的教师，流入校会认为交流并没有达到效果，派这些教师只是为了完成任务。流入校和流出校的这种心态会影响到教师的交流意愿，使教师并不愿意参加交流，即使被迫参加，也会影响到教师的工作积极性，最终影响到交流效果。

目前教师交流主要是从城镇学校流向农村学校。重庆市某校长（XZ2018KH）在访谈时说道："交流应实施双向交流，不应该单向交流。以前有一个九年一贯制学校，我们是结对帮扶的学校。（现在）我们学校（派教师）到那边交流，（造成）我们学校缺人，（在这种情况下我们学校应该）怎么办。"本就缺少教师的城镇学校为了不影响教学，会将不担任主要科目的任教教师或者教学水平较低、能力较弱的教师派往农村。在这种情况下，派出教师对流入校的作用是有限的，并不能有效发挥其榜样作用，也难以促进优秀教育资源在县域内的有效流动。

（二）教师的交流意愿普遍不强

教师在满足离家近、有补贴、有周转房等条件下，愿意参加交流。从课题组在调研过程中所得数据可以看出，在3722位教师中，完全不参加交流的教师比例为 10.3%，而近九成教师在基本保障和补贴等方面诉求得到满足的基础上，是愿意参加交流的。有 1595 位教师选择在家校距离能接受的范围内，可以参加交流，所占比例为 42.9%；有 1020 位教师选择如果能给合适的补贴，可以参加交流，所占比例为 27.4%；有 641 位教师选择如果有教师周转房可以居住，可以参加交流，所占比例为 17.2%（见表 2 - 12）。

表 2 - 12　教师总体交流意愿

单位：人，%

交流意愿	频数	占比
完全不能接受	384	10.3
如果想要晋升职称，只能去交流	598	16.1
如果能给补贴，可以接受	1020	27.4
在家校距离能接受的范围内可以	1595	42.9
有教师周转房等住的地方也可以	641	17.2
在同等水平学校交流，可以接受	636	17.1
能接受，不需要额外条件	311	8.4

注：问卷中调查教师总体意愿为多选题，此处各选项的百分比均为选择该项教师人数与该样本之比，所以各选项百分比之和不是 100%。

二　交流教师学科匹配度不高

交流教师队伍的学科结构分布及交流前后任教学科的一致性程度是影响政策执行效果的重要因素。主科教师的占比过高，忽视了交流学校对小科教师的实际需求，教师交流前后任教学科的不一致性影响了学校课程质量。

（一）交流教师学科结构分布失衡

从参加调查的交流教师所教的学科来看，教授语文和数学学科的交流教师人数较多，教授紧缺型学科（如外语、音乐、体育、美术）的教师人数较少。筛选后的调查数据显示，2015 年交流教师中教授学科为语文和数学的教师所占比例分别为 32.6% 和 26.6%；2017 年交流教师中教授学科为语文和数学的教师所占比例分别为 45.4% 和 42.8%；2018 年交

流教师中教授学科为语文和数学的教师所占比例分别为 39.0% 和 38.5%（见表 2-13）。

表 2-13　交流教师教授科目统计情况

单位：人，%

年份	语文	数学	外语	音乐	体育	美术
2015	114(32.6)	93(26.6)	48(13.7)	29(8.3)	39(11.1)	27(7.7)
2017	555(45.4)	524(42.8)	167(13.7)	234(19.1)	297(24.3)	265(21.7)
2018	1610(39.0)	1590(38.5)	607(14.7)	739(17.9)	861(20.9)	772(18.7)

（二）紧缺型学科教师交流前后一致性较弱

2018 年数据显示，在交流期间教授科目为语文的交流教师仅有 14.2% 之前没有教授过语文，教授科目为数学的交流教师仅有 13.6% 之前没有教授过数学。可见，在语文、数学、外语等主科上，教师的匹配度还是较高的。但是在音乐、体育、美术等紧缺型学科上，教师的匹配度偏低。在交流期间教授科目为音乐的交流教师就有 52.6% 之前没有教授过音乐，在交流期间教授科目为美术的交流教师有 53.0% 之前没有教授过美术。可见，在紧缺型学科中教师的匹配度并不高（见表 2-14）。

表 2-14　2018 年教师交流前与交流期间教授学科一致性情况

单位：人，%

交流期间所教科目	在交流前未承担该项科目
语文	228（14.2）
数学	216（13.6）
外语	142（23.4）
音乐	389（52.6）
体育	398（46.2）
美术	409（53.0）

第三章

县域内教师交流政策的成效与问题

教师交流政策在政策设计、政策实践上取得了一定成效。不过，从政策的价值目标和教育治理的逻辑视角出发，教师交流政策文本设计与再设计过程在角色定位、民主决策、利益保障机制、配套措施机制、评价监管机制等方面存在系统性问题。政策文本在具体落实的过程中也存在"一刀切"式的象征性执行问题，忽视了政策对象的客观现实和主体意愿，忽略了目标群体的政策认同和动力激发。

第一节　县域内教师交流政策的主要成效

随着《乡村教师支持计划（2015—2020 年）》（国办发〔2015〕43号）（以下简称《计划》）的颁布，义务教育学校校长教师交流轮岗促进师资均衡和教育公平的重要作用也逐渐凸显。依据《计划》实施情况，各地在国家政策文件指导下开展的校长教师交流轮岗取得了诸多成效。

一　教师交流政策趋于完善

《计划》颁布后，各省相继出台或完善已出台的县（区）域内义务教育学校校长教师交流轮岗实施意见和办法，并开始部署实施教师交流工作。《计划》的颁布，再次把校长教师交流轮岗提升为促进乡村教师队伍建设的重要途径，也确定了交流轮岗政策在实现教育公平中的重要地位。这一举措有效提升了各地对教师交流政策的重视程度，比如，原来未制定交流政策的安徽、甘肃等省份，制定出台了本省的教师交流政策，原来已

经制定交流政策的山东、山西等省份则对教师交流政策进行了完善。

二　教师交流形式逐渐多样

《计划》颁布后，为促进城镇教师向农村学校流动，各地结合自身实际，开展了多种校长教师交流轮岗的形式。从各省颁布的教师交流专项政策来看，义务教育校长教师交流轮岗的开展形式以县（区）内城乡交流、学区内交流、对口支援和乡镇中心学校教师走教为主。除此之外，部分学校以学校联盟内部交流、跟岗学习、跨校竞聘、集团化办学内部交流等形式参与交流轮岗。

还有一些地区结合实际情况在交流形式上开展了新的探索。如新疆维吾尔自治区昌吉市采取联盟捆绑的方式开展教师交流轮岗。联盟捆绑发展的学校在教师交流、学科建设、教师培训、教学研究等方面合作互助，通过联片教研、师徒结对、专题讲座等形式开展校本教研和骨干教师、学科带头人送教送课下乡活动，以此加快联盟体各学校骨干教师专业成长，促进教师队伍素质和教学质量的提高。[1] 又如浙江嘉善县在交流形式和激励机制等方面开展探索，变单一的农村向城镇调动为城乡互动多元流动，建立流动教师业绩档案并将其作为教师评职评优、提拔任用以及进一步成长的重要依据，取得了较好的实施效果，积累了较为先进的经验。[2]

三　教师交流范围逐步扩大

多个省份的教师交流轮岗实施政策均对每年度参加交流的教师数量和比例作出规定。如《河南省关于推进县（区）域内义务教育学校校长教师交流轮岗工作的指导意见》（豫教人〔2015〕591号）、安徽省教育厅、财政厅、人力资源与保障厅联合出台的《关于推进县（区）域内义务教育学校校长教师交流轮岗工作的实施意见》（皖教师〔2016〕1号）规定每学年教师交流轮岗的比例应不低于符合交流条件教师总数的10%，其中骨干

---

① 刘拓拓：《新疆昌吉全面实行校际联盟捆绑机制》，央广网，http：//news. cnr. cn/native/cit-y/20170307/t20170307_523642761. shtml，最后访问日期：2023年3月26日。
② 《探索教师流动机制 促进教育均衡发展 ——嘉善县大力推进义务教育教师流动改革试点》，浙江教育在线，http://www. zjjyzx. com/a/news/zhejiang/jiaxing/2012/0925/2259. ht-ml，最后访问日期：2023年3月26日。

教师交流轮岗应不低于交流总数的 20% ；《山西省教育厅 山西省财政厅 山西省人力资源和社会保障厅 山西省机构编制委员会办公室关于实行中小学教师"县管校聘"管理改革全面推进县（区）域内义务教育学校校长教师交流轮岗工作的意见》（晋教师〔2015〕21 号）提出，要将义务教育学校校长教师交流轮岗工作纳入省政府和省教育厅对各市年度目标责任管理考核和义务教育均衡发展督导评估的重要内容。

《计划》颁布实施后，各地依据地方的政策规定组织开展校长教师交流。数据显示，各地参加交流轮岗的校长教师数量和比例基本达标。2016年，浙江省全省有 13364 名校长教师参与交流，其中校长 1310 名、骨干教师 2749 名。云南省 2016 年的校长教师交流轮岗约 1.8 万人次。[①] 河北省石家庄市 2015～2016 学年安排 2102 名公办义务教育学校校长、教师开展交流轮岗，实际参与交流轮岗的校长、教师达到 2334 人，超额完成分配任务。[②]

四　"县管校聘"管理体制改革初见成效

《计划》颁布后，许多省份开始逐步探索推进义务教育教师队伍"县管校聘"管理体制改革。如山东省率先通过"县管校聘"管理体制改革，破除了师资均衡配置的制度障碍，盘活了教师存量，提高了资源效益。陕西等省份提出，目前的教师交流政策存在制度瓶颈，需要通过"县管校聘"转变教师身份予以破解，有待进一步推广。2017 年，《浙江省教育厅办公室关于中小学教师"县管校聘"管理改革试点推进工作的通报》（浙教办函〔2017〕118 号）提出，在全省范围内确定第一批（28 个地区）管理改革试点地区，并于 2017 年在全省范围内全面推开"县管校聘"。山东省于 2015 年遴选下辖市县试点"县管校聘"管理体制改革，2016 年扩大试点范围，2017 年在全省全面推行。[③]

---

① 陈鹏：《乡村教师支持计划实施两年多 乡村教师下得去留得住教得好》，《光明日报》2017 年 9 月 16 日，第 5 版。

② 赵威：《石家庄：2 千余名教师"交流轮岗"促教育均衡发展》，https://hebei.hebnews.cn/2015－10/14/content_5098206.htm，最后访问日期：2023 年 3 月 26 日。

③ 王文婷：《山东中小学教师"县管校聘"改革 2017 年将全面推行》，http://sd.sdnews.com.cn/yw/201504/t20150414_1883519.htm，最后访问日期：2023 年 3 月 26 日。

第二节　县域内教师交流政策文本
存在的问题

将具有抽象意义的教育决策转化为具象化的政策文本是一个复杂的过程。当前，政策制定者的政策预期与现实情况存在落差，交流主体的民主权益与"自上而下"式的制定程序存在矛盾，目标群体的利益诉求与尚未健全的配套机制之间存在错位，尚未完善的评价监督机制也难以保障交流政策的实效性。

一　政策制定者的政策预期不清晰与自身角色定位模糊

教育政策制定过程是相当复杂的。这不仅是因为它要受到政府内部因素（如政府部门、决策体制和公务人员等）的影响，而且要受到政府外部的利益集团、研究机构和大众民意等因素的制约。① 同时，教师交流政策的实施对县域内的教育发展水平、体制机制配套等方面都提出了较高的要求。如果政策制定者没有结合实际情况制定切实可行的政策目标、设计具体有效的政策措施以及提供符合地方实际的配套政策，就会出现目标难以实现、具体措施含混不清、体制机制障碍等问题，这样的政策实施起来必然面临政策效果层层衰减甚至难以推进的局面。

制定地方教师交流政策最主要的主体是省级层面和县级层面。省级政府在政策文本实施和配套保障等方面制定了比国家政策更为具体的内容，也为县级政策的制定提供了一些标准和依据，但是忽略了规定其自身在政策实施中应承担的相关职责，也没有发挥创设政策环境的作用。换言之，省级部门只发挥了制定政策文本的指导作用，而在具体实施中，当涉及教育、人社、编办、财政等多部门与县域内的平级部门难以协调时，未体现出省级统筹，即省级层面多部门之间及时的行政沟通。

县教育局在制定政策文本的过程中，较多沿袭省级政策的规定与标准。如省级政策规定骨干教师要占交流教师总数的 20%，县级政策通常

---

① 黄忠敬：《我国教育政策制定过程之探讨》，《教育理论与实践》2007 年第 5 期。

会与省级政策保持同样的标准，但是该县是否能在派出如此多的骨干教师参加交流的同时还能保证本县教育生态与教育质量不受影响，仍有待商榷。

二　政策制定程序缺乏民主性设计

政策文本是政策执行的依据，"自上而下"式的政策设计，往往容易忽视客观现实和政策对象的主体意愿。公共政策的制定需在科学民主原则的指导下，多方收集意见建议，这样才更有利于政策的顺利执行。人民群众是历史的主体，广泛的公民参与有助于提供不同的看待问题的视角，而不同的诉求也能提供丰富的决策信息与依据。同样，公共政策的制定也要坚持走群众路线，汇聚人民智慧，借鉴不同领域的知识和观念。为公共政策制定者提供大量及时、有用的信息，既可以保证公共决策的质量，还可以调动和激发公民参与决策的积极性和民主意识，增强公民对公共决策的认同感和参与决策的责任感。[1]

笔者在调研过程中发现，各省市在交流政策的制定过程中缺乏对政策参与主体意见的关注。各地在制定教师交流政策时往往以政府为主导，把交流学校、交流教师和接收学校等利益相关主体仅看成是政策指令的服从者和执行者，而不是政策制定的参与者。因此，在制定程序上，体现了强制性制度变迁，弱化了诱致性制度变迁，只有"自上而下"的过程，缺乏"自下而上"的过程。教育相关部门仅基于支教的经验和国外教师交流的做法，在政策制定前并未开展广泛的调查论证。[2] 参与城乡交流的教师往往因行政命令而被迫参与城乡教师交流活动。[3] 教育行政部门并没有掌握相关主体的基本信息和真实意愿，比如城市学校可参与交流教师的特征和恰当比例、农村学校的发展短板，以及补齐短板所需教师的学科结构、年龄结构、教学科研能力等特征，也未按照政策制定的程序保证利益相关者了解政策的具体内容，更未将政策进行公示以便利益相关者反馈对政策的态度和建议。从政策制定的程序来看，没有广泛地征求多方意见。信息的

---

① 莫兰、邹顺康：《公民参与公共政策制定的价值与障碍》，《人民论坛》2015 年第 5 期。
② 贾建国：《城乡教师交流制度的问题及其改进》，《教育发展研究》2008 年第 20 期。
③ 叶飞：《城乡教师交流的"异化"及其对策分析》，《中国教育学刊》2012 年第 6 期。

不对称使决策部门无法及时进行政策调整。这种政策设计方式最终导致相关主体缺乏主体责任意识，普遍认为教师交流是为了应付上级教育行政部门的要求，而政策落实是政府的事情，与自身毫无关系。由此，教师交流便难以顺畅地推进。

三　政策内容忽视相关主体利益

政策实施导致利益损耗，政策文本并没有提出有关利益损耗的解决办法，而是直接转嫁到相关主体身上。其中，县教育局需要承担的利益损耗主要包括以下三个方面。第一，统筹流动教师的岗位调动与配置工作较为繁杂。政策文本规定，教师交流政策需要由各县教育局牵头实施。因此，教师流动的相关手续办理、存档都需要由县教育局完成。在一些县教育局开展实地调研的过程中，曾有多位不同地区的县教育局相关工作人员反映，教师的流动往往涉及教师人事关系的调转，每位教师都需要好几个手续和表格，办理起来非常麻烦，增加了许多工作量，且教师交流还看不到什么实际效果。第二，政策顺利实施需要付出与其他部门交涉的沟通成本。交流政策是由教育、人社、编办、财政等多部门联合出台的，在具体推进实施的过程中，需要由教育行政部门牵头，与其他几个部门协调开展工作。但在实际工作中，县教育局与其他几个单位在行政层级上属于平级，尤其是需要其他单位承担一定的政策成本时，话语权较弱，协调难度较大。第三，优秀教师的流动可能会影响本县的教育竞争力。当前县域层面主流的教育质量测评离不开学生成绩的考量，面对考评压力，许多县往往会举全县之力，把优秀教师和优质生源集中在县城或乡镇中小学，以达到提升学生成绩的效果。然而，教师交流政策是通过分散优质教师资源实现教师均衡的，这就可能会导致优质学校学生学业成绩下滑，与考评目标相悖，对县教育局的工作绩效产生影响。

派出学校作为交流教师的派出单位，与县教育局一样，同样面临考评压力。优秀教师的派出在很大程度上会导致考评结果不佳，给派出学校的名誉和声望带来不良影响。派出学校既要遵循政策要求，还要维护自身利益，便可能通过末位淘汰等方式来"灵活"应对，这就导致教师交流效果大打折扣。在这种背景下，短期派出优秀教师推行阻力相对较小，但是不适合制度化、常态化。当前教师交流政策都是从让优质学校派出优秀教师支援薄弱乡村学校的角度进行政策设计，并不是双向的政策设计，也没有进行常态化的长远规划。这种政策其实是以损耗优质学校师资为代价的，如果没有完善的补偿机制，必然会遭到派出学校的软抵抗。

交流教师是交流轮岗政策实施的终端环节，教师作为政策实施的直接执行者，是政策实施链条中力量最薄弱的一环。在政策实施过程中多方力量的博弈制衡下，教师交流轮岗的政策成本很大一部分转嫁到交流教师身上。如有的教师因交流政策而被淘汰出原本所在的学校；有的交流教师因参加交流而无法正常履行对家庭成员的抚养和赡养义务；有的教师因参加交流需要额外花费交通费用和更多的交通时间等。这些利益的损耗本不应该由交流教师个人承担。

四　政策实施的配套措施不健全

各地政策文本提到了许多相关的配套措施，但是现实中许多地区尚不具备提供这些配套政策的能力，在所需体制机制基础缺失与不足的情况下，就难免导致教师交流政策在实施过程中出现梗阻，甚至异化为"上有政策，下有对策"的应付式执行。具体来说，教师交流政策实施所需的配套措施主要包括：教师顺利流动需要进行"县管校聘"管理体制改革，未实行"县管校聘"的地区在教师流动时需要考虑是否实行"编随人走"；为达到交流效果，激励教师参加交流，教师接收学校需要对其有实质性的评价权力、为其职称晋升提供条件以及为交流教师提供基本的经济补助和津贴等。

以上都是保证教师交流政策顺利实施的基础，然而，笔者在实地调研过程中与陕西某县教育局相关领导座谈时发现，县域内的具体政策执行环节仍有若干体制机制障碍尚未突破。该局副局长（JYJ2018NF）在关于"县管校聘"管理体制改革的问题中提到了改革实施的障碍以及对教师交流政策顺利实施产生的影响。他指出："关于教师的'县管校聘'这个政策，国家已经提的时间很长了。据我们了解，在上海和江苏一带实施得比较好，但是'县管校聘'的实施是教师人事制度的改革。教师轮岗也正涉及这个问题。'县管校聘'要形成经常性流动机制，那么就存在教师的人事关系调整问题、教师的工资调整问题、教师的职称岗位调整问题，还有一个就是编制的调整问题，这些问题解决与否决定'县管校聘'能不能顺利实施。比如说，我们现在要实施'县管校聘'。假如我们县某一所学校按照编制标准，结合学生的实际数量核定发现需要 100 个教师。那么这100 个教师就涉及需要解决教师职称，同时按照职称的设置要发放工资，如果工资到不了学校，工资直接打到教师的账户上，那么'县管校聘'就起不到促进作用。再具体说到单个教师的交流，交流政策还有一个功能是要解决目前（有些教师）晋了高级职称就不想再干活了这种问题。如果交流，编制要调整，他原来在甲学校，现在在乙学校，人事关系也要调整，工资关系这些都要调整。所以要解决这个问题，其实是三个方面必须统一起来，并且以学校为主体来落实。比如说我们这个县，每年教师调动的时候，我们教育系统提出方案，然后人社局要报到县上，进行小组审核，这个过程非常复杂。同时还面临的一个问题就是，我们从 2012 年开始，城区学校的学生逐年增加，学校的学位需要增加，老师也需要增加。我们 2012年之后没调动过教师，只有从农村调到城里的教师。没有岗位就没法聘任，没法聘任就没法考核。所以我们觉得要想实现'县管校聘'就要把这四方面统一到学校才能解决问题。"

由此可见，在一些地区，尤其是西部省份，实施教师交流的体制机制基础平台尚未搭建，仍有许多制度障碍有待突破，在这种情况下简单的教师单向流动具体实施起来都困难重重。各地针对交流教师的周转房建设、交通补贴、生活补偿等保障措施和奖励、评价、监督等配套政策并不健全，导致城市教师到农村学校后"人在心不在"，难以安心任教。

五　政策评价和监督体系不完善

评价和监督体系的完善对政策的执行具有重要作用。政策评价的目的是了解政策的执行情况，判断政策是否达到预期效果，并对政策存在的问题进行调整与改进。监督的目的是确保政策合理合法地执行。各地的教师交流政策对交流教师如何进行评价涉及不多，且针对教师交流的监督体系并不完善，没有第三方机构对交流政策的执行和效果进行有效评估（见表3-1）。

表 3 - 1　各省市教师交流政策中监督评价的相关内容

	内容表述
G省《关于深入推进县（区）域内义务教育学校校长教师交流轮岗的实施意见》	各市（州）、县（区）政府要将校长教师交流轮岗工作纳入年度目标考核体系，纳入党政领导干部教育工作督导考核体系，并作为认定全国义务教育发展基本均衡县（区）的重要指标
J省《关于印发D县义务教育学校校长教师交流轮岗工作实施方案的通知》	对拒不执行交流轮岗安排或虽然参加交流轮岗，但是年度考核结果为"基本合格"或"不合格"等次的人员，三年内不得评优和晋升职务，五年内不能提拔担任学校中层及以上领导。校长、副校长在交流期间未能完成交流学习任务的不予评优树模和晋升职务。 对无特殊原因不接受交流工作安排、态度恶劣、严重影响正常工作的教师，应停止安排其工作，年度考核按不合格处理，直至按有关规定予以辞退
S省《关于深入推进义务教育学校教师校长交流轮岗工作促进义务教育均衡发展的意见》	各级教育、组织、编制、财政、人社等部门要各司其职、各负其责，密切配合，共同做好教师、校长交流轮岗工作的统筹规划、政策指导和督导检查
C市《关于深入推进中小学校长教师交流轮岗的指导意见》	加强交流人员管理考核。校长教师在交流期间以接受学校管理为主，由接收学校进行绩效考核。交流期满后，根据交流人员在交流期间的工作表现和绩效予以妥善安排。交流期间，绩效考核和年度考核同时确定为"不合格"等次者，当年不参与奖励性绩效工资的分配

从表 3 - 1 涉及交流教师的评价与监督的内容中可以发现，各省市对教师交流的监督主要集中体现在交流教师是否履行交流职责这一方面，对教师在交流过程中的表现如何并不给予过多关注。对教师交流政策的执行进行评价和监督的主要是教育行政部门，这就相当于教育行政部门既是"运动员"又是"裁判员"，缺少第三方机构对教师交流政策的评价与监督，不利于客观地反映政策执行的真实情况。

第三节　县域内教师交流政策
执行存在的问题

依据国家层面文件的要求，各地相继出台了地方性教师交流政策，并积极开展实践，选择一些县（区）进行政策试点，在实践中积累了一些经验，但在政策宣传和政策实施等多个环节上稍显不足，最终导致各主体未能形成政策合力，影响了政策的执行效果。

一 交流模式忽视政策对象的客观现实和主体意愿

我国存在城乡二元经济结构，城乡之间的经济水平、城乡学校间的教学设施与教学环境存在巨大差异，因此乡镇教师都不太愿意去村小或者教学点进行交流。在此背景下，教育行政部门和校长为了让教师交流政策能够继续推行采取了一些强制性手段。调研中有校长（XZ2015WG）反映"教育局是要给学校分指标啊，你这个学校一年要派几个下去支教，然后学校把这个名额一公布，让个人申报，有个人申报就申报，实在不够的，那就学校指派"。J省D县实行末位淘汰制度，按一定比例划分，综合评分最低的教师会被安排到乡下去，下乡的教师若想回到城镇，需要三年后进行考试，考试合格的教师就可以回到城镇学校，考试不合格的教师仍要留在乡下。在2015年教师问卷"别人对我交流的看法"一题中，有26.9%的教师选择了"非常在意"，有27.3%的教师选择了"比较在意"，只有5.5%的教师选择了"完全不在意"（见图3-1）。可见，教师较为注重他人对自己参加交流的看法，因此在这种末位淘汰制度下，去乡下的教师都是"不合格"的教师。久而久之，人们就会形成"只有不好的教师才会下乡交流"的错误观念，造成"老师们对支教都很反感"的不良后果。

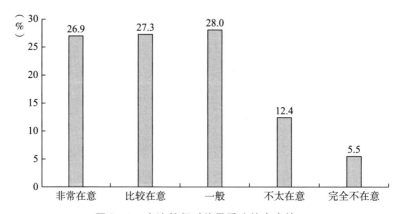

图3-1 交流教师对外界看法的在意情况

调研中有乡村校长（XZ2017DHT）反映"（交流的）效果不是特别好，好的（教师）不会下来，下来（的教师）也不会安心教"。在这种氛围下，教师为了不让他人认为自己是"不合格"的教师，便不会主动要求去乡下交流。这不仅不利于提高乡村学校的教育质量，也损害了乡村教师的社会声望。还有地方采取抽签的方式来推动教师交流政策的执行。除了可暂不参加交流的教师，其他教师都需要参加抽签，抽签抽到的教师必须参加交流。这种通过强制性手段、不考虑教师交流意愿的交流形式，效果必然会大打折扣。城市教师到农村大多为走过场、混经历，为了回到城市学校给评职称或评先进加分；农村教师到城市学校也主要从个人发展的角度出发进行学习，没有考虑到回到农村学校如何带动身边的教师共同发展；农村学校也认为政府实施城乡教师交流是为了出政绩。由于遭遇了基层的抵触，该政策虽有较大的实施规模，但始终未能达到预期的效果。有学者对四川某县曾经参加交流或正在参加交流的近百位教师开展的调查显示，有36%的教师迫于外部压力参加交流，自己的意愿未得到充分尊重；有44%的教师对交流过程不满意和非常不满意；有高达91%的教师认为交流流于形式。①

二　政策宣传忽略目标群体的政策认同和动力激发

政策宣传不仅是一种信息工具，也是一种引导性工具和劝诫性工具，是公共政策执行的重要手段和方法，是影响人们行动的技巧。② 政策宣传对教师交流政策的顺利实施至关重要，直接影响政策主体对该政策价值、目标、实施方法与程序的认同程度和参与意愿。这是一个政策传播和政策内化的过程，直接决定了政策可获得的配合度和实施的顺利程度。目前各地的政策宣传缺乏政策解释和沟通，过于刚性，过多地强调政府实施该政策的重大意义，而忽略了基层政策对象的差异和意愿。各地在宣传教师交流政策时过于简单化和程序化，没有给学校和教师解释清楚为什么要制定教师交流政策，当前教育发展的历史背景是什么，未来的基本趋势怎样，它的重大意义在哪里。有些地方甚至直接贴上道德的标签，把城市学校配合该项政策表述为"帮助农村薄弱学校"，把选派城市教师到农村学校交

---

① 姚永强：《教师交流：好政策缘何遭尴尬？——一个典型农业大县的教师交流样本》，《中国教育报》2013年9月12日，第5版。

② 钱再见：《论政策执行中的政策宣传及其创新——基于政策工具视角的学理分析》，《甘肃行政学院学报》2010年第1期。

流表述为"下到农村去做贡献"。如果城市学校不配合，则被认为是不顾大局，而教师不配合被认为是思想觉悟不高甚至师德有问题，在年终考评和职称晋升时被减分或者受到惩罚。这种做法导致教师对该政策未能充分理解，忽视了对政策执行主体交流动力的激发，使政策认同度并没有那么高。

三　政策推行忽略目标群体的交流需要与利益诉求

公共政策的执行不是简单地照本宣科，它涉及广泛的决策行为，这使政策执行本身也是一种设计，是执行者对政策方案的再设计。[①] 城市和农村的每所学校在办学理念、管理方式、发展阶段、教师队伍结构等诸多方面均存在差距，采用单一化的交流模式、一致化的交流步伐不仅不能取得预期效果，还会打乱学校的发展节奏，影响学校发展规划的顺利实施。许多地方实施教师交流政策过于激进和功利，对政策环境的分析不够，过多关注政策结果，要求速度要快、覆盖面要广。[②] 对于一所学校而言，结构合理、稳定的教师队伍是教育质量的保障，而培养一支结构合理、稳定的教师队伍需要经历教师退出、引进和培养的优化过程，完成这一过程通常需要多年时间，盲目抽调过高比例的教师参与交流将会破坏原有学校的教师队伍基本结构；对于接收学校而言，新来的教师也未必与其特征相契合，不利于农村学校的教师队伍建设。中国教育科学研究院对 11867 位校长的调查结果显示，有 72.70% 的校长认为交流来的教师不是学校所需的，36.18% 的校长认为流动不利于教师队伍稳定，22.90% 的校长认为教师交流扰乱正常的教学活动。[③] 对于教师个体而言，教师交流政策关系到交流教师的切身利益。我国许多农村学校规模小、分布广，教师如果到这些学校交流必然会影响其家庭生活，包括住房、食宿、交通、赡养老人和接送子女上下学等；教师交流到一个新学校需面临重新适应问题，如果未能很好地适应新学校的管理方式和学校文化，其工作业绩可能会下降，这将会

---

① 王家峰：《作为设计的政策执行——执行风格理论》，《中国行政管理》2009 年第 5 期。
② 赵爽：《政策工具视角下 T 市中小学教师交流政策反思》，《当代教育科学》2013 年第 20 期。
③ 李凌、阳锡叶、宋晓敏：《教师交流制度化要跨几道坎》，《中国教育报》2014 年 1 月 20 日，第 3 版。

影响其未来的职业发展。各地针对交流教师的周转房建设、交通补贴、生活补偿等保障措施和奖励、评价、监督等配套政策并不健全，导致城市教师到农村学校后"人在心不在"，希望能够早日回到城市学校；农村教师到城市学校容易出现"水土不服"，很难融入城市教师群体，最终未能发挥应有的作用。

第四章

县域内教师交流的制约因素与机制梗阻

教师交流政策是均衡配置县域师资的重要举措之一。然而，教师交流政策在制定、执行过程中未达到预期效果。本章通过对政策文本及影响教师交流政策执行的因素进行分析，发现教师交流政策主要存在如下问题。一是在政策制定的过程中，政策制定者对政策的预期以及相关主体定位不准确。二是就政策具体内容而言，措施的可行性有待提高、政策配套的体制机制不健全以及由此导致相关主体利益受损。三是在政策地方化过程中，普遍采用"自上而下"的方式设计政策，忽视政策对象的客观现实和主体意愿；以制度约束的形式推进政策，忽略目标群体的政策认同和动力激发；选择"一刀切"的方式推行政策，缺乏针对性的配套政策和保障措施，导致地方教师交流政策出现机制梗阻。此外，物质因素、家庭因素和职业发展因素也影响着教师对交流政策的态度与实际行动。不仅如此，激励机制不完善以及约束机制不健全，在一定程度上造成教师交流政策执行缺少制度约束。

第一节　县域内教师交流受多重因素制约

就教师是否参与交流及交流过程中会受到哪些因素的制约这一问题，课题组分别于 2015 年 8 月、2015 年 11 月以及 2018 年开展实地调研。其中，课题组于 2015 年 8 月对安徽省、甘肃省、广东省、贵州省、河北省、河南省、黑龙江省、吉林省、湖南省、辽宁省、内蒙古自治区、山东省、山西省、陕西省以及四川省 15 个省（自治区）开展的中小学教育情况调研收集到 333 份有效问卷，有效百分比为 88.6%。所有的教师问卷均由县、乡镇、村屯三级学校的教师进行填答。2015 年 11 月获得 3462 份有效教师问卷，有效百分比为 91.7%；2018 年获得 37360 份有效教师问卷，有效百分比为 99.5%。本小节通过对访谈内容、教师问卷数据进行分析，试图找出教师交流的制约因素。

一　物质因素

调查发现，教师在交流过程中首先要考虑物质因素。其中，物质因素包括经济补贴和住房条件两个方面。

在经济补贴方面，教师比较关心参与教师交流是否会给予经济补贴。在"教师对参与交流时是否给予经济补贴的在意程度"一题中，2015 年 8 月调研问卷的有效填答量为 294 份，2015 年 11 月调研问卷的有效填答量为 2996 份，2018 年调研问卷的有效填答量为 37195 份。2015 年 8 月的教师问卷调查数据显示，65.7% 的教师"非常在意"参与交流时是否会给予经济补贴，19.7% 的教师"比较在意"参与交流时是否会给予经济补贴，2.7% 的教师"完全不在意"参与交流时是否会给予经济补贴。2015 年 11 月的教师问卷调查数据显示，48.8% 的教师"非常在意"参与交流时是否会给予经济补贴，26.4% 的教师"比较在意"参与交流时是否会给予经济补贴，1.3% 的教师"完全不在意"参与交流时是否会给予经济补贴。2018 年的教师问卷调查数据显示，14.0% 的教师"非常在意"参与交流时是否会给予经济补贴，29.6% 的教师"比较在意"参与交流时是否会给予经济补贴，6.2% 的教师"完全不在意"参与交流时是否会给予经济补贴（见表 4 - 1）。可见，教师对交流期间是否给予经济补贴较为关注。

表 4 - 1　教师对参与交流时是否给予经济补贴的在意程度

单位：人，%

在意程度	2015 年 8 月	2015 年 11 月	2018 年
非常在意	193（65.7）	1462（48.8）	5219（14.0）
比较在意	58（19.7）	791（26.4）	10999（29.6）
在意	30（10.2）	573（19.1）	14524（39.1）
不太在意	5（1.7）	131（4.4）	4138（11.1）
完全不在意	8（2.7）	39（1.3）	2315（6.2）

然而，现实中交流教师生活补助额度较低，在"交流教师生活补助情况"一题中，2015 年 11 月调研问卷的有效填答量为 203 份，2018 年调研问卷的有效填答量为 173 份。多为 200 元及以内。2015 年 11 月的教师问卷调查数据显示，有 79.3% 的交流教师生活补助在 200 元及以内，有 13.8% 的交流教师生活补助在 201～400 元，只有 0.5% 的交流教师生活补助在 801 元及以上。2018 年的教师问卷调查数据显示，有 80.4% 的交流教师生活补助在 200 元及以内，有 6.9% 的交流教师生活补助在 201～400 元，只有 4.6% 的交流教师生活补助在 801 元及以上（见表 4 - 2）。

表 4 - 2　交流教师生活补助情况

单位：人，%

生活补助	2015 年 11 月	2018 年
200 元及以内	161（79.3）	139（80.4）
201～400 元	28（13.8）	12（6.9）
401～600 元	13（6.4）	12（6.9）
601～800 元	0（0.0）	2（1.2）
801 元及以上	1（0.5）	8（4.6）

大多数教师在交流过程中倾向的经济补贴金额在 400 元以上。在"教师倾向经济补贴金额"一题中，2015 年 11 月调研问卷的有效填答量为 2368 份。2015 年 11 月的教师问卷调查数据显示，当交流补贴在每月 401～600 元、801～1000 元和 1801～2000 元时，有交流意愿的教师占比大幅度提升。当经济补贴达到 1801～2000 元时，教师对交流的经济补偿需求可以得到绝大部分的满足（见表 4 - 3）。但是实际情况是交流教师的生活补助大都在 200 元及以内，远远不能满足教师对经济补贴的期望。这种巨大的落差不仅影响着教师参与交流的意愿，也影响着教师交流的效果。

表 4 - 3　教师倾向经济补贴金额

单位：人，%

交流补贴金额	2015 年 11 月
200 元及以内	187（7.9）
201～400 元	167（7.1）

交流补贴金额	2015 年 11 月
401～600 元	553（23.4）
601～800 元	98（4.1）
801～1000 元	658（27.8）
1001～1200 元	7（0.3）
1201～1400 元	34（1.4）
1401～1600 元	75（3.2）
1601～1800 元	3（0.1）
1801～2000 元	436（18.4）
2001 元及以上	150（6.3）

在住房条件方面，大部分教师较为在意交流学校是否提供周转房。在"教师对学校周转房的在意程度"一题中，2015 年 8 月调研问卷的有效填答量为 289 份，2015 年 11 月调研问卷的有效填答量为 2845 份，2018 年调研问卷的有效填答量为 37195 份。2015 年 8 月的调查数据显示，有 23.5% 的教师"非常在意"学校是否有周转房，有 21.1% 的教师"比较在意"学校是否有周转房，有 12.8% 的教师"完全不在意"学校是否有周转房。2015 年 11 月的调查数据显示，有 36.1% 的教师"非常在意"学校是否有周转房，有 27.9% 的教师"比较在意"学校是否有周转房，只有 5.8% 的教师"完全不在意"学校是否有周转房。2018 年的调查数据显示，有 10.7% 的教师"非常在意"学校是否有周转房，有 22.1% 的教师"比较在意"学校是否有周转房，仅有 9.7% 的教师"完全不在意"学校是否有周转房（见表 4－4）。

表 4－4　教师对学校周转房的在意程度

单位：人，%

在意程度	2015 年 8 月	2015 年 11 月	2018 年
非常在意	68（23.5）	1027（36.1）	3971（10.7）
比较在意	61（21.1）	793（27.9）	8231（22.1）
在意	64（22.2）	588（20.7）	15223（40.9）
不太在意	59（20.4）	271（9.5）	6153（16.6）
完全不在意	37（12.8）	166（5.8）	3617（9.7）

　　然而，现实中交流学校的周转房建设并不完善。在"交流教师对周转房的评价"一题中，2018 年调研问卷的有效填答量为 3858 份。首先，超三成交流学校没有周转房。2018 年的调查数据显示，1205 位交流教师表示学校没有周转房，占比 31.2%。其次，周转房条件简陋。2018 年的调查数据显示，9.1% 的教师认为学校周转房的条件"非常艰苦"，14.8% 的教师认为学校周转房的条件"比较艰苦"，仅有 2.5% 的教师认为学校周转房的条件"非常舒适"（见表 4 − 5）。

表 4 − 5　交流教师对周转房的评价

单位：人，%

对周转房的评价	2018 年
非常舒适	95（2.5）
比较舒适	351（9.1）
一般	1285（33.3）
比较艰苦	570（14.8）
非常艰苦	352（9.1）
没有周转房	1205（31.2）

　　课题组在调研过程中发现，部分乡镇学校的教师没有单独的宿舍，只能挤在学生寝室。某乡镇学校校长（XZ2017TY）反映，"三楼有五间宿舍，还有进校门右侧的那栋（20 世纪）80 年代的老楼，也是教师宿舍。那里的条件比较差，房间小小的，里面只有一个铁的床架子，好多都破烂了，都是老师自己出钱再买一个，基本上学校里没有东西"。教师（JS2017FH）也反映，"住房就特别紧张，两三个人拼房。年轻人都说，我一个人都睡不着，还要两三个人，更睡不好了"。

二　家庭因素

　　教师作为社会人，不仅要承担工作责任，也要承担家庭与社会责任。通过调查发现，教师较为在意交流是否会影响对老人的赡养和对子女的抚养。在"教师对赡养老人的在意程度"一题中，2015 年 11 月调研问卷的有效填答量为 2956 份；在"教师对抚养子女的在意程度"一题中，2015

年 11 月调研问卷的有效填答量为 2981 份。2015 年 11 月的调查数据显示，67.2% 的教师"十分在意"交流是否会影响到赡养老人，22.6% 的教师"比较在意"交流是否会影响到赡养老人，仅有 1.3% 的教师"完全不在意"交流是否会影响到赡养老人；有 74.1% 的教师"十分在意"交流是否会影响到抚养子女，有 16.7% 的教师"比较在意"交流是否会影响到抚养子女，仅有 1.3% 的教师"完全不在意"交流是否会影响到抚养子女（见表 4 - 6）。

表 4 - 6　教师对赡养老人及抚养子女的在意程度

单位：人，%

在意程度	赡养老人	抚养子女
十分在意	1987（67.2）	2209（74.1）
比较在意	668（22.6）	496（16.7）
在意	208（7.0）	182（6.1）
不太在意	55（1.9）	54（1.8）
完全不在意	38（1.3）	40（1.3）

在 2015 年 8 月 274 份有效调研问卷"您对交流影响因素中子女因素的在意程度"一题中，有 58.8% 的教师选择了"十分在意"，有 22.6% 的教师选择了"比较在意"，仅有 2.6% 的教师选择了"完全不在意"（见表 4 - 7）。

表 4 - 7　教师对交流影响因素中子女因素的在意程度

单位：人，%

在意程度	子女因素
十分在意	161（58.8）
比较在意	62（22.6）
在意	29（10.6）
不太在意	15（5.4）
完全不在意	7（2.6）

与此同时，相关访谈也进一步表明，离家距离是影响教师交流意愿的重要因素之一。在谈及是否愿意去交流时，农村校长（XZ2018FDS）认为："离家远、照顾不到家、农村条件太差，是优秀教师不愿来乡村进行

支教的主要原因。"中年教师（JS2018WL）认为："我孩子在上高三，放弃了；再说了年龄到了 45 岁，女教师可以不用去了。"青年教师（JS2018WY）认为："像我（这个年龄的教师），已经有孩子了，孩子年龄还小，有什么事情还需要婆婆帮我照顾。要是交流的话，离家就远了，一般就需要一个礼拜回家一趟，家里有点急事就帮不上。（我不愿意参加交流的）主要（原因）是不方便照顾家庭。"

三 职业发展因素

在经济社会中，人们习惯用博弈的思维看待世界。教师通过将自己的付出与收益进行比较，决定是否参加教师交流。当付出大于收益时，教师便选择不参与教师交流，即使是被迫参与，也会尽可能减少自己的劳动付出；当收益大于付出时，教师便会积极踊跃地参与教师交流。从教师交流的政策设计上看，多地教师交流政策文本将"教师是否参加交流""在乡村学校教学年限"作为教师职称晋升的必要条件和教师评优评先的加分项目。这表明，职业发展作为教师参与交流的重要收益，将成为教师参与交流的重要影响因素。

2015 年 8 月、2015 年 11 月以及 2018 年课题组对交流教师职业发展需求进行了调查。首先，大部分教师在意参与交流时是否给予职称晋升倾斜。在"教师对参加交流时是否给予职称倾斜的在意程度"一题中，2015 年 8 月调研问卷的有效填答量为 295 份，2015 年 11 月调研问卷的有效填答量为 2951 份，2018 年调研问卷的有效填答量为 37195 份。2015 年 8 月的调查数据显示，46.1%的教师"非常在意"在参与交流时是否会给予职称倾斜，31.2%的教师"比较在意"在参与交流时是否会给予职称倾斜，仅有 0.7%的教师"完全不在意"在参与交流时是否会给予职称倾斜。2015 年 11 月的调查数据显示，51.0%的教师"非常在意"在参与交流时是否会给予职称倾斜，28.9%的教师"比较在意"在参与交流时是否会给予职称倾斜，仅有 1.7%的教师"完全不在意"在参与交流时是否会给予职称倾斜。2018 年的调查数据显示，17.6%的教师"非常在意"在参与交流时是否会给予职称倾斜，31.1%的教师"比较在意"在参与交流时是否会给予职称倾斜，仅有 5.7%的教师"完全不在意"在参与交流时是否会给予职称倾斜（见表 4 - 8）。

表4-8　教师对参加交流时是否给予职称倾斜的在意程度

单位：人，%

在意程度	2015年8月	2015年11月	2018年
非常在意	136（46.1）	1504（51.0）	6534（17.6）
比较在意	92（31.2）	854（28.9）	11573（31.1）
在意	52（17.6）	428（14.5）	13672（36.8）
不太在意	13（4.4）	114（3.9）	3283（8.8）
完全不在意	2（0.7）	51（1.7）	2133（5.7）

其次，大部分教师在意参与交流时是否予以职务晋升。在"教师对参加交流时是否予以职务晋升的在意程度"一题中，2015年8月调研问卷的有效填答量为291份。其中，有29.2%的教师"非常在意"在参加教师交流时是否会予以职务晋升，有30.9%的教师"比较在意"在参加教师交流时是否会予以职务晋升，仅有5.5%的教师"完全不在意"在参加教师交流时是否会予以职务晋升（见表4-9）。

表4-9　教师对参加交流时是否予以职务晋升的在意程度

单位：人，%

在意程度	2015年8月
非常在意	85（29.2）
比较在意	90（30.9）
在意	45（15.5）
不太在意	55（18.9）
完全不在意	16（5.5）

最后，大部分教师在意交流时学生的生源质量。在"教师对参加交流时生源质量的在意程度"一题中，2015年8月调研问卷的有效填答量为258份，2018年调研问卷的有效填答量为2865份。2015年8月的调查数据显示，有28.7%的教师"非常在意"生源质量，有28.7%的教师"比较在意"生源质量，仅有3.1%的教师"完全不在意"生源质量。2018年的调查数据显示，有37.1%的教师"非常在意"生源质量，有30.0%的教师"比较在意"生源质量，仅有2.0%的教师"完全不在意"生源质量

（见表 4 - 10）。

表 4 - 10 教师对参加交流时生源质量的在意程度

单位：人，%

在意程度	2015 年 8 月	2018 年
非常在意	74 （28.7）	1028 （37.1）
比较在意	74 （28.7）	875 （30.0）
在意	64 （24.8）	707 （24.2）
不太在意	38 （14.7）	197 （6.7）
完全不在意	8 （3.1）	58 （2.0）

通过以上分析可以发现，满足教师适当的物质要求、弥补教师在参与交流时对家庭的照顾不周以及给予教师足够的职业发展空间，不仅有助于提升教师的交流意愿，而且能够使其在交流过程中最大限度地发挥能动性，让教师交流政策真正落到实处。

第二节 县域内教师交流政策激励机制不完善

教师交流政策涉及不同主体尤其是教师主体的利益调整，因此，给予交流教师相应补偿是教师交流政策激励机制的重要内容。激励机制应包含三重内涵：一是激励教师愿意交流，二是激励教师愿意到艰苦边远地区交流，三是激励高层次教师或紧缺学科教师愿意交流。在国际上，激励机制的多重目标主要通过设计差异化补偿标准来实现。其中，差异化补偿标准应具有三重作用。一是抵偿性，即抵消政策调整带来的损失；二是保障性，即保障利益受损群体的合法权益；三是鼓励性，即以补偿方式鼓励、激励执行主体，推进政策执行。然而，现行的补偿标准没有发挥出补偿最基本的作用，存在的主要问题体现在：依靠职称评聘资格约束教师参与交流，没有体现弥补损失的功能；忽视地域差异特征对教师带来的不便，没有保障教师合法权益；未考虑到学校差异化的教师需求，难以充分对教师起到鼓励、激励的作用。

一　补偿标准无法抵消教师的实际损失，抵偿性激励作用不足

部分县（区）教育行政部门在政策地方化的过程中，存在补偿标准模糊化或补偿标准不充分的问题，难以弥补教师的实际损失，致使教师参与执行的动力不强。补偿标准模糊化体现为没有明确的补偿标准，以强制性约束条件来推动政策执行。在调查的样本县中，有近半数县（区）的教师交流政策没有明确提出教师的补偿内容，将"教师评聘高级职称需要参与教师交流"作为硬性条件，强制约束有晋升需求的教师。尽管部分地区给予相关的职称晋升优先或职称评聘加分，但这种补偿不能弥补交流教师的实际损失。补偿标准不充分体现为补偿标准过低，不能抵消教师的实际支出。这种少于实际损失的补偿在现实中可以分为两类。一是无差异补偿，即对到任何地区交流的教师补偿标准都一致，但均不足以补偿实际损失。如有的地区给予所有参与交流的教师200元/月的生活与交通补助，但实际产生的交通、食宿等相关花费超过500元/月。二是有差异补偿，即依据边远艰苦程度对到不同地区交流的教师采用不同的补偿标准，但最高标准仍低于教师的实际损失。如有的地区给予离城区较近区域的交流教师100元/月的交流补偿，给予离城区较远区域的交流教师200元/月的交流补偿，这些均没有弥补执行主体的实际损失。

二　补偿标准忽视学校边远艰苦程度，保障性激励作用有限

补偿标准不能有针对性地弥补由政策执行群体差异性造成的损失，没有保障到边远艰苦地区交流教师的基本权益。在政策地方化的过程中，部分地方教育行政部门制定了明确的补偿标准，以丰厚的经济补偿激励教师参与交流。但因为没有明确划分交流学校的类型，未体现学校的边远艰苦程度，所以在可选择的范围内，硬件条件较好、配套设施较完备、能够以最小的代价达到职称评聘资格目的的学校比较容易受到青睐；许多地理位置偏远、条件艰苦的学校仍然很难吸引优秀教师前去交流。这导致政策的补偿标准没有完全发挥相应的激励作用，到偏远艰苦地区交流的教师的权益得不到保障。在调研过程中，曾有一位校长（XZ2018CD）反映："当地为每位参与交流的教师提供20000元/年的交流补偿，因而离县城较近、交

通较为便利、硬件条件较好的学校在交流选择中竞争力最强，而对于条件相对艰苦、距离较远、交通成本较高的学校，教师主动参与性则较低。在成本固定的情况下，既不增加自身投入的经济成本，又能达到职称评聘资格目的的方案是最佳选择。"

三　补偿标准忽视教师教学水平与师资紧缺程度，鼓励性激励作用缺失

各地现行的补偿标准表现出补偿对象同一性，难以激发高级职称教师以及紧缺学科教师到乡村学校交流的动力。交流政策面向的是有职称晋升需求的教师，而对于已经评上高级职称的教师没有强制性约束。政策的约束性尽管可以保证交流教师的数量，但是不能保证交流教师能够真正满足农村学校师资的需求。现阶段农村学校迫切需要有经验、高水平、能够带动乡村教师专业水平提升的教师以及部分紧缺学科教师，然而，没有相应的补偿标准鼓励、激励具备高级职称的教师以及紧缺学科教师自愿主动参与交流。一些到农村交流的教师虽然凭借交流教师的身份获得了相应的经济补贴，却没有承担相应的工作任务，也没有起到团队的带动作用。甚至有的教师就是曾经从原学校离开，又回到原学校交流，其工作水平与工作能力并不能带动农村教师的发展，难以得到农村学校教师的认可。同一性的补偿标准未将补偿与个体的能力结合起来，不符合劳动力市场的定价原则。这种补偿标准损害了政策的相对公平性，容易激起其他农村教师的不满，使许多长期在农村任教的教师产生负向攀比情绪，对农村教师的稳定性和工作情感产生不良的影响。

第三节　县域内教师交流政策
约束机制不健全

现阶段，县域内教师交流政策的约束机制以职称约束和评价约束为主。其中，以晋升职称为条件的约束机制在鼓励教师参与交流的过程中具有一定的片面性，易产生执行效果的偏差，使参与交流的教师将交流当作职业发展途径的一个必要环节，忽视交流的本质目标，不利于教师交流政

策执行过程中政策目标的实现，也不利于形成教师交流的全员认同。好的公共政策不仅需要有激励机制激发政策行为主体的动力，也应该重视对政策行为主体的评价，保证执行行为能够实现政策期待的目标。然而，现阶段县域内教师交流政策约束机制尚不健全，这主要表现为：评价标准模糊，评价约束流于形式；评价标准过于单维，不能完全发挥评价约束的作用。

一 职称约束机制缺乏柔性，难以对教师行为形成过程性约束

当前，教师交流与职称晋升形成强制性联动机制，但这只能在推动教师参与交流的起始端发挥制约作用，难以对交流期间的教师行为起到过程约束作用。根据多地颁布的教师交流政策文本，教师在职称评聘中辅之以交流经历的条件限制，试图以挂钩形式推动教师交流的有序开展。例如，《关于印发 D 县义务教育学校校长教师交流轮岗工作实施方案的通知》（D 教字〔2016〕48 号）指出，中小学教师申报评审高一级专业技术资格或聘任高一级专业技术岗位职务时，必须有 1 年以上农村教师或薄弱学校任教经历。因此，以职称晋升为捆绑条件成为教师交流约束机制的主要表征形式。但这不足以达到预期的约束目标，很多教师将去农村交流作为职称晋升的跳板，在这种心态的影响下，交流的效果一定会大打折扣。福建省某教师（JS2018WFF）认为：“前几年有前来交流的教师，就是城关教师要评职称来了一下，他们进来，本校教师就去交流。我认为这种交流形式没用，对教师的教学没有促进作用，他们都是为了评职称才下来，可想而知，他们的工作积极性有多高。”江西省某教师（JS2017TQ）认为，“（交流教师是）为了评职称才来的，待一年的时间就有（晋升上一级职称的）资格”。重庆市某校长（XZ2018KH）谈道：“几年前，来交流的老师教学效果不太明显，目的性强，因为他知道他不可能在这里待长久。”可见，交流教师带着职称晋升的目的进行交流是一种普遍现象。交流教师并不能给流入学校带来实质性的帮助，因为只有一年交流时间，所以流入学校对“混日子”的交流教师也往往是“睁一只眼闭一只眼”。在功利心态的影响下，交流教师的工作积极性、交流效果受到很大的影响。

二 地方政策文本评价标准模糊，评价约束流于形式

现阶段，明确提出评价标准或评价细则的地方政策文本相对较少。地

方教育行政部门在政策落地过程中强调政策的数量目标达成程度，忽视交流教师政策执行行为的完成质量。在调研获得的12个省份、23个县（区）关于教师交流的政策文件中，多数都提到要制定考核评价体系，科学、合理评价交流教师的教学工作；在评价方式上，提出要对交流教师进行不定期的监督与考核，保证政策目标能够按预期完成。但在实际操作过程中，各省市对交流教师的考核各有不同，甚至有些省市对义务教育阶段学校教师校长交流轮岗并未明确提出考核方式。在这种情况下，对交流教师应怎样考核、考核标准包括哪些、其中有哪些标准是由流入学校制定的，不同学校对交流教师的考核标准制定存在差异。

地方政策文本对教师的评价标准不全面且具有模糊性。以S省某校为例，从该校交流教师人员考核记录表可以看出，学校对交流教师的评价主要表现在工作量和学生成绩两个方面，对不同类别交流教师的交流情况、示范作用以及教研活动等并未进行评价，评价方面过于简单（见表4-11）。教师交流有双重目的：一是弥补乡村教师在教学质量上的短板，通过教师资源的输入提升乡村学校的教学质量；二是希望通过骨干教师的输入带来乡村学校团队的共同成长，通过教研活动丰富交流教师的教育经验，提高乡村教师团队的研学水平，促进乡村教师的专业发展。而过于单维的评价标准仅从最低层次规定了交流教师的岗位职责与任务，不能适应多元化岗位职责的需求。

表4-11　S省某校交流教师人员考核记录表

交流轮岗人员姓名　_____　　　　流出学校_____
任教年级科目　_____　　　　流入学校_____

考核项目	评价等级				考核项目	评价等级			
	优	良	中	差		优	良	中	差
考勤情况					教研教改				
学习情况					教学业绩				
备课情况					师德师风				
作业批改					学生评价				
流入学校鉴定意见									

多数流入校对交流教师的评价较为松散，评价标准多依据教师个体的主动完成程度进行判断，评价存在"走过场"的"形式化"倾向。流入校采用评价标准的假设是，教师个体在环境适宜、组织适应、激励适当的条件下，会有完成工作的主动性。但教师群体是一个多元的复杂社群。有的教师具有自我约束和自我参与的主动性，凭借自身的道德与职业约束能够完成其工作任务；而有的教师仅仅是为了职称晋升或经济补偿而参加交流，交流过程中存在应付差事的行为。例如，G省某流入校校长（XZ2015GY）说道："人都是有感情的，他（交流教师）来到这（里）工作一年，工作起来也很辛苦，给他评估的时候我就不一定那么细。这个事情本身就是不管我怎么给他评价他都要回去，在这种情况下，比方说他在出勤上、教学上这些存在的问题，我还是要基本上给他合格的等级。像考核表上的师德评估，它（师德评估）没有一个严格的标准，所以我们就不好评价的。像教学质量，它是通过全校一个统一的考核评估的，（如果）评估的在全校平均成绩以下，你（交流教师）就要继续干，把它干到平均成绩以上或者最突出，更好。"可见，考核表的模糊性以及在考核过程中人情味的混杂，使流入校的校长对交流教师不能进行精准的考核。评价交流教师在交流过程中的工作效果、约束交流教师的不良行为是考核表的主要作用，但在这种情况下，考核表已经失去了它应有的作用。

教师的自我约束是最低限度的约束，公共政策执行效果仅靠执行主体的道德约束很难实现，必须依靠制度化约束规范其行为才能保证达成预期目标。因而，只有建立完善的评价标准体系约束教师的行为，才能保证交流教师最大限度地实现政策所期待的目标。并且当交流教师行为偏离政策时，也能够通过预期的评价及时调整其行为。

三　现行评价标准过于单维，难以完全发挥评价约束作用

现行评价标准过于简单，不能适应交流教师任务的差异性、交流工作内容的多样性和复杂性。在政策推行过程中，教师交流的形式较为多样。

依据交流教师的类型，可以分为针对帮扶乡村教师发展的骨干教师交流以及补充乡村学校师资的普通教师交流。前者的目的是通过骨干教师的专业能力帮助实现乡村学校师资发展的"自我造血"功能；后者是希望有水平、有能力的交流教师能够帮助实现"输血"功能，补充农村学校师

资，努力解决乡村学校课程不足不齐问题。

依据教师交流的形式，可以分为城乡双向交流、走教、联盟或集团内部轮岗等。其中，城乡双向交流的目的是改善城乡师资的均衡配置；走教的目的是在资源有限的条件下实现区域内资源共享；而联盟或集团内部轮岗则是通过师资配置实现小范围的师资初步均衡。依据交流时限的长短，分为长期交流（1年以上）或短期交流（1年及以下）。长期交流更注重师资整体的专业发展建设，而短期交流则更适合解决教师教学的应急所需。但现行评价标准多数只是单纯地考核教师的教学情况，对专业团队建设的促进作用没有建立相应的评价标准。以单一的标准评价多元多维的交流行为，容易忽视交流教师本身所承担的工作与责任，也很难适应复杂的乡村学校发展的实际情况。教师交流工作具有差异性、内容具有多样性、形式具有复杂性，因此教师交流评价体系也应具有多元性，能够既评价教师的教学，也兼顾教师专业帮助的辐射作用；既关注个体教师，也关注教师团队；既关注教师的德、能、勤、绩，也关注乡村学校师资的可持续发展。

第五章

教师交流政策的国际比较研究

优秀教师是教育发展的重要支撑。教师流动政策对教师资源配置和教师个人专业发展具有重要的价值。优秀的教师资源是有限的,如何将有限的教育资源发挥出最大的效力,是世界各国进行教师队伍建设时面临的普遍难题。本章从国际比较的视域出发,对其他国家的教师交流政策进行分析,并根据具体情况将这些国家分为三类,分别是以日本为代表的文化同源型国家,以美国为代表的大国型国家,以英国、法国为代表的先发型国家。我们对这些国家推行教师交流政策的举措进行分析,以期吸收借鉴教师交流制度的成功之处,更好地完善我国教师交流制度。

第一节 日本教师交流政策的经验与启示

日本在"二战"之后就确立了"教师定期流动"制度,至今已经执行了 70 多年。该制度在一定程度上实现了"下得去""留得住""教得好"的教师队伍建设目标,推动了日本教育公平的发展。"教师定期流动"制度的执行需要经济、法律等多方面的保障,进而真正促进定期且高效的教师交流。

一 "教师定期流动"制度实施的背景

"二战"结束后,日本经济、教育面临重大的发展难题。战争结束初期,日本片面发展城市经济,导致城乡经济差距大,城乡教育资源不均衡,偏僻地区教育水平低下。然而,片面的经济发展政策未能促进日本经济快速、长远发展。日本政府认识到经济的发展离不开高素质人才的培养，于是积极借鉴欧美国家教育经验，树立了"教育公平"理念，大力推进义务教育发展。教育质量的提升离不开高质量教师队伍的建设，日本有意识地提高教师队伍质量，开始实施"教师定期流动"制度。

（一）教育公平理念的确立

日本是一个十分重视教育发展的国家。1868 年的明治维新拉开了日本教育改革的序幕，树立了"教育为立国之本"的观念。近代以来，日本坚持"教育兴国"政策，大力推进义务教育事业的发展，积极借鉴美国教育经验，建立适合本国的统一学制，建立学区推动本国教育事业的发展。①

1947 年，日本颁布《教育基本法》（昭和二十二年法律第二十五号），明确提出改变战时培养学生国体观念，主张培养身心健康，具有和平、民主观念，完善人格的人。文件强调，所有公民都必须有机会接受与其能力相称的教育，并且不因种族、宗教、性别、社会地位、经济状况或背景而受到教育歧视。"民主公平"的教育理念初见端倪。教师资源配置均衡是教育公平的重要内容之一，"教育公平"理念的建立促进了日本教师定期交流制度的产生与执行。

（二）地区间教育质量差距逐渐拉大

战后 50 年，日本经济逐渐恢复并开始快速增长。经济的高速发展给教育领域带来了冲击。日本快速发展的城市经济对劳动力提出了相应的要求，大量农村劳动力进城务工。农村劳动力大量减少，许多农村劳动力举家搬迁。农村学龄人口相应减少，学校所能够获得的财政拨款也相应缩减，导致偏僻地区学校基础设施远远落后于全国。而学校基础设施是促进儿童理解、掌握学习内容的必要因素。1960 年，文部省对中小学生学习成绩进行调查的结果显示，偏僻地区中小学生各科成绩大多处于全国最低水平。偏僻地区中小学生语文、数学、社会成绩与全国最好地区相差16～21 分，理科成绩相差 10～11 分（见表 5-1）。

---

① 张田利：《日本偏贫地区中小学教师定期流动研究——以北海道地区为例》，硕士学位论文，华中师范大学，2017，第 13 页。

表5-1　各地区中小学生各科平均成绩

单位：分

地区	小学				中学			
	语文	数学	社会	理科	语文	数学	社会	理科
全国平均	49.2	43.6	44.5	51.7	60.3	44.4	41.2	47.7
住宅区	58.4	52.1	52.2	55.8	66.7	51.5	47.5	52.6
商业区	57.2	50.0	53.6	56.5	64.8	49.5	43.9	48.9
工矿区	53.5	47.2	44.7	50.5	63.6	48.3	48.6	51.8
工商业区	52.6	—	48.6	52.0	63.0	49.0	43.1	48.7
市区	50.6	45.4	46.8	52.4	62.3	39.7	41.0	48.2
矿区	44.9	37.3	38.6	48.7	59.2	38.4	38.7	46.0
农业区	43.3	38.6	39.7	50.2	55.0	38.1	37.0	45.0
山林地区	41.0	36.0	32.9	46.6	53.4	34.8	32.5	41.9
渔村地区	43.0	38.8	35.1	45.8	52.1	32.0	32.3	41.6
偏僻地区	40.0	35.8	34.0	46.3	49.1	31.1	31.5	41.6

島田雅治「へき地教育の重要性と問題点隠岐島教師の実態を申心とて」『島根大学教育学部紀要（教育科学）』第5号、1971、33-35。

1962年，偏僻地区中小学生学习成绩的调查结果显示，偏僻地区小学、中学学习水平与全国平均水平之间存在相当大的差距。其中，小学五、六年级学生语文成绩分别比全国平均分低9.2分、8.4分，数学成绩分别比全国平均分低11分、10.8分（见表5-2）。

表5-2　1962年偏僻地区小学生学习成绩

单位：分

年级	科目	平均分数	与全国平均分之差
五年级	语文	47.2	-9.2
	数学	43.2	-11
六年级	语文	52.8	-8.4
	数学	38.0	-10.8

島田雅治「へき地教育の重要性と問題点隠岐島教師の実態を申心とて」『島根大学教育学部紀要（教育科学）』第5号、1971、33-35。

初中二年级学生的成绩中与全国平均成绩相差最小的是理科，相差

5.0 分；相差最大的是英语，相差 9.8 分。初中三年级学生的英语成绩与全国平均分差距尤为显著，为 19.0 分（见表 5-3）。

表 5-3 1962 年偏僻地区初中二、三年级学生学习成绩统计情况

单位：分

科目	初中二年级		初中三年级	
	平均分数	与全国平均水平的差距	平均分数	与全国平均水平的差距
语文	53.3	-9.2	49.5	-9.5
社会	36.5	-7.8	42.8	-7.2
数学	31.3	-8.7	31.3	-9.7
理科	34.5	-5.0	32.0	-6.0
英语	47.0	-9.8	37.5	-19.0

島田雅治「へき地教育の重要性と問題点隠岐島教師の実態を中心とて」『島根大学教育学部紀要（教育科学）』第 5 号、1971、33-35。

二 "教师定期流动"制度发展历程

日本"教师定期流动"制度经历了萌芽期、发展期、完善期三个发展阶段。日本教师交流制度的发展并非一帆风顺。制度在颁布最初也面临教师交流数量不足、质量不高、意愿不强等问题。日本对教师交流制度的认识是在实践中逐步清晰的，从单纯地追求教师数量到认识教师质量的重要性，通过经济倾斜、法律保障等举措提高教师待遇，促进高质量教师流动。经过 70 多年的发展，日本教师交流制度逐渐形成明确、完备的规定，既能满足教师交流的数量与质量的需求，还能充分考虑到交流教师自身的意愿，真正做到兼具力度和温度。

（一）萌芽期

《关于地方教育行政组织及运营法》颁布之后，日本以都道府县教育委员会为指导单位的中小学教师定期流动步入实施阶段。[1]

20 世纪 50 年代，日本政府为促进日本经济的发展，片面推动农村劳

---

① 张田利：《日本偏贫地区中小学教师定期流动研究——以北海道地区为例》，硕士学位论文，华中师范大学，2017，第 20 页。

动力进城务工，大量农村劳动力进入城市，在促进城市经济快速发展的同时也导致乡村经济发展滞缓，城乡经济发展形成巨大差距。这一时期的日本教师交流存在教师数量不足，质量有待提升，交流动机功利，交流津贴数额较小、发放不及时，难以吸引优秀教师交流等一系列问题。

1. 教师数量不足

"二战"结束后，日本政府对城市、乡村的差别性对待导致偏僻地区学校大量减少。1953 年，日本政府出台的《町村合并促进法》加剧了学校的合并。以该法中关于"促进小规模学校合并"的条文为契机，学校的"统废合"呈加速态势。1956 年、1957 年文部省分别出台了《公立中小学的统合方针》《学校统合实施指引》，提出用补助金促成学校的合并。1955～1965年，日本全国的小学数量减少近 70%。① 以岛根县为例，1958 年，岛根县小学教师数为 4450 名，1970 年教师数为 3640 名，人数缩减了近五分之一。1960～1970 年，岛根县偏僻地区学校数最多时为 1963 年的 138 所，最少时为 1970 年的 108 所，缩减幅度超过五分之一（见表 5 - 4）。教师数量的下降给原本就缺乏教师的偏僻地区教育发展增加了难度，解决偏僻地区教师数量问题迫在眉睫。

表 5 - 4　岛根县 1958～1970 年学校数、教师人数的变化

单位：所，名

学段			1958 年	1960 年	1963 年	1965 年	1967 年	1969 年	1970 年
小学	学校数	全县	451	446	431	421	409	382	369
		偏僻地区	—	110	111	102	99	93	88
	教师数	全县	4450	4422	3910	3875	3757	3622	3640
		偏僻地区	—	562	551	527	482	454	464
中学	学校数	全县	196	188	183	169	161	157	156
		偏僻地区	—	26	27	27	24	21	20
	教师数	全县	2206	2483	2869	2749	2591	2484	2417
		偏僻地区	—	215	251	260	245	221	216

---

① 玉井康之「義務教育費国庫負担制度の廃止問題とへき地・小規模校の統廃合問題——へき地校の役割と地域教育・地域振興の現代的課題」『へき地教育研究』第 60 号、2005、137 - 141。

续表

学段			1958 年	1960 年	1963 年	1965 年	1967 年	1969 年	1970 年
合计	教师数	全县	6656	5905	6779	6624	6348	6106	6057
		偏僻地区	—	777	802	787	727	675	680

资料来源：岛田雅治「へき地教育の重要性と問題点：隠岐島教師の実態を申心とて」『島根大学教育学部紀要（教育科学）』第 5 号、1971、33 - 35。

2. 教师专业素质不高

20 世纪 50 年代，日本规模较小的偏僻地区学校逐步被合并或关闭，不完全学校、复式教育规模不断扩大。学校教学设施短缺、课程资源匮乏、自然环境恶劣打击了年轻教师前来任教的热情。这一时期日本偏僻地区为解决教师数量问题，大量雇用代课教师，正式教师数量仅占教师总人数的 57.1%，代课教师占 42.9%，接近教师总数的一半，而代课教师在全国教师总数中所占比例为 25.3%。

3. 教师待遇不完善

"二战"结束初期，日本政府对偏僻地区的认识过于简单化，将偏僻地区学校概括为"地域偏僻、经济欠发达、文化水平低下的地区"。日本政府对偏僻地区学校缺乏更为明确的划分，导致各地区对偏僻地区津贴发放差异明显。一是给教师的津补贴不稳定且额度不高。1953 年，各地区偏僻地点的指定由各教育委员会进行。津贴由各都道府县供给，偏僻地区的指定基准、津贴金额也各不相同。二是教师津补贴未及时发放。

日本各地区教师待遇与其经济发展水平有着密切联系。日本义务教育经费一般由地方公共团体财政供给。因此，必须在地方财政本身的性质和状态的前提下逐一阐明教育费用的情况。当时地方财政通常被指出的问题有：（1）地方财政缺乏独立性；（2）地区收入不平衡；（3）国家所占经费的比例。①

交流学校基础设施条件是影响教师交流的关键因素，偏僻地区教师住房保障是促进教师交流政策的重要因素。战后日本片面发展城市，在城市基础建设快速发展的同时，偏僻地区基础建设处于严重滞后阶段。

---

① 文部科学省「へき地学校実態調査報告書」，http://www.mext.go.jp/b_ menu/hakusho/html/hpad195301/hpad195301_2_067.html，最后访问日期：2023 年 3 月 25 日。

4. 积极主动到偏僻地区任教的教师不多

日本实行"教师流动制度"初期，并未采取强制性措施确保教师流动的稳定性，教师往往根据自己的意愿选择是否参加流动。1954 年，"赴偏僻地区任教教师类型"的调查显示，流动到偏僻地区的教师大致分为"积极主动型"和"他人意志主导型"两大类。前者又包括以促进当地教育和社会发展为目的（社会型）、基于个人兴趣（性格型）、基于经济等功利性原因（功利型）三种类型。后者在不违背教师意志的前提下，又分为根据教育委员会指示（强制型）、根据别人的劝诱（委托型）两类。其中，功利型和强制型两种类型的教师占比较高（见表 5 - 5）。

表 5 - 5　赴偏僻地区任教教师主要类型

单位：%

教师类型	小学校		中学校		全体
	男	女	男	女	
社会型	4.66	1.82	4.90	1.92	3.71
性格型	9.80	7.27	11.79	9.19	9.46
功利型	23.38	36.75	23.46	31.04	27.69
强制型	27.84	23.18	29.21	26.44	26.72
委托型	2.43	2.03	4.32	4.21	2.84

资料来源：佐々木徹郎「僻地教師の赴任の類型」『教育社会学研究』第 6 号、1954。

（二）发展期

日本"教师定期流动"制度经过萌芽期的无序性、逐利性后，逐步走向规范化、法制化阶段。日本政府通过制定相关法律法规提高交流教师专业素质和待遇。

1. 关注教师专业素质的提升

日本政府在教师交流发展期已经认识到单纯增加偏僻地区教师数量已经不能促进教育公平的发展，国家教育质量的提高有赖于高素质教师队伍的建设，偏僻地区必须有意识地开展教师研修工作。首先日本政府从法律上保障日本各地区教师具有研修的权利。《教育基本法》（昭和二十二年法律第二十五号）第九条明确规定学校教师必须深刻认识到自己崇高的使命，不断致力于研究修养，努力履行其职责。为解决偏僻地区教师研修地理位置、教师组织、社会环境造成的制约，日本政府在每个地区都建立了一个临时教师培训中心，提升偏僻地区教师专业素质。①

2. 提升教师待遇

日本教师交流发展初期，由各都道府县确认偏僻地区标准，对偏僻地区规定的模糊导致偏僻地区津贴发放不完善。日本政府在发展过程中逐渐明确了偏僻地区认定细则。《偏僻地区教育振兴法》的制定，奠定了解决偏僻地区教育问题的法律基础，但偏僻地区指定标准、划分依据和教育恶劣程度并不明确。因此，《偏僻地区教育振兴法》第二条指出："所谓偏僻地区学校是指交通、自然、经济、文化等条件不好的山区、孤岛及其他区域的公立小学、中学和中等专科学校。"② 1956 年，文部省进行了全国规模的偏僻地区教育调查，据此决定将以前交给都道府县的"认定偏僻地区学校的决定权交由国家统一执行"。

文部省在进行了充分的偏僻地区教育实地调查之后，在 1959 年（昭和三十四年）出台了《偏僻地区教育振兴法实施规则》，对偏僻地区学校作出了明确界定。随着社会的发展及经济的进步，基于《偏僻地区教育振兴法》对偏僻地区学校的界定也在及时地更新与完善，力求更有针对性地解决偏僻地区的教育问题。1959 年，确定的偏僻地区学校基准指标涉及 14 个类目③，具体包括：（1）积雪、雪崩等自然状况下的交通困难度；（2）与车站及停车场的距离；（3）电力供给状况；（4）广播收音机等设备的使用困难度；（5）有无电话；（6）上水道设置；（7）有害气体多发地带、地方病地带、多雨地带、极寒地带、多雪地带；（8）有无船舶；（9）儿童住宅与学校的距离；（10）与书店、学习用品商店的距离；（11）生活保障法影响的儿童比率；（12）学校教职员数；（13）教职员租房比率；（14）分校距本校的距离。

另外，1959 年出台的《偏僻地区教育振兴法实施规则》对偏僻地区划

---

① 文部科学省「日本教育现状（昭和二十九年法律第百四十三号）」，http://www.mext.go.jp/b_menu/hakusho/html/hpad195301/index.html，最后访问日期：2023 年 3 月 25 日。

② 文部科学省「へき地教育振興法」，https://elaws.e-gov.go.jp/document? lawid = 329AC0000000143，最后访问日期：2023 年 3 月 25 日。

③ 文部科学省「へき地教育振興法施行规则（昭和三十四年七月三十一日文部省令第二十一号）」，https://elaws.e-gov.go.jp/document? lawid = 334M50000080021，最后访问日期：2023 年 3 月 25 日。

分方式作了详细规定，即根据"基本分"（包括地理位置偏僻、从学校到公共设施距离等）和"附加分"（生活环境的不利条件：电气供给状况；多雪、极寒地带等自然环境恶劣的地方）两项指标之和，把偏僻地区学校分为1~5个等级，继而作出准偏僻地区和特殊偏僻地区的分类。《偏僻地区教育振兴法实施规则》第三条规定，被指定为偏僻地区的学校，需符合"基本分"和"附加分"之和在40分以上（包括40分）的标准。根据计分，将偏僻地区学校分成五个等级：40~79分为1级；80~119分为2级；120~159分为3级；160~199分为4级；200分以上（包括200分）为5级。①

随着偏僻地区条件的改善，1990年，"交通条件、社会设施、日常生活用品的购入条件、教职员数、与学校的距离"等项目保留下来，"电灯、广播收音机、电话以及上水道"情况等将不再纳入偏僻地区学校的考察定义范畴。至2006年又对其进行了较新的界定，追加了偏僻地区学校与车站、医院、高等院校、邮局、市町村教育委员会等距离的五类指标。② 这五类指标是随着现代社会生活基础设施的"统废合"问题而出现的，市町村、邮局、高等院校、医疗机构也在"统废合"的进程中不断更新变化。基于以上变化，偏僻地区的特性和问题也在不断地更新与推进。

（三）完善期

日本文部省1996年度末的统计资料显示，当年有96033名教师实行了流动换岗，流动率为17.1%。其中，在同一市、街区、村间流动的有52105人，占小学、初中流动教师总数的54.3%。偏僻地区学校共有教师33502人，当年向其他地区学校流动的有5860人，流动率为17.5%，从其他地区学校流动到偏僻地区学校的有5289人。③ 日本"教师交流制度"已经得到不断完善，形成了兼具刚性和人性化的特点。

1. 教师流动对象明确

在教师定期流动的制度中，各都道府县在人事流动及实施程序、基本

---

① 文部科学省「へき地教育振興法施行規則（昭和三十四年七月三十一日文部省令第二十一号）」，https://elaws.e-gov.go.jp/document? lawid=334M50000080021，最后访问日期：2023年3月25日。

② 玉井康之「『へき地教育振興法施行規則』に見るへき地校のとらえ方の変化とへき地の課題」『へき地教育研究』第62号、2007。

③ 彭新实：《日本的教师培训和教师定期流动》，《外国教育研究》2000年第5期。

方针及工作年限的规定、流向偏僻地区学校的相关福利保障等主要方面具有一致性。流动教师可分为几种情况：（1）在一所学校连续任职10年以上以及新任教师在同一所学校连续工作6年以上者；（2）为解决该学校教师超编而有必要流动者；（3）在区、市、街道、村范围内的学校中，如存在教师队伍结构不合理（专业、年龄、资格、男女比例等），有必要调整而流动者。另外，对不应流动的教师也作了相应的规定，如任教不满3年的新教师、57～60岁的老教师、妊娠或休产假期间的教师、长期缺勤的教师等。①

日本法律还明确规定了参与流动的对象。文部科学省在《骨干教师管辖区域外市町村流动的推进》中对广域人事交流对象职员提出了具体的要求，主要包括：（1）教职员的工作年限原则上为7年左右者；（2）无在其他教育事务所管辖区域内的工作经验者（现任职种的工作经验）；（3）原则上在其他教育事务所管辖区域内工作3年，且有意对教育振兴事业的发展做出贡献，意志坚强、身体健康者。在这里，骨干教师指的是工作年限为7年以上者（但并非绝对条件），对于这一要求，各都道府县可根据本地区教育实际状况进行相应的调整，有很大的自主性。②

2. 教师流动时间合理

日本对教师定期流动时间进行了规定。教师不得在一所学校连续任教6年以上（除特殊情况）。福岛县规定1978年之后入职的教师，原则上任职20年内需到2辖3区以上偏僻地区进行交流。③

3. 教师流动程序规范

日本教师定期流动程序规范。以东京都为例，首先，都道府县一级的教育委员会在每年11月上旬公开发布中小学教师定期流动实施要旨，要旨明确教师流动学校、流动原则、流动要求等。其次，全体中小学教师均要填写一份流动意愿调查表；在尊重教师本身意愿且与其进行了深入的交谈之后，校长决定本校流动人选并报备上一级主管部门审核；由都道府县教

---

① 汪丞：《中日中小学教师流动之比较及启示》，《比较教育研究》2005年第11期。
② 付睿：《日本义务教育阶段教师定期流动制度研究——以教师流出与流入机制为中心》，硕士学位论文，东北师范大学，2015，第24页。
③ 文部科学省「公立義務教育諸学校の学級編制及び教職員定数の標準に関する法律（昭和三十三年法律第百十六号）」，https：//elaws. e-gov. go. jp/document?lawid = 333AC0000000116，最后访问日期：2023年3月26日。

育委员会教育长批准流动的教师人选。最后，在来年四月份新学期到来之前，流动教职员全部到岗。[①]

4. 教师待遇规定明确且充分

日本政府在教师交流发展过程中给予各地区财政自主权，在符合国家教师待遇方针的基础上，各地区可根据地方经济条件、偏远程度等现实问题对教师津贴进行调整，确保同水平教师工资的一致性。东京都对教师津贴进行了十分严格的划分。扶养津贴即教师到偏僻地区任教的同时家中有配偶，家中有60岁以上的父母，家中亲人具有残疾或者心理疾病，家中有15～22岁的子女，可获得相应的经济补贴。在日本，到偏僻地区赴任的教师家中如果有15～22岁的子女，可获得9000日元的扶养津贴，并且子女每增加一人扶养津贴增加4000日元；到偏僻地区任教的教师家中没有年龄为15～22岁的子女但有满足扶养津贴条件的其他亲属，可获得6000日元的扶养津贴，并且人数每增加一人扶养津贴增加4000日元；但扶养亲属认定年收入额不能超过130万日元（见表5-6）。

表5-6　东京都偏僻地区扶养津贴

亲属类别	津贴额	加算额
子女	9000日元	4000日元/人
子女以外的扶养亲属	6000日元	4000日元/人
扶养亲属认定年收入额	不满130万日元	—

注：加算金额将在满15岁后的第一个4月1日以后达到满22岁后的第一个3月31日之前支付给每个孩子4000日元。

资料来源：参见东京都人事委员会网站 https://www.saiyou.metro.tokyo.lg.jp/，最后访问日期：2023年3月25日。

地域津贴是以不同地域的物价指数为前提的，为保障教师生活水准而给予的经济支持。支付对象主要是在租金高、物价高等消费水平较高的区域工作的教师。东京都市区按20/100比例发放，东京都外地域按照12/100比例发放（见表5-7）。

[①] 夏茂林、冯文全、冯碧瑛：《日韩两国中小学教师定期流动制度比较与启示》，《教师教育研究》2012年第3期。

表 5 - 7 东京都偏僻地区地域津贴

发给地	支付比例
东京都市区（岛屿地区除外）	20/100
东京都外地域	12/100

资料来源：参见东京都人事委员会网站 https：//www. saiyou. metro. tokyo. lg. jp/，最后访问日期：2023 年 3 月 25 日。

通勤津贴即根据教师去偏僻地区任教所需花费的实际费用（如通勤所需的票价）支付的相应补贴。东京都人事委员会充分考虑各种情况，按照交通里程、使用交通工具类型等进行不同划分（见表 5 - 8）。

表 5 - 8 东京都偏僻地区通勤津贴

交通工具类别	津贴额												
乘坐交通工具	支付运费（限额 55000 日元）												
使用交通工具	根据自行车等单程使用距离（km）进行区分												
	0～5	5～10	10～15	15～20	20～25	25～30	30～35	35～40	40～45	45～50	50～55	55～60	60 及以上
2～3 级以外	2600 日元	3000 日元	5000 日元	7000 日元	9000 日元	11000 日元	11000 日元	13000 日元	13000 日元	14000 日元	14000 日元	15000 日元	15000 日元
交通不便	3900 日元	5300 日元	8100 日元	10900 日元	13700 日元	16400 日元	17700 日元	20100 日元	22500 日元	24300 日元	26100 日元	27900 日元	29700 日元
身体残疾	4500 日元	6200 日元	9600 日元	13000 日元	16400 日元	19800 日元	23200 日元	26600 日元	30000 日元	31800 日元	33600 日元	35400 日元	37200 日元
新干线等利用者所获津贴	特殊费用金额的 1/2（支付限额为 20000 日元）												

资料来源：参见东京都人事委员会网站 http：//www. saiyou. metro. tokyo. jp/pdf/saisin_ kyuyo-memo. pdf，最后访问日期：2023 年 3 月 25 日。

住房津贴即东京都人事委员会考虑到偏僻地区教师因住房费用负担而支付的津贴。东京都人事委员会充分考虑到偏僻地区教师的婚恋问题，对不同情况的教师提供相应住房补助（见表 5 - 9）。

表 5 - 9 东京都偏僻地区住房津贴

住房情况	津贴额
住户中（除在公共建筑等居住者外），年满 34 岁后的第一个 3 月 31 日之后，自己租房，每月支付 15000 日元以上的房租	15000 日元
单身赴任津贴领取者的住户中（除配偶在公共建筑居住者外），年满 34 岁后的第一个 3 月 31 日后，有配偶租住的房子，每月支付 15000 日元以上的房租	7500 日元

资料来源：参见东京都人事委员会网站 http://www. saiyou. metro. tokyo. jp/pdf/saisin＿ kyuyomemo. pdf，最后访问日期：2023 年 3 月 25 日。

单身赴任津贴与住房津贴类似，指因定期交流而不能跟配偶居住在一起所给予的津贴。东京都人事委员会将单身赴任津贴划分为两部分：一是基础金额，即每个单身赴任教师都能获得 30000 日元；二是加额，单身赴任加额充分考虑单身赴任教师及其配偶居住地及赴任教师工作距离问题（见表 5 - 10）。

表 5 - 10 东京都偏僻地区单身赴任津贴

基础金额		30000 日元							
基础金额之上的加额	1. 职员、配偶的一方居住在岛上的情况	岛上所有地区	大岛利岛	新岛式根岛神津岛三宅岛	御藏岛八丈岛	青岛	小笠原父岛	小笠原母岛	外国
		金额	12000 日元	16000 日元	20000 日元	26000 日元	40000 日元	46000 日元	60000 日元
	2. 职员、配偶双方居住在不同地的情况	如果岛屿间的路线经过东京港，则上述两岛的加算额合计后的金额（限定为 70000 日元）							
		如果两者的住所有下列的组合，则为 8000 日元：三宅岛・御藏岛；三宅岛・青岛；八丈岛・青岛，八丈岛・御藏岛；青岛・御藏岛；小笠原父岛・小笠原母岛							
	3.1 及 2 以外的情况	区分	100 km 以上200km 未到		200km 以上300km 未到		300km 及以上		
		金额	6000 日元		10000 日元		14000 日元		

东京都还实施值夜津贴，对超时间工作的教师给予补贴。教师值夜津贴按照时间进行划分，工作在 5 小时及以上的给予 6000 日元，不足 5 小时的给予 3000 日元（见表 5 - 11）。

表5-11 东京都偏僻地区值夜津贴

单位：日元

工作时间	津贴额
5 小时及以上	6000
不足 5 小时	3000

资料来源：参见东京都人事委员会网站 https：//www. saiyou. metro. tokyo. lg. jp/，最后访问日期：2023 年 3 月 25 日。

5. 教师流动意愿较强

日本公立中小学教师属于教育公务员，社会地位、大众心理认可程度普遍较高。在日本，教师基本工资高，教师是非常被认可的职业选择，日本有"一人为师，全家受益"的说法。

在日本，教师流动是一种常态化的行为。经过半个多世纪的摸索、改进，日本教师心中逐渐形成这样的认识：交流是必需的，流动是一种常态化的行为。有研究显示，有意愿到偏僻地区任教的教师占据受访者的 91.4%。[①]

三 "教师定期流动"制度对我国的启示

日本教师交流制度的推行也面临着很多难题，日本政府在实践过程中不断改善，促进教师交流政策稳步发展。据此，我们可从日本教师交流发展历程中总结经验，并结合实际情况进一步完善我国教师交流相关制度。

（一）完善交流教师津补贴体系

"二战"后，日本格外重视教育发展，采取"高薪养教"的措施促进教育事业的发展。日本中小学公立学校教师基本工资很高，教师工资位于日本社会各职业收入榜的前列。日本文部科学省曾经做了一个统计，比较2001~2005 年日本中小学教师与一般行政职员的平均月薪。调查结果表明，一般行政职员的月平均收入为 399128 日元，而教师的月平均收入为410451 日元，平均高出 11323 日元。[②]

[①] 川前あゆみ「へき地・小規模校の1日訪問による学生の意識と端緒的教育効果」『へき地教育研究』第 63 号、2008。

[②] 参见东京都人事委员会网站 http：//www. saiyou. metro. tokyo. jp/pdf/saisin_ kyuyomemo. pdf，最后访问日期：2023 年 3 月 25 日。

日本为保障教师定期交流轮岗，会为教师制定各种形式的补贴政策，种类众多的流动津贴能够充分满足不同教师的需求，解决交流教师家庭、经济等方面的后顾之忧，促进交流教师专心任教。我国应为交流教师制定更为完备的津补贴体系。教师从各方面条件都比较好的城区来到农村，会面临诸多不便。除鼓励教师发挥奉献精神外，教育系统也应该为教师提供支持。其中，最基本也是广大教师最关心的就是经济支持。

（二）明确法律保障

日本政府针对教师定期流动出台了众多法律条例，如《义务教育费国库负担制度》《县费负担教师制度》《教师相关津贴规则》《公立义务教育诸学校教师薪酬的特别措施法》《教师公务员法》《关于学校教师地域津贴的规则》《关于学校教师通勤津贴的规则》《关于学校教师期末津贴的规则》《关于学校教师勤勉津贴的规则》《关于国家公务员寒冷地津贴的法律》等。[①] 形形色色的法律条令确保教师交流过程中出现的每个问题都具有法律上的保障。日本法律不仅在宏观上明确教师交流的目的、任务，还在微观上加以约束。每个相关政策都配有相关执行条令，对教师交流过程中出现的偏僻地区距离、经济等问题都进行明文规定。文部科学省在做到法律条令事无巨细的同时给予各地方按照法律进行操作的自主权利。日本政府切实做到宏观上明确、微观上具体。众多法律条文的出台不仅明确了教师定期交流的义务，也明确了教师定期交流的权利。法律是权威的、不容置疑的，明确的法规制定也方便了日本教师定期交流的执行。日本政府教师定期交流有法可依、有法可循、有法可治，形成了一套完备的法律保障机制。这不仅在潜移默化中提高了人们对教师交流的认可程度，也在执行之中逐步完善了教师交流制度。

具体而言，《教育公务员特例法》规定公立学校教师属于地方公务员。因此，日本中小学教师的定期流动（或者叫"转任"）属于公务员"人事异动"的范畴。[②] 日本政府通过法律的强制性约束教师定期流动，明确教

---

① 付淑琼、高旭柳：《日本教师定期轮岗制的经济保障制度及其对我国的启示》，《教师教育研究》2015年第1期。

② 彭新实：《日本的教师培训和教师定期流动》，《外国教育研究》2000年第5期。

师流动是教师的一种义务。每位教师都需要流动，每位教师都必须流动，法律的明确规定在根源上消除了教师逃避流动的想法，帮助教师在认识上建立参与流动的义务观念。此外，日本政府为了吸引教师到偏远地区交流，还出台了《偏僻地区教育振兴法施行规则》，通过法律制度明确教师应享有的保障。

（三）尊重教师交流意愿

在日本，教师参与流动是必须要履行的义务。在某一学校任教达到一定年限的教师必须参与流动，但参与流动的教师拥有充分选择的权利。符合流动条件的教师需填写一份流动意愿调查表，这份调查表能体现教师的基本信息，包括教师住宅情况，家中是否有需要赡养的六十岁以上的老人、需要抚养的子女，配偶工作情况、工作经历、健康情况等信息。学校相关人员会根据流动人员填写的调查表、学校教师流动配置情况与相关教师进行沟通。教师充分了解自己流动的情况，学校也充分考虑教师流动的意愿。日本学校教师交流始终处于互相沟通、协商的情境中。给予教师流动意愿的表达权、流动选择权，有利于加强流动教师在流动过程中的认同感，也充分体现了流动制度的公平性。

（四）给予地方充分的自主权

日本文部科学省在教师交流宏观政策制定上有明确的条令，但在各府道县政策执行中也给予地方充分的自主权。"二战"结束初期，日本政府片面发展城市经济，导致各地区经济情况、教育经费、教育水平各不相同。各府道县存在不同的教育公平问题，文部科学省制定的宏观明确条令不能解决各地区特有问题。日本政府认识到要实现教育公平，就必须在宏观把控的基础上给予各地区相应的自主权，包括财政自主权、教师流动选择自主权等。这些自主权的充分给予保证了各地区教师高质量完成任务。因地制宜更能满足各地区教育发展的需要，确保教师交流政策有助于当地教育质量的提升。

（五）建立交流追踪制度

教师交流的最终目的是实现教育公平，提升教育质量。日本政府为确保各地区教育水平满足国家教育标准，按照有关法律定期进行追踪调查。目的是明确学校教师的构成、个人属性、工作条件、教师的调动状况等。① 日本文部科学省对教育问题的追踪调查有助于其了解最新教育问题，是审视教育公平、提高教育质量的重要环节。

第二节　美国教师交流政策的经验与启示

美国重视义务教育均衡发展。在义务教育均衡发展普及过程中，美国曾出现师资配置不均衡、硬件资源分配不合理等问题。经过政府和社会各界的努力，这些问题逐步得到改善。目前我国在发展义务教育均衡化的过程中遇到了一些难题，因此美国政府促进义务教育均衡发展的举措对我国具有较大的参考价值。

一　美国教师交流政策提出的背景

影响美国学校开展教师流动的因素主要是教师向经济发达地区单向流动、社会成员身份的复杂性。

教师向经济发达地区单向流动趋势导致落后地区教师数量不足。众多研究表明，学校所在社区的地理位置和生活环境对吸引和留住教师发挥着重要作用。② 学校环境主要包括社区环境、教学环境两个方面，社区环境主要包括社区基础设施、交通条件、社会治安、娱乐水平等与人们日常生活息息相关的各种因素。在美国城区，尽管基础设施较为完善，但由于生活成本太高、交通拥挤等问题，许多考虑在市中心学校工作的教师通常会选择住在生活成本较低、较为安全的郊区，但这样就会导致生活中出现很多不便之处。③ 相反，就美国农村学校的生活环境而言，由于经济发展较为落后，教育、医疗等生活服务的选择性较小，教师为了生活的便利性就会倾向于向经济发达地区流动。④ 教学环境对教师的工作开展与工

---

① 文部科学省「学校教員統計調査—調査の概要」，https://www.mext.go.jp/b_menu/toukei/chousa01/kyouin/gaiyou/chousa/1268564.htm，最后访问日期：2023 年 3 月 27 日。

② 程琪、曾文婧、秦玉友：《美国中小学教师流动的特征、影响及应对策略》，《外国教育研究》2017 年第 12 期。

③ Walsh K. et al. , " Attracting, Developing and Retaining Effective Teachers: Background Report for the United States," *US Department of Education* 10（2004）：27, 42.

④ Monk, D. H., "Recruiting and Retaining High-Quality Teachers in Rural Areas," *The Future of Children* 1（2007）：155 – 174.

作感受具有重要影响。在薄弱地区，教育财政投入不足导致学校教学设备和教学条件较差，从而影响教师工作的体验感，教师就会向教学环境较好的学校流动。此外，在薪资水平相同的情况下，当学校教师数量较少时，任职教师将需承担超额工作，这在一定程度上也会促使教师向发达地区流动。

社会成员身份的复杂性导致义务教育师资配置不均衡。美国是多民族、多种族的移民国家。从族源来看，除美洲土著印第安人以外，主要由移民组成。各大洲100多个民族的后裔生活在美国，主要移民族群有白人（约占总人口的70%）、非洲裔美国人（黑人，约占总人口的12.7%）、亚洲裔美国人、西班牙裔美国人；全国范围内合格的、优秀的以及高质量的教师中，白人教师所占比例相对较高，有色人种教师以及少数民族教师所占比例相对较少。并且白人教师更倾向于选择在白人学生较多的学校任教，其他肤色及少数民族的教师倾向于选择在本肤色或本民族学生人数较多的学校任教。[①] 此种情况下，优质教师很难均衡分配，进而阻碍义务教育的均衡发展。

教师向经济发达地区的单向流动以及特属于移民国家社会成员的复杂性使美国师资无法均衡分配。在优秀教师资源有限的背景下，如何有效地促进教育均衡发展成为美国教育不得不面对的问题。在此背景下，美国政府提出了教师交流策略。

二 美国教师交流措施

美国政府促进优秀教师向薄弱学校流动的措施分为间接性措施和直接性措施两类。其中，间接性措施包括统一全国教师资格证认定、改善教师福利待遇；直接性措施包括严格甄选优秀教师、支付高额交流激励金、建立流动教师评估体系等。

第一，统一全国教师资格认定，为教师交流提供基本保障。1825年，美国建立了教师资格认定制度。这一时期教师资格认定以及证书的颁发由州政府进行。这就导致出现某个州颁发的教师资格证书在其余州并不被认

---

① 张源源、邬志辉：《美国HTS学校教师发展的措施及其对我国的启示》，《贵州师范大学学报》（社会科学版）2011年第5期。

可的情况。这在很大程度上阻碍了教师在国内的自由流动。[1] 1986 年，卡耐基和经济论坛工作组向联邦教育部提交了《国家为培养 21 世纪的教师做准备》的报告，提出要建立统一的国家教师资格标准并以国家教师资格取代各州教师资格证的建议。[2] 1987 年，美国共有 35 个州建立了教师证书互换制度，相互承认各州的教师资格证书。1994 年，美国开始建立全国性教师资格认定制度，为持有教师资格证书者的就业和择业提供了便利条件。[3] 从最初各州自行进行教师资格认定，无法获得其余州政府的认可，到美国政府建立全国性教师资格认定制度，使教师可以在国内各州之间自由流动，这一举措为教师的州际流动消除了障碍，促进了教师自由流动，为教师交流政策的执行提供了可能性。

第二，改善教师福利待遇，为教师流动创造有利条件。2002 年，小布什政府签订了《不让一个孩子落后》（No Child Left Behind，NCLB）教育法案，该法案将"消除差距，促进平等"作为政府改革基础教育的目标。为了使弱势群体能够享受到真正平等的教育权利，美国政府成立了教育成就基金，奖励那些在提高处境不利学生学习成绩方面取得巨大进步的学校。2002 年，该项经费数额达到 10 亿美元，其中 95% 的经费直接拨给州和学校，各州将 50% 的经费按照公式分配给各学区，其余的 50% 则通过竞争的方式拨付给优胜学校。学区必须将 25% 的经费用在教师的专业培训和发展上（除非已经达标）。[4] 在教师待遇问题上，美国也更加强调不断提高教师的工资收入以及社会地位，不断改善教师的工作环境和生活条件。该法案明确表示由国家政府提供 28 亿美元用于提高教师质量，并且允许地方社区使用附加的联邦拨款雇用新教师、增加教师收入、改善教师的培养和发展条件等。[5] 这一法案按公式分配各学区学费，可以在一定程度上增加薄弱学校的教育经费。因此薄弱学校可以提升教师工资水平，从而缩小与

---

[1] 杨慧：《美国教师资格证书制度的改革》，《外国中小学教育》2004 年第 9 期。

[2] 国家教育发展与政策研究中心编《发达国家教育改革的动向和趋势》（第二集），人民教育出版社，1987，第 265～266 页。

[3] 杨慧：《美国教师资格证书制度的改革》，《外国中小学教育》2004 年第 9 期。

[4] Congress. gov, Library of Congress, "Amendments-H. R. 1 – 107th Congress (2001 – 2002): No Child Left Behind Act of 2001," https://www.congress.gov/bill/107th-congress/house-bill/1/amendments, Accessed March 25.

[5] 阎光才：《NCLB 与布什政府的教育政策倾向》，《外国教育研究》2002 年第 8 期。

优质学校教师之间的薪资待遇差距，为教师向薄弱学校的流动提供物质支撑。此外，该法案还注重对教师的培养和发展，也会消除教师流动到薄弱学校的障碍。薄弱地区教师收入的增加不仅可以增强教师队伍的稳定性，也为优秀教师向薄弱学校良性流动提供了可能性。

第三，严格甄选优秀教师，保证流动教师质量。2009 年，美国教育部科学院颁布了《教师人才流动激励政策》（Talent Transfer Incentive，TTI），该政策以鼓励优秀教师向薄弱学校流动为目标。政策明确表示拥有流动资格的教师，是经过严格考察的，要对每个地区考生成绩的增长幅度进行分析，以确定表现最好的教师。以每个地区的教学科目以及学生成绩的涨幅为根据进行排名，前20%的教师才能获得流动资格。[1] 此外，该政策还规定教师的教龄必须满 5 年且连续 2～3 年排名在 20%，方满足交流的条件。[2] 美国政府对流动教师质量的严格把控，有利于达到教师流动的目的，即提高薄弱学校的教学质量，促进教育均衡发展。这些优秀教师流动到薄弱学校，会对薄弱学校教师的专业化水平提升有所帮助，从而发挥优秀教师的辐射带动作用。

第四，支付高额交流激励金，为教师流动提供资金支持。《教师人才流动激励政策》除了对教师质量进行严格要求，还明确规定了流动教师的激励奖金。金额分为两类：一类是优秀教师流动到薄弱学校，并且在薄弱学校任教两年后，会分期获得 2 万美元奖金；另一类是在薄弱学校任职的优秀教师，在学校留任两年后，可获得 1 万美元奖金。[3] 据统计，美国小学教师起始工资[4]为 35907 美元，中学教师起始工资为 34519 美元。[5] 流动教师奖励金额占美国中小学教师起始工资的 56.8%（此处因为

---

① Institute of Education Sciences, "Impact Evaluation of Moving High-Performing Teachers to Low-Performing Schools," http://ies.ed.gov/ncee/projects/evaluation/tq_ recruitment. asp, Accessed March 25.

② Steven Glazerman, Ali Protik, Bing-ru Teh, JulieBruch, & Neil Seftor, "Moving High-performing Teachers: Implementation of Transfer Incentives in Seven Districts," *Mathematica Policy Research Reports* 1 (2012): 15 – 16.

③ Institute of Education Sciences, "Impact Evaluation of Moving High-Performing Teachers to Low-Performing Schools," https://ies.ed.gov/ncee/projects/evaluation/tq _ recruitment. asp, Accessed March 25.

④ 起始工资即达到任职资格要求的一个专任教师每年平均预定税前毛工资。

⑤ 李建忠：《OECD 各国教师工资水平比较》，《中国教师》2009 年第 23 期。

中小学教师工资相差不大，所以取均值计算）。由此可见，美国政府提供的交流激励金对教师的吸引力较大。激励流动奖金制度作为一种经济补偿的手段，不仅能够吸引优秀教师向薄弱学校流动，而且对已在薄弱学校任教的教师给予一定金额的补贴，在很大程度上能提高薄弱学校教师队伍的稳定性。

第五，建立流动教师评估体系，提高教师交流的有效性。《不让一个孩子落后》法案提出设立全国教师流动委员会，管理流动教师事项。全国教师流动委员会根据对交流教师长期跟踪调研获得的信息，评估流动政策的有效性和可操作性，从而在确保优秀教师队伍稳定的基础上促进优秀教师有效流动。具体举措有：为优秀教师搭建广阔的发展平台，让其有充分施展才华的空间；为交流教师与同行进行竞争、沟通创造和谐的氛围；创造教师与学生沟通的机会，进而通过他们的流动带动全国教育的发展。[①]全国教师流动委员会的设立，一方面能够深入了解教师交流的原因及表现，根据教师不同的流动缘由及工作能力提供相应的服务，增强优秀教师在薄弱学校任教的意愿；另一方面能够根据已掌握的关于教师交流的信息，更新制定更加有效的教师交流政策。

三　美国教师交流政策对我国教师交流政策的启示

美国教师交流政策对我国教师交流政策的改进和完善具有以下三个方面的借鉴价值。

第一，严格把控交流教师的质量。美国政府在促进教师交流的过程中，明确规定教师交流的要求，如根据学生成绩的涨幅、所在州排名、教龄等一系列条件确认教师是否具有参加交流的资格。这一举措从根源上保证了交流教师的质量，在一定程度上保证了教师交流的效果。因此，我国在政策制定过程中，应明确规定骨干教师交流的要求及比例，提高整体交流教师队伍的质量。政策明确规定交流教师的要求，也就直接避免了各地方政府、学校在进行教师交流的过程中实行末位淘汰等方式使教师出现边

---

① Congress. gov, Library of Congress, "Amendments-H. R. 1 – 107th Congress（2001 – 2002）：No Child Left Behind Act of 2001," https：//www. congress. gov/bill/107th-congress/house-bill/1/a-mendments, Accessed March 25.

缘群体交流的问题。这就可以实现择优进行交流，以提升教师交流的效果。

第二，提高交流教师奖励金。美国政府对在薄弱学校任教两年的交流教师分期奖励 2 万美元，占同期美国中小学教师全年起始工资的 56.8%。从美国对交流教师的经济补偿这一角度来看，我国应该提高对交流教师的补助金额。我国东中西部经济发展水平不一，中央政府无法对交流补偿金额作出统一的明确规定，但可以按照中小学教师的工资比例来确定补贴标准。在此基础上，地方政府可根据各地具体情况实施梯度补偿，梯度补偿标准的制定必须考虑当地的实际情况，如学校所在地的艰苦程度、当地的实际消费水平等因素。

第三，建立交流教师评估体系。美国专门设立全国教师流动委员会，管理流动教师事务，不仅对交流教师进行长期跟踪调研，而且会评估教师交流制度的有效性和可操作性。[1] 交流教师评估体系可以有效确保交流教师的工作质量，提高教师交流政策的效果。当前我国教师交流制度关注的重点是保障教师可以良性交流，以期促进师资配置合理化，对交流教师工作质量的管理有所忽视。因此应建立专门的交流教师评估体系，对交流教师在交流期间的工作进行评价、监督。一方面，全国教师流动委员会在进行跟踪调研的过程中，可以对交流教师的工作进行实时监督，以督促交流教师积极工作，提高交流教师的工作质量。另一方面，全国教师流动委员会可以根据追踪过程中发现的问题对教师交流制度进行调整，从而更好地促进教师交流制度的落实。

第三节　英、法教师交流政策的经验与启示

英国、法国将"教育先行"作为基本国策，两国的义务教育较早达到了一定的发展水平。相比于我国，英国、法国较早实施了教师交流政策，并取得了一定成效。

---

[1] Congress. gov, Library of Congress, "Amendments-H. R. 1 – 107th Congress (2001 – 2002): No Child Left Behind Act of 2001," https://www.congress.gov/bill/107th-congress/house-bill/1/a-mendments, Accessed March 25.

一 英国教师交流政策

为了推动教师交流制度的实施,英国政府将薄弱学校所在地划区组联盟,并相继采取了优化硬件资源配置、完善教师管理体制等一系列措施。

(一) 英国教师交流背景

英国义务教育教师管理体制从最初的中央到地方三级管理体系,演变为加强中央集权管理,再到最后引入市场机制调节教师的供求,这一变化在一定程度上造成贫困地区教师的流失。此外,公立学校与私立学校的教学水平差异显著,形成教育不公平的局面。这些都是英国进行教师交流的重要原因。

一是教师师资的市场化供需机制,导致教师资源配置不均衡。20 世纪初,英国建立起从中央到地方较为完善的三级教育管理体系。20 世纪 60 年代,英国政府对中央教育行政机构进行重组,使教育与科学部的地位相比于过去的教育部有所提高,它对地方教育事务的干预程度加强,中央集权管理的趋势开始显现。[①] 20 世纪 80 年代,撒切尔主义的新自由理念进入大众视野,典型表现就是将市场竞争机制相关理论引入教育领域。[②] 市场竞争机制的引入使优秀教师趋向于往经济发达、福利待遇较好的学校流动。2002 ~ 2004 年,从整体流动率来看,英国伦敦地区教师流动率最高,东南部与英格兰次之,东北部最低 (见表 5 – 12)。教师集中向经济发达地区的学校流动,使经济落后地区师资补充不足。

表 5 – 12 英国各地区中小学教师流动率 (2002 ~ 2004 年)

单位: %

地区	小学			中学		
	2002 年	2003 年	2004 年	2002 年	2003 年	2004 年
东北	9.5	14.1	10.5	10.9	9.0	6.7

[①] 祝怀新:《英国基础教育》,广东教育出版社,2003,第 27 ~ 28 页。

[②] 孙启林主编《世界主要发达国家义务教育均衡发展比较研究》,东北师范大学出版社,2009,第 14 页。

续表

地区	小学			中学		
	2002 年	2003 年	2004 年	2002 年	2003 年	2004 年
西北	10.1	10.1	9.8	12.0	10.3	12.1
约克郡和亨伯	13.6	11.8	12.1	12.5	13.2	13.3
东米德兰	11.0	12.1	11.7	14.7	12.2	16.2
西米德兰	12.5	11.6	11.4	11.4	13.1	12.5
英格兰东	14.9	13.2	12.7	18.5	17.9	16.0
内伦敦	17.5	13.3	15.9	19.2	14.7	23.4
外伦敦	15.4	14.4	14.4	20.4	17.1	19.0
东南	14.2	14.7	15.3	19.0	15.8	16.5
西南	13.1	14.7	13.7	15.1	11.4	13.8

资料来源：Alan Smither and Pamela Robinson, Teacher Turnover, Wastage and Destinations（Research Report RR553, 2004）, http://www.dfes.gov.uk/research。

二是公立教育与私立教育的差距，导致师资配置不均衡。英国是世界上私立教育最发达的国家之一，其私立学校拥有坚强的法律保障、高度的自治权利、优异的教育质量、优秀的生源与一流的师资，以及和谐的发展理念。[①] 英国私立学校在建立之初，向平民提供的是具有慈善性质的普通教育。但进入 19 世纪中期，它的社会等级性变得更为明显，最初贵族子弟与平民子弟共同进入私立学校学习的局面遭到破坏。因贵族的不满，公费生逐渐被自费生与走读生取代；由于收取高昂的学费，平民子弟因无力支付而被拒之门外。[②] 私立学校因此演变为贵族子弟的学校，并且以教学质量优异闻名世界。英国的义务教育学校则是国家为掌控教育权、缓解社会矛盾进行投资建立的。19 世纪 70 年代，英国义务教育开始收费。《1918年教育法》颁发后，英国的义务教育全免费才得以实现，其目的在于使全民具有平等的受教育权利。[③] 平等的受教育权利仅代表受教育的起点相同，并不代表所有人都可以接受相同质量的教育。因此，公立学校与私立学校即公立教育与私立教育之间仍存在较大的差距。

---

① 周久桃、谢利民：《英国私立学校的发展及其启示》，《外国中小学教育》2006 年第 3 期。

② 张淑细：《英国公学及其改革的历史演变》，《教学与管理》2001 年第 2 期。

③ 陈峥：《英国义务教育福利化的历史发展》，《湖南师范大学教育科学学报》2011 年第 3 期。

总的来说，市场竞争机制参与基础教育管理以及私立教育的优质发展，导致英国民众无法享有平等的受教育机会，这使教育质量与教育公平的矛盾日益突出。

（二）英国教师交流措施

为了解决基础教育质量低下、学校两极化严重的问题，英国政府开始实施教师交流制度，具体措施包括规定薄弱学校标准、自主设置聘任条件、奖励交流教师丰厚金额。

明确规定薄弱学校标准，提高教师交流的合理性。英国政府根据考试成绩、辍学率、义务教育结束时的升学率、符合申请学校免费餐点（为低收入家庭孩子提供）的学生比例、犯罪率、吸毒学生比例、学校设备、母语为非英语的学生比例来评估该校是否为薄弱学校。在这八个方面的评估结果落后于全国平均标准的，即为薄弱学校。明确指出考核条件之后，英国政府进而对薄弱学校的整改进行了规定。[①]

自主设置聘任条件，增加教师交流的可能性。布莱尔新政府提出的教育行动区计划明确表明，教育行动区内学校对教师聘任可以不受现行的全国性教师聘任条例的约束，根据学校的实际需求，招收优秀的教师及其他管理人员，并且签订较为灵活的聘用合同。[②] 聘用合同的灵活性主要是指：第一，教师的工作时间具有弹性；第二，聘请各行业的社会人士，协助开展教学工作；第三，设立教学奖励金，对教学工作突出的教师进行奖励。[③] 这一政策的实施使教育行动区教师的聘任不仅局限于教师职业，其他行业的杰出人员也可以在学校助教。此外，弹性的工作时间更容易促进优质教师进行交流，使教师在原学校开展教学的基础上，可在薄弱学校兼职教学，实现优质师资共享，从而减少教师交流的阻碍，增强教师交流制度的可操作性。

设置丰富的奖励金额，提高教师交流政策的吸引力。英国政府为交流教师提供的奖励金额接近教师年工资的三分之一。2009 年，英国给每位到

---

① 李均、郭凌：《发达国家改造薄弱学校的主要经验》，《外国中小学教育》2006 年第 11 期。

② 王艳玲：《社区共建：英国改造薄弱学校的新举措》，《外国教育研究》2005 年第 4 期。

③ 曹大辉：《英国"教育行动区"计划的特点分析》，《世界教育信息》2005 年第 10 期。

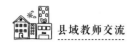

薄弱学校任教的教师一万英镑的"金手铐"奖励[1]，鼓励教师进行交流。

二 法国教师交流政策

法国作为老牌资本主义国家，其教育体系发展也较为完善。在义务教育发展的过程中，法国通过促进优质教师交流的手段实现教育资源均衡的目的。这对我国完善义务教育阶段教师交流制度具有较高的参考价值，因此这部分对法国教师的交流进行深入分析。

（一）法国教师交流背景

尽管法国的基础教育发展水平较高，但依旧存在教育发展不均衡现象，本文主要从教育外部、教育内部对此现象进行分析。

从教育外部来看，主要包括法国的经济发展水平、历史传统两个方面的原因。一是法国国内各地区经济发展水平存在差异。首先，法国西部与东部经济发展水平不一，导致教育质量存在较大差距。法国西部沿海，地理条件优越、气候适宜、国家开发较早，因此经济发展较快；东部则多山区、人口稀少，发展较为落后。其次，法国城市与外围经济发展的差距，导致教育质量存在差异。城市中心作为文化中心，占据着国家大量的经济资源，可以提供更好的教育资源，提高教育质量。城市外围是下层劳动者和移民的聚集地，多为贫民区，与城市中心相比，经济发展落后，所能享受的经济资源无法与城市中心相比。二是法国特殊的历史传统使教育发展不均衡。法国学校具有等级性特征，主要是由于法国教育发展进程的特殊性。法国历史上的双轨制具有鲜明的等级性，与下层劳动者子女所接受的教育相比，资产阶级子女享受的教育具有明显的优越性。

从教育内部来看，主要体现在教师培养要求以及薪资水平两个方面。一是法国政府规定小学教师由省级师范学院培养，中学教师由大学师范学院培养。二是法国教师具有公务员身份，小学教师为 A 级公务员，中学教师为 B 级公务员，公务员级别不同，薪资水平也不同。由此可见，教师培养要求及薪资待遇会对教师流动方向产生影响，甚至会影响教师流动的意愿。

---

① 孙德芳：《英国提升薄弱学校质量的举措》，《中国教育学刊》2009 年第 6 期。

由此可以发现，法国的社会经济环境导致基础教育难以均衡发展，并且教师管理体制阻碍教师流动，不利于教师交流制度的实施。

（二）法国教师交流措施

为了追求基础教育高质量发展，法国政府对薄弱学校进行重点改造，尤其是通过确立教师身份、统一薪酬及培养单位等方式促进优秀教师向薄弱学校进行交流。

明确教师公务员身份，促进教师交流的可持续性。法国相关法律很早就表明小学教师为公务员，工资薪酬由国家统一支付，后来中学教师也被规定为公务员，薪水同样由国家承担。[①] 中小学教师属于公务员，由国家统一管理聘任，因此法国每年对教师需求量进行预测，根据预测结构确定各学区教师数，在聘用相应教师数基础上制订相应的分配计划。[②] 法国中小学教师的分配流动按照学区由教育部统一筹划。计划分配既指新教师的岗位分配，也包含老教师的流动调整，可以一次性实现全国的教师流动配岗。[③] 由此可见，教师公务员身份的确立，表明教师在享受待遇的同时也需要履行一定的义务，如服从统一分配、遵守管理制度等。这一身份使国家在促进教师流动时，具有充分调配教师的权力，既能保持教师交流的流畅性，也能在一定程度上保证交流教师的数量。

颁布相关法律法规，为教师交流提供政策支持。1989 年颁布的《教育方向指导法》明确提出了推动教师向薄弱地区流动的政策。政府明确规定，没有被正式聘用的实习教师、离职后重新回到工作岗位的教师、通过省际流动进入本省的教师以及想在新专业谋取教职的教师，必须参加省内教师流动，才能正式进入教师行业。[④] 尽管政府为推动教师向薄弱学校流动，强制性规定部分教师群体参加流动，但也有一些做法弱化了教师交流的强制性。如教育部将教师岗位编制分配到各学区后，需要参加流动的教师向所希望流动的学区递交申请，但通常教育部会把编制投向贫穷地区或

① 钟文芳：《法国基础教育改革中的教师政策》，《教育评论》2004 年第 1 期。
② 高如峰主编《义务教育投资国际比较》，人民教育出版社，2003，第 87~88 页。
③ 刘敏：《以教师流动促进教育均衡——法国中小学师资分配制度探析》，《比较教育研究》2012 年第 8 期。
④ 王正青：《国外促进城乡学校师资均衡配置的政策与举措》，《现代中小学教育》2015 年第 1 期。

者社会问题较严重地区。① 这一政策内容明确规定了必须参加交流的教师群体，为教师交流制度提供了强有力的政策保障。

设立"教育优先区"，为教师交流提供方向。1981 年，法国实施了旨在改进农村或城市经济文化落后地区薄弱学校的"教育优先区"计划。学校被列入"教育优先区"内，政府与专家根据学校的具体情况制订改进计划，并给予该区的薄弱学校各种特别政策，包括减少学校教学班学生数，配备更多教师以加强对学生的辅导，以及必要时可进行个别辅导。② 为了更好地提升学校的教育质量，列入"教育优先区"的学校定期进行考核。"教育优先区"的划分是临时性的，政府每三年审核一次，经过努力改进之后达到国民教育部规定的标准后则被取消。③ 此外，法国还对国家幼儿园及小学教师流动作出了具体规定：一是在相关法定特权方面，因个人身体残疾（2005 年起"大病"也被包含在"残疾"的范围之内）、现供职学校存在严重社会问题等原因而提出申请的教师，可以获得法定优先特权；二是根据教师的职业状况进行调整，如教师工龄、岗龄等；三是其他个人情况，包括子女住所、提出相同调动申请频次等，严格执行制度要求将确保教师轮岗交流效果。④ 一方面，"教育优先区"的划分，可以帮助教师了解更多可供选择的交流地方，指明教师交流的方向，增加教师交流的可能性；另一方面，教师可以小范围自愿选择交流的学校，提高其交流的积极性。

统一教师培养规格以及薪资待遇，消除教师交流阻碍。1992 年，法国进行了统一中小学教师培养规格的改革，明确规定所有中小学教师必须由大学师范学院进行培养，形成"混合型教师培养模式"。在对教师培养规格进行统一的基础上，法国对教师的薪资报酬也进行了改革。中小学教师薪资报酬实施单一工资制，由政府直接支付给教师。⑤ 教师培养规格的统一，打破了中小学教师由于知识技能的限制无法进行混合交流的困境；对教

---

① 王正青：《国外促进城乡学校师资均衡配置的政策与举措》，《现代中小学教育》2015 年第 1 期。

② 李均、郭凌：《发达国家改造薄弱学校的主要经验》，《外国中小学教育》2006 年第 11 期。

③ 李均、郭凌：《发达国家改造薄弱学校的主要经验》，《外国中小学教育》2006 年第 11 期。

④ MEN, 2023, "Les informations clés sur la carrière des enseignants," https://guide-iprof.adc.education.fr/xmedia/L8416A60.htm, Accessed March 25.

⑤ 朱昆：《法国中小学教师配置改革对我国师资配置的启示》，《教育导刊》2010 年第 8 期。

师任用规格的统一，在一定程度上增加与提高了满足教师交流的数量与质量；薪资报酬的统一，调动了基础教育教师交流的积极性与主动性。由此可见，教师培养规格、任用规格以及薪资报酬制度的改革为基础教育领域教师的交流提供了便利。

提供特定交流津补贴，为教师流动提供经济保障。从 1994 年起，对初次分配到"教育优先区"的教师，政府每年为每人提供 12594 法郎的特殊补贴，连续补贴三年；对于愿意流动到"教育优先区"任教的教师，每年政府为每人提供 6741 法郎的特殊补贴。[①] 与当时法国中小学实习教师工资相比（见表 5 – 13），初次分配到"教育行动区"教师的岗位津贴，在教师工资中占比为 12.2%，能够使初次分配到"教育行动区"的教师获得高额经济补偿，降低初次分配教师去"教育行动区"的难度。教师工资和收入水平是制约教师流动的重要因素之一，法国政府在不断提高从教教师的工资收入水平。尽管法国政府实行单一工资制，但对愿意交流去薄弱学校的教师给予定额补贴，使流动到薄弱学校的教师能够获得更多的经济收入。这一举措可以增强薄弱学校的吸引力，吸引更多教师向薄弱学校流动。

表 5 – 13　1997 年法国义务教育阶段教师基本工资

单位：法郎

	小学教师		初中教师	
	毛工资	净工资	毛工资	净工资
实习教师	117948	103086	117948	103086
具有两年资历	133833	116970	133833	116970
职业生涯中期	159433	139344	159433	139344
职业生涯终期	212253	185509	212253	185509

资料来源：高如峰《法国义务教育教师工资制度研究》，《河北师范大学学报》（教育科学版）1999 年第 3 期。

三　英国、法国教师交流政策对我国教师交流制度的启示

第一，确定薄弱学校的衡量标准，增加教师交流的合理性。英国政府

[①]　常宝宁：《法国义务教育扶持政策与我国教育均衡发展的政策选择》，《比较教育研究》2015 年第 4 期。

明确表示以八项具体内容为衡量标准确定教育行动区，根据实际需要进行教师交流。法国政府也通过考核确定教育优先区，实施教师交流制度。英、法政府根据薄弱学校的考核标准，明确薄弱学校，然后根据薄弱学校的需要实施教师交流，这一做法可以提高师资流动的高效性。我国应明确规定薄弱学校或需要优质教师交流学校的标准，对流动接受学校进行考核，满足条件之后，方可进行教师交流，从而提高教师交流的效率。

第二，充分尊重教师交流意愿，提高教师交流积极性。法国在教育行动区计划中，允许教师自愿申请交流学校，并且在进行交流分配时尽可能尊重教师交流的意愿。如此一来，教师可以在申请工作交流的时候，尽可能地兼顾工作和家庭生活，从而提升教师参与交流的积极性。我国在进行教师交流时，也应明确参与交流的学校名单，允许交流教师自愿申请交流学校。在分配时，将教师的择校意愿作为重要参考依据。充分尊重交流教师的择校意愿，在一定程度上可以保证交流教师能够兼顾工作和生活，减少教师参与交流的阻碍，增加教师参与交流的可能性。

第三，将交流教师向村小、教学点倾斜，提升教师交流的效果。英国在"教育行动区"计划中明确表示，教育行动区内可以根据学校的实际需求，招收优秀的教师及其他管理人员。[1] 法国的"教育优先区"计划在提高关于教师配置时规定，凡是在教育区内的学校，注重配置教师质量，并且适当增加配置数量。[2] 也就是说，英国、法国在教师交流的过程中，并非按照统一的标准进行师资配置，而是会对薄弱学校有所倾斜，不仅注重交流教师的质量，而且会根据薄弱学校的具体情况适当增加交流教师的数量。我国可以参考英国、法国对薄弱学校教师配置数量的倾斜，在实施教师交流制度的过程中，根据具体情况增加乡村薄弱学校教师交流的数量，对乡村薄弱学校的教师分配可以不按照中央编办的统一标准，而是根据薄弱学校的具体需要有所倾斜，提升教师交流制度的实施效果。

第四，市场机制与政策引导相辅，合理化设计教师交流政策。英国、法国教师均为公务员身份，这为教师流动制度的实施提供了便利。教师作为公务员，在享受权利的同时，需要履行义务，服从国家安排。因此，英

---

① 王艳玲：《社区共建：英国改造薄弱学校的新举措》，《外国教育研究》2005 年第 4 期。

② 王正青：《国外促进城乡学校师资均衡配置的政策与举措》，《现代中小学教育》2015 年第 1 期。

国、法国进行划区联盟，颁布相关政策，对教师流动进行政策引导。此外，英国、法国将教师看作独立的"经济人"，在政策引导的同时，给予高额的津补贴。由此可以看出，英国、法国在实施教师交流制度的过程中，在规定教师履行义务的同时，也切实考虑到教师自身的利益。因此，我国在实施教师交流制度时，要在重视市场调节作用的基础上，更好地制定教师交流政策。

第六章
县域内教师交流的机制优化

为了达到预期的政策目标，避免出现机制梗阻和机制偏离，教师交流政策应具有激励相容效应，使其内化为教师认可的职业约束并且形成公平的全员轮换模式。其中，激励相容是为了使该政策能够精准落地，认可的职业约束是为了使该政策能够实现效果最优，而公平的全员轮换模式则是为了使该政策能够持续稳定。

第一节　县域内教师交流机制优化的
前提条件

为破解各地在具体实施过程中遇到的实际困难，教师交流机制应进行如下完善。

一　确定与地方特征适切的交流目标与模式

各地的经济发展水平、地理环境、交通状况以及教育发展水平存在较大的区域间和区域内差异，不能"一刀切"地全部使用同样的交流模式。因此，各地需结合自身实际情况，制定与地方特征适切的交流目标与交流模式。

划定具备地方可行性的阶段性政策目标，切实保证交流政策的实施，逐步实现师资均衡。国家政策规定要求实现教师双向流动的制度化、常态化。但是我国地域辽阔、县情多样，东中西部地区之间和区域内部均存在较大差异，并非所有省份都具备双向交流的政策基础和体制机制保障。这就需要各县制定政策时，结合自身实际情况，制定切实可行的阶段性目标，逐渐稳步推进教师资源的均衡配置。

对于部分已经实行"县管校聘"的地区，可将全员轮岗作为交流的基本目标。这部分地区的教育发展水平较高，完成了"县管校聘"管理体制改革，但尚未实现真正的全员轮岗。如广东省江门市蓬江区，全区教师可通过市区学校与镇街学校之间、各区域内部学校之间、集团学校之间等多种途径实现"全流动"。参加交流调配的人员将通过2~4年的工作及考核，确定未来轮岗方向。仅在2019年8月，参加全区全职交流调配的人数就超过200人。教育界相关人士分析认为，县一级的教师"蓄水池"建成后，教师资源在县（区）一级可实现区域共享、动态平衡，学校可"灵活取水"。①城乡学校师资较充足的地区，可将城乡双向流动作为地方性的交流目标。如果仅仅依靠优秀学校教师的单向流动，那么薄弱学校教育质量的提升速度不够快。在双向流动中，优秀教师流动到薄弱学校，可以从教育教学工作和教研工作等方面对薄弱学校教师发挥带动引领作用；薄弱学校教师流动到优质学校，也可以学习到优质学校的教育理念、教育教学方法等。

应根据地区特征选择或设计适宜的交流模式。我国东中西部地区不同县域的自然情况、社会经济发展情况及教育发展水平等具有不同的特征，不能把统一的模式套用在具有不同发展条件的地区上。因而，地方政府需要依据地域特征、教育发展水平以及远程信息技术发展的情况，选择适宜各地情况的一种或多种教师交流模式，以期实现政策目标的最大化。如针对县域内优质学校与薄弱学校数量比较均衡的，可开展集团化捆绑办学或大学区制。每个集团或大学区以优质学校为中心，集团或学区内互派教师，并实行阶段性捆绑评价。而在优质学校和优质教师数量相对不多的地区，则可组合使用优秀教师支教、举办名师工作坊和紧缺学科教师走教等方式，用有限的优质教师资源覆盖尽可能大的范围，实现提供更加优质教育的目的。每种模式对教育发展环境都有一定的要求，不同地区可以选择自身有能力实现的模式，或者选择几种组合模式。此外，有能力的地区还可以探索新的更具有地方适应性的模式。

---

① 《广东新高考进入实操阶段，教师工作量和难度提升》，http://baijiahao.baidu.com/s?id=1643702522802474380&wfr=spider&for=pc，最后访问日期：2023年3月25日。

二 教师交流政策应内化为所有教师认可的职业约束

教师交流政策目标的实现程度一方面与政策制定的完善程度有关，另一方面与政策执行的复杂程度有关。其中，受嵌入在政策执行过程中的背景性制度的影响，教师交流政策的执行结果呈现多元化特征。政策利益相关主体的行为并非只受法律或政策的激励，也并非只遵循法律或政策所包含的规则，在所执行的法律或政策之外，还存在大量的决定个体行动方向和方式的规范体系，这些规范体系被称为政策执行的背景性制度。[①] 背景性制度在公共政策之前存在，它影响了个体的决策，并调节着个体的行为。影响教师决策的背景性制度包括"向城性文化""教师职业内部的社会分层"等。在政策实施的过程中，当其与背景性制度实现的目标一致时，将能够获得相关主体极强的内在认可，从而激励相关主体产生积极的行为，最终能够达到较佳的执行效果；而当其与背景性制度的目标冲突时，相关主体在政策执行过程中将有调适的空间与可能，对交流政策的内在认可度必然会下降，致使政策难以达到预期目标。依据背景性制度与政策激励的程度，可以将背景性制度与政策类型的关系分为四种类型（见表6-1）。这四种类型的关系导致出现四种不同的政策执行类型。

表6-1 背景性制度与政策类型的关系

背景性制度	政策类型	
	强激励	弱激励
鼓　励	支持型政策执行	创制型政策执行
禁　止	对策型政策执行	搁置型政策执行

资料来源：吴小建、王家峰《政策执行的制度背景：规则嵌入与激励相容》，《学术界》2011年第12期。

第一种是当政策类型为强激励、背景性制度为鼓励时，会产生支持型政策执行。此时，政策与背景制度相互支持、相互强化，容易取得较好的政策执行效果。第二种是当政策类型为强激励、背景性制度为禁止时，会

---

① 吴小建、王家峰：《政策执行的制度背景：规则嵌入与激励相容》，《学术界》2011年第12期。

产生对策型政策执行。个人行为由于受到背景性制度规范约束的影响，在政策执行过程中，会遇到很多阻力，因而政策容易被变通地执行，即"上有政策，下有对策"。第三种是当政策类型为弱激励、背景性制度为鼓励时，会出现创制型政策执行。这时会产生"由下自上"的政策变革，旧的制度或规范将被新的制度或规范取代。如在教师交流政策执行过程中，某些地方试点的"县管校聘"已成为全国教师制度变革的基本方向。第四种是当政策类型为弱激励、背景性制度为禁止时，政策的激励不能压倒传统制度背景的惯性，因而形成搁置型政策执行。从现阶段我国教师交流制度的政策内容与背景性制度的关系来看，两者之间存在"交流政策鼓励，背景性制度禁止"的问题，也即个体所面临的背景性制度（隐性规约）与公共政策（显性制度）之间产生了冲突，合理的契约关系难以形成，政策的执行效果必然不佳。在实践中，尽管政策鼓励县城优秀教师到农村交流，但由于受传统"向城性文化"的影响，教师个体在政策执行的过程中，对政策的内在认可度不强，交流仅成为实现职称晋升的必要手段，交流效果并不理想。因此，要使交流政策推进更加有效，就必须改变教师的职业文化，使教师交流政策的背景性制度从禁止逐渐过渡为鼓励，政策类型由偶发性、暂时性的政策变为教师群体规范性、常规性的行为方式，也使交流成为教师职业的内在要求，让执行者在主观认同上意识到参与交流是其内在职责。

在教师交流政策的制定过程中，要达到所有政策主体的利益趋于平衡并且政策与背景性制度高度一致的目标，是一项非常难的任务。因而，我们需要一种较为妥协的机制，以期最大化地实现政策目标。全员轮换模式有助于形成这种妥协的机制，最终能够保证政策持续稳定地执行。首先，全员轮换模式能够实现教师个体代价的最小化。全员轮换意味着参与交流的教师人数最多，这样既能够缩短每个教师在农村学校特别是农村偏远艰苦地区学校的任教时间，又不减少农村学校获得的交流教师总量。这种方式相对于长时段让某些城镇教师在农村任教更易于让他们接受，从而能够消解教师个体的抵触情绪。其次，全员轮换模式能够让交流学校最大限度地接纳交流政策。城镇学校可以消除执行政策的某些顾虑。实行教师的全员轮换，意味着所有城镇学校均需派出教师参加交流，即使交流政策将带来一定的不利影响，也将是对所有学校而不是某些学校有影响，城镇学校没有必要花费大量的时间精力去考虑如何选择性地执行政策，而会偏向于系统性地思考如何支持配合教育行政部门执行好该项政策。对于农村学校而言，持续且达到一定规模的交流教师的数量将更有利于其提升教育、教学和科研水平，完善制度建设，改变弱势的教育生态，创设更加良好的微观文化环境，从而整体性地提升学校的办学水平。因此，相较于小规模的教师交流，农村学校将更加系统地思考如何配合好全员性的教师交流，使其发挥更大的作用。最后，全员轮换模式能够实现政府政策成本的最小化。在教育资源有限的条件下，政策成本是地方教育行政部门在政策执行时必须考虑的重要约束条件。因此，设计一套降低政策成本的制度安排，将有利于政策的全面推行。而所有学校、所有教师均参与交流，意味着政策成本的分担主体增多，政府的政策成本得以分散并且可能控制在可承受的范围内，从而提高政策的持续性。

三　分类分步分层设计县域推进教师交流的时间表和路线图

分类分步分层推进应成为全国实施教师交流政策的基本策略。

在分类上，依据区域社会经济与教育差异推进教师交流。对于教育发展差距大、基础设施薄弱、学校地理空间分布较散的县，教师交流可暂时不要全部放开，而应该探索小范围的多元教师交流模式，保障政策的执行效果。而教育均衡化程度高、经济条件好、基础设施完善的地区，应在更大的范围推行教师交流。

在分步上，按照三个步骤推进教师交流。第一步，探索小比例的教师交流模式，遴选一部分有条件并且有意愿的教师参加交流，完善配套措施，为更大范围遴选交流教师做准备；第二步，推行以"交流半径"为约束范围的教师交流，在县域范围内划定若干覆盖所有学校的"交流半径"，全体教师在"交流半径"内进行交流；第三步，实施全员教师交流轮岗制，把交流轮岗以制度化的方式固化为教师的基本职业要求，以3~6年为周期参加校际交流轮岗。对所有新入职教师实行"县管校聘"，逐步实现全体教师由"学校人"变为"系统人"。

在分层上，按照农村学校需求满足的三个层次推进教师交流。第一个层次，交流政策立足于满足农村学校紧缺学科的需求。据调查，农村学校音乐、美术和体育等小科教师严重不足，课程难以开足开齐，许多课程由语文、数学教师兼任，课程质量差。教师交流首先应解决农村学校小科教师不足这一迫切的问题。第二个层次，交流政策着眼于校际师资的均衡配置。在教育教学的基本要求得到满足的前提下，通过师资的重新调配，缩小城镇学校与农村学校之间在学科质量上的差距。第三个层次，交流政策聚焦农村学校整体文化的建设与发展，以交流教师为"种子教师"，发挥其示范引领作用，建设农村学校的微观文化，保证教师交流效果的持续性。

第二节　县域内教师交流评价标准的构建

评价让政策目标在约束的条件下能够达成均衡的状态，是达成政策期望目标的重要环节。教师交流政策基于教育均衡的价值取向，目的是促进区域内教师的均衡配置，让农村学生能够接受更加优质的教育。科学合理的交流教师评价标准能够为交流学校提供充分的参考依据，让交流教师了解需要达成的预期行为，并能够在交流过程中对其行为进行改进。"政策在执行中构建，也在构建中执行。"评价标准建立的目的就是通过有差别的评价来引导教师发生预期的行为活动，而现有评价标准的不完善甚至缺失严重影响了政策的执行。因此，建立评价标准是政策完善的必要环节。

一　交流教师评价标准构建的难点

教师评价是教育评价的难点。受学校发展阶段、学校类型、教师团队以及交流教师任务差异等多方面的影响，交流教师评价标准的建立也面临诸多条件的制约。

（一）评价任务的发展性制约因素

准确为交流到不同发展基点学校的教师进行任务分类是评价标准建立的首要约束条件。当前，国际社会普遍认可"教师是提高教育质量的关键因素，教师是一切重大教育变革的核心力量"。然而，现阶段我国乡村学校师资发展水平参差不齐，因而学校面临的发展阶段亦有所不同。乡村学校面临的教师盈缺程度不同、师资结构不同，交流教师所承担的任务会发生相应的变化，其工作期待与工作目的也伴随着承担的工作任务发生改变。依据现阶段乡村学校的师资配置情况，可将乡村学校的发展阶段分为师资数量严重不足、结构不良型，师资数量充足、结构不良型，师资数量充

足、结构良好型。交流教师的任务也因不同师资配置情况而分为不同类型。

第一种类型的学校在师资配置上面临的最大问题是现有师资数量严重不足，不能按照国家课程要求保证课程开足开齐，基本的教育教学活动需求不能得到满足。这类学校面临最为迫切的师资需求是按需配备教师，能够为学生提供最基础的教学活动。交流到这类学校的教师所需要承担的任务多是课程开足开齐的教学需求，任务相对固定。

第二种类型的学校师资配置数量基本充足，但师资结构不良。即学校能够按照一定的标准（如生师比、班师比或者其他的标准）配足教师，但师资的总体特征是处于低水平数量满足阶段，学科充足性没有得到满足。教师专业不对口、教师身兼数科、结构性缺编的情况较为常见，如没有专门的辅科教师，所教非所学以及小科专任教师匹配程度较低。其面临的最大师资需求是结构上的均衡与充足，确保专业的课程能够让专业的教师承担。这类学校所需要的交流教师相对具有专门性，学科要求相对较高，教师所承担的任务是满足教学方面的高质量需求，但承担的形式会发生变化，如在一个区域内身兼多所学校的教学任务，教学场所也会随着任务发生变化。

第三种类型的学校在师资配置数量上比较充足，且结构相对良好。师资发展面临的最大需求是教师专业发展处于低水平阶段，需要在骨干教师引领下，创建教师团队的专业发展模式，助推学校师资发展"自我造血"，进而能够帮助乡村学校形成较为稳定的教师专业团队。这类学校所需要的交流教师在业务方面相对具有专业性，自身素质较强，且承担的任务是关注学校教师专业团队建设发展以及特色课程开发，促进乡村学校高水平、有特色、持续性地发展。

依据师资发展水平，可以将乡村学校的发展分为三个阶段：师资数量不充足、教育质量低水平，师资数量充足、教育质量低水平，师资数量充足、教育质量较高水平。现阶段我国乡村小规模学校大多处于前两种发展阶段或多种样态并存，而村级完全小学与乡镇中心小学则多为第三种样态。相应的交流教师所承担的任务由单一的教学工作延伸至注重教师团队发展、促进教师专业成长。教师交流形式也由固定化教学场所扩展为走教、集中授课等多种形式并存。面对不同的学校发展样态，教师交流到何种类型的学校、完成何种任务、期待达到何种目标都有所不同。因此，应该依据工作任务的不同建立相对独立的评价标准。

（二）评价标准的本质性制约因素

除评价面临着学校发展基点的差异外，交流教师评价本身也面临着诸多难点。教师评价要为教师提高教学效能、为上级行政部门加强师资力量提供各方面的依据。教学是对教师最为重要的评价内容。由于对交流教师的评价还涉及教师德行、学生成绩、团队发展等其他方面，交流教师的评价标准一直没有统一的口径。大多数评价都采用与学校普通教师一致的标准，但交流教师承担的任务与普通教师又存在一定的差别，具有综合性与复杂性，因而交流教师评价内容繁杂成为评价标准建立的次要约束条件。

首先，交流时间限制与教育本质存在矛盾。教育是一项长期的工程，学生的教学成长并非短时间内可观测到效果。从各地交流教师的时间来看，平均交流时间为 1~3 年，且以一年居多。因此，运用何种指标可以代表或判断较短时间内教师的教学成效是评价面临的本质性约束。多数学校都将学生的学业成绩作为衡量教师教学效果的指标，但受到前任教师、学生的知识储备、教学方式的适应等多种因素的影响，学生的单次学业成绩很难代表教师一年的教学投入。国际上，在评价教师时，通常依据教师教学投入的所有相关因素对教师教学进行评价，外显指标通常采用学生年度学业成绩增长量、学生成长记录、课堂观察以及教师教学准备等多个维度来判断并评价教师的教学投入，并衡量教学效果。因此，评价交流教师的教学工作，需要考虑教师的工作任务，全面综合地制定相关标准。

其次，部分关键性评价指标具有隐性不易观测的特征。对于承担乡村教师团队建设的交流教师而言，其评价任务有三个特征。第一个特征是任务效果观测的长期性。基于认知和技能发展的阶段理论，研究者通常把教师等专业人员的专业发展阶段大致划分为"新手—高级新手—胜任—熟练—专家"五个阶段，并且专业技能水平一旦达到一定程度就不会再下降。教师专业成长多数需要花费数年时间，短期的帮扶很难使教师专业发展达到预期的效果。第二个特征是任务效果的潜隐性。教师专业发展的效果具有内隐特征，甚至教师个体都很难意识到专业的成长，因而通过外在指标对其进行评价具有一定的难度。第三个特征是教师专业发展的阶段性。研究发现，发展性教师团队主要经历团队冲突、集体协商、方案审议、共识达成及问题解决、形成凝聚力五个阶段。在团队冲突阶段，团队成员都会由于个体理性与集体理性的冲突与矛盾产生冲突僵持的局面，从而使问题得不到解决。因此，在团队建设的初始阶段，团队的矛盾冲突通常会比较多、困难会比较大，所需耗费的时间也较长。对于帮助乡村教师专业发展的骨干教师而言，他们需耗费大量的时间用于建立信任、解决冲突、协商方案等事务，而这些行为本身难测量、不易观察，也没有明显的外部效果，如何评价教师在这个过程中所付出的努力与取得的效果，仅凭交流教师承担的教学量与学生学习成绩的变化很难做出客观的评价。

最后，评价标准的权重分配难。交流教师承担的任务主要是教学工作或者专业发展建设，抑或是兼而有之。在评价标准的设计中，合理分配教学工作与专业发展建设的权重，能够保证交流教师既重视教学，又参与学校师资发展的建设。但是在现实中，由于涉及主体过多，很难做到不顾此失彼，这对交流教师评价标准的构建造成严重的制约。

（三）评价标准的保障性制约因素

学校的发展阶段约束了评价标准的维度与内容，保障性条件的水平决定了评价标准的高低。在教师交流政策的保障性条件中，补偿与激励是政策中最为重要的保障措施。其中，补偿措施是指弥补因交流行为而对交流教师的交通、食宿以及专业发展等方面造成的损失，激励措施则是为了激发教师参与政策行为而设计的物质与精神奖励。公共政策补偿与激励措施的完善以及实现程度决定了政策的预期目标。补偿与激励标准越高，对预期行为的要求就越高，评价标准相应也越高；反之，补偿与激励标准越低，政策的预期行为就越低，评价标准相应也越低。因而，如果说补偿与激励措施的设计是为了激励教师能够愿意到乡村进行交流，那么评价环节的完善就是为了约束教师能够按照政策目标开展教师交流行为，使政策的补偿与激励措施更有价值。如在部分经济条件较为优越的地区，补偿与激励措施较为完善，因而在政策执行过程中，对交流教师的预期行为较高，相应的评价约束水平也较高。

与评价环节相匹配的奖惩等保障性条件也约束着评价标准的建立。评价机制通过相对功利的奖惩模式驱动教师完成教学计划，激发教师的工作热情。在没有外界奖惩驱动的前提下，教师对交流行为并不具有主动性，更不会有被评价的主动性。但当评价与奖惩挂钩时，为了获得奖励或避免受到相应的惩罚，教师会在行为发出前，判断行为预期可能取得的结果，并依据结果产生相应的行为，然后接受政策对其的评价。反之，明确的奖惩机制与人的行为动力具有较高的一致性。教师作为行动人，其行为决策也遵循这一原则，即明确任务、需要达成目标、采取行为、可获得的奖励或可能受到的惩罚。因而，奖惩的程度约束着评价标准的制定。评价伴随的奖励越多，评价标准相应也越高，而奖励的力度越小，评价标准也越低。如果没有建立与评价相适应的奖惩标准，那么个体行动的主动性会降低，对评价有效性的信任度也会降低。

二 县域内教师交流评价标准构建的原则

一是遵循科学性原则。推进与完善科学有效的交流教师分类评价，能够增强人才活力，让其在专业岗位上人尽其能，是深化人才发展体制机制改革的重要体现。首先，科学客观考虑交流教师的任务基点。在交流过程中，教师会依据其任务基点来判断其需要达到的行为目标。因此，评价标准建立的前提条件是教育行政部门要对全县的学校师资情况进行判断与甄别，在交流活动开展前，向教师公布每个学校的交流任务，帮助其在评价起始环节树立可供依据的标准。其次，科学判断评价的发生前提。执行主体作用的发挥既受到内在主体性的影响，也受到外在的环境与组织条件的限制，要科学合理地对交流教师所享受的补偿与激励条件进行判断，并明确其所承担的责任，不能让交流教师有"无限的责任与义务，却没有相应的回报"。

二是遵循公正性原则。首先，任务分类保证评价标准公平公正。不同工作类别中教师评价指标应有所不同，要依据交流教师任务类型按照不同的评价任务标准给予评价。教学型交流教师按照教学评价的标准参与评价，师资团队建设型交流教师按照教师专业建设的标准参与评价。其次，评价标准的建立程序应该公平公正。评价标准的建立要遵循所有教师的意见，特别是在奖励、评优以及保障性措施方面应该保证教师代表参与，并对评价细则进行调整。最后，要遵循信息公正公开透明的公示制度。县域内教师交流涉及多个主体，在制度执行之前，需要对具体标准进行公示，确保所有涉及主体都可以了解并知晓政策的内容。

三是遵循差异性原则。近年来哈蒙德的观点逐渐受到学术界的重视，哈蒙德认为教师评价的专业标准应该是分层分类的。只有通过教师评价推动处于不同职业发展阶段教师的专业发展，才能最终提升教师队伍的质量，因此必须制定结构化、差异化的教师评价标准。评价标准适度鼓励差序评价。依据学校发展阶段的差别、学校硬件条件的差别、交流教师工作任务的差别以及教师专业专长的差别，各地建立有层次、分类别的政策目标，并在遵循教育教学发展实际情况的基础上进行调整。

三 县域内教师交流评价标准的构建

评价标准建立的基本原则是保基本、促发展、分类分档次评价。评价标准的建立能够约束交流教师按照期待的目标行为进行交流，以便交流政策发挥真正的实效。交流教师评价标准的复杂性较高，因此，依据上述交流任务、评价本质以及评价保障等约束性条件，提出分层分类的交流教师评价标准的设计思路，包括教学型交流教师评价标准、专业发展型交流教师评价标准（见表6-2、表6-3）。由于各地教育发展情况并不统一，这一评价标准仅供地方教育行政部门在完善教师交流政策时参考。

表6-2 教学型交流教师评价标准

学校发展类型	评价指标	发展目标	交流形式	评价具体维度与指标	评价形式	评价主体
师资紧缺型	教学工作	教学水平基线保证	固定任教、走教	学生年度学业成绩增长量；学生成长记录；课堂观察与专业化评估	课堂观察学生成绩	同行评价校长评价学生评价自我评价
师资结构不良型		教学质量提升	固定任教	学生年度学业成绩增长量；学生成长记录；课堂观察与专业化评估等；听课、磨课、研课等		

表6-3 专业发展型交流教师评价标准

学校发展类型	评价指标	发展目标	交流形式	评价具体维度与指标	评价形式	评价主体
教师专业发展不足型	教师团队建设	教师质量提升、教师团队建设	固定任教	学生年度学业成绩增长量；学生成长记录；课堂观察与专业化评估；听课、磨课、研课；教师团队活动情况；磨课、研课、教师教学共同体，专家研修团，名师工作室等；鼓励教师参与教学研究，共同研修，作业包、教案包、备课包、反思包等实现资源共享	课堂观察学生成绩团队建设活动	同行评价校长评价学生评价自我评价

第三节　县域内教师交流激励
相容机制的构建

适切的激励相容机制是提升政策执行主体参与政策执行的关键动力。在县域内教师交流政策的执行环节中，交流教师的积极参与是保证县域内教师交流政策效果能够得到优化的核心要素。提升交流教师的参与积极性，需要首先构建符合教师合理需求的激励相容机制，最终使政策执行主体的目标能够与政策目标保持一致。

一　县域内教师交流激励相容机制的目标转变

基于对政策目标的解读程度，地方教育行政部门将选择如何地方化政策、如何执行政策以及通过何种方式执行政策。现阶段，教师交流补偿标准偏向遵循数字化达标的价值取向，在政策制定过程中，采用强制性、负向激励、经济鼓励等方式保证参与交流的教师数量，但执行效果并不乐观。为了保证政策效果，地方教育行政部门需要转变政策执行的价值偏好，由强调数字化达标转变为注重提升教师的参与意愿，优化教师资源二次配置。这需要在政策地方化的过程中充分利用补偿标准这一政策杠杆，通过柔性调配机会、差异补偿、正向激励等方式调动执行主体的执行动力。

（一）由关注外在的数字化达标转向实质性提升师资的配置效率

数字化达标的价值取向是指在政策执行过程中，完全将政策文本中规约的数量指标作为政策是否完成的标准。数字化达标取向具体体现在以下三个方面。一是将政策执行主体需要强制完成的任务转化为政策的数字化达成指标。许多地方将教师交流列为教师评聘高级职称的基本条件。教师只有参与交流，才能实现个体职业发展的目标。地方教育行政部门利用制度约束达成了政策设定的数量目标，但交流效果无法保证。在这个目标达成过程中，职称约束是重要的政策手段，政策本身的价值目标反而被忽视。二是通过末位淘汰制等负向激励替代性地完成政策的数字化指标。部分地区将教育教学水平与能力不足的教师作为交流对象调配到其他学校。这种负向激励的做法，引发了教师群体对交流政策的不客观判断，让教师误认为交流是对其工作水平不足的判断，降低了教师群体对政策本身的信任度。这种负向激励方式虽然表面上保证了交流的数字化达标，但未提高艰苦边远地区学校的师资配置质量。三是通过经济补偿鼓励教师参与交流，吸引了部分教师主动参与交流，完成了数字化指标，却没有照顾到政策的初衷以及长远效益。充足的经济补偿取向解决了有经济需求的教师的动力问题，弥补了教师在交流过程中的损失，调动了教师的积极性。但是，这并没有考虑到空间异质性在教师交流决策过程中所起到的重要作用和不同职业发展阶段对教师决策的影响，在学科匹配率、教学带头人、小科紧缺教师等迫切需求的方面没有达到最初设计的效果，尚未解决教师的规范化交流问题。调查显示，交流时任教科目与交流前任教科目的一致性程度较低。

教师交流政策是实现区域内教师资源二次均衡配置的政策工具，数字化指标的达成不能成为教师交流政策是否精准执行的评价指标。数字化指标是考核地方在执行教师交流政策时所采取的底线评价指标，它的完成并不意味着政策初衷的达成。政策的初衷是通过交流，使教师资源在二次配置中得到有效改善，保证学生能够享受到公平且有质量的义务教育，进而提升区域内社会成员的教育满意度。这里的有效改善是指教师资源不仅可以按需所配，还可以通过交流为艰苦边远学校配置真正需要的教师，进而提升这类学校的教育质量。然而，现有的教师交流政策仅达成了数字化指标，却没有真正实现教师资源的二次有效配置。因而，未来教师交流的价值取向应该由数字化达标转向对师资均衡配置的促进作用。在教师资源二次配置过程中，教师参与的积极性与主动性起到至关重要的作用。为此，教师交流政策需要利用补偿标准这个政策杠杆调节教师行为，激励教师从被动执行到主动有效参与。

（二）由负向激励转向全面精准的正向激励机制

任何一项政策都是利益调整的结果，政策实施必然导致一部分群体受益，而部分群体利益受损。在交流政策的执行过程中，最直接的受损方是政策对象——交流教师。倘若没有考虑教师因交流而产生的经济上的损失、照顾家庭的不便以及职业发展的不利，并且没有给予合理的补偿、保障与激励，那么政策的执行成本便会转嫁到需要晋升职称而不得不参与交流的教师身上，效果必然不能得到保证。为了激励教师主动有效参与交流，应该在对教师实际损失的客观测量基础上进一步完善补偿标准。

补偿标准建立的目的是结合实际情况弥补交流教师的损失。[①] 参加交流需要教师离开原工作岗位到其他学校工作，工作空间地点的变动必然会对教师的工作和生活产生影响。因此，首先应结合不同教师因参加交流而产生的成本给予差序补偿，这种差序补偿应以交通距离、工作环境等边远艰苦条件为标准，各县域结合实际情况规定具体可行的补偿办法。除了经济补偿，在具体补偿方式上应结合自身情况给予多样化补偿。如为交流教师提供周转宿舍等生活必需软硬件设施。其次是通过适当奖励调动交流教师的积极性。补偿仅仅用于弥补教师因参加交流而遭受的损失，基本只能达到让教师对政策不排斥的程度。但只有调动教师参加交流的积极性，才能保证教师真正安于教职、专心从教，才可能达到政策效果，实现区域内的师资相对均衡。可以采取的奖励措施主要包括以下两点。其一，提供津贴奖励。结合教师交流期间的教育教学表现和工作完成情况，通过发放津贴的形式给予经济奖励。各县在制定政策时，应结合本县的财政能力、依据一定的评价标准制定有效的奖励方案。其二，提供职业发展机会。目前许多县级政策文本已经规定为交流教师提供优先参加培训和职称晋升等机会，但由于体制机制配套不同步，奖励就难以兑现。这就需要各地结合自身实际情况，制定切实可行且有效的激励政策。因而，应该从以下三个方面给予正向激励。

一是合理弥补教师交流政策对教师职业稳定性造成的损失。国家公共意志是通过城乡教师交流的制度化与常态化促进教师资源均衡配置，激发学校办学活力。就国家层面而言，教育均衡、教育公平是教师交流政策的价值取向与最终追求。然而，对于教师个体而言，职业稳定性是其职业生涯的核心价值。任何一个社会系统里都有共享的价值观念体系，社会系统里的每个人都会按照共有的期望行动。在教师系统中，稳定的"单位人"身份是其重要的价值观念。准教师在选择进入教师劳动力市场时，对教师

---

① 张源源：《教师交流补偿标准研究》，《中国教育学刊》2019 年第 1 期。

职业最重要的预期即是稳定。这种稳定既包括收入待遇稳定，也包括从事职业地域的稳定。稳定是社会对教师职业的共识，稳定意味着可以方便照顾家庭，但是让教师参与交流就使教师职业的稳定性受到威胁。调查显示，在教师对"参与交流所能接受的单程上班时间"这一问题上，49%的教师只能接受半小时以内的单程上班时间，40.49%的教师认为参与交流的前提条件是一定要每天回家。① 交流政策的推行使教师的职业稳定性受到了严重的冲击，公共意志与教师个体意愿产生冲突。这成为教师参与交流的直接困扰，由此产生职业稳定危机感。当政策在根本上触碰了教师稳定性的价值追求时，需要通过相关的措施来补偿交流所造成的损失。然而，当前的地方政策没有明确的方案驱使教师能够主动克服职业稳定危机、被动的约束和负向的激励，其结果必然是意愿不强、动力不足、效果不佳。

二是准确测量教师交流政策对教师经济方面造成的损失。经济报酬是职业选择的重要推力，个体通过选择某种职业获得一定的报酬是其在职业选择时的重要参考因素。在劳动后获得预期的收入回报也是职业预期的一种体现。如果由于某种外部力量的推动，职业本身预期的经济回报降低了或者遭受了额外的损失，那么个体会对职业产生排斥的情绪，也会对造成损失的外部推力产生反感。特别是当这种损失没有得到合理补偿时，这种情绪上的反应会更加强烈。教师在参与交流的过程中会遭受两种损失：第一种损失是由于交流而造成的实际经济损失，主要集中在交通费、伙食费以及住宿费等方面。调查显示，多数交流教师的交通费、伙食费以及住宿费超过500元/月，但是经济补偿远低于交流过程中所产生的实际费用，难以弥补政策的损失。当经济损失不能得到及时有效补偿时，不仅不能激发教师参与交流的动力，甚至会导致交流教师以外的人员对交流政策出现不良认知。第二种损失是因参与交流而造成的间接损失，如在交流过程中因不能承担家庭责任而产生的赡养老人、照顾子女等额外支出。这部分损失具有潜隐性、难测量、难补偿的特点，但是对教师交流的决策产生了重要影响。

三是正确认识教师交流政策对教师职业发展的困扰与挑战，并给予激励。交流政策对教师职业的"单位人"特性产生巨大的挑战。首先，教师

---

① 来自课题组实地调研数据。

对交流制度的认识囿于传统的单位制观念。"单位人"的身份意味着职业发展机会与福利均与单位有关，如评定骨干教师、参与外出培训等；所有的福利也与单位挂钩，如奖励、福利待遇等。离开原学校到陌生学校交流，意味着教师在离开的时间内失去了职业发展机会以及福利待遇，与学校直接挂钩的发展机会以及福利的不确定感弱化了教师参与交流政策的动力。其次，教师对新的组织文化的适应也将给教师职业发展带来挑战。作为外来组织文化的代表，交流教师进入陌生的组织环境需重新融入和适应。不同学校所内含的规范、文化、价值和组织结构影响着教师所持有的成为教师的意义、意象和理想，形塑着其日常实践。教师进入流入校后，面临着新的思维和实践情境，交流教师感受到校际的社会、文化上的差异。[①] 这些不仅影响了教师形成良好的心理状态，也需要教师花费大量的时间与精力调整其教学方式。

二　县域内教师交流激励相容机制构建的基本路径

基于激励相容和全员轮换等教师交流长效机制的基本原则，教育行政部门应充分分析利益相关主体的客观条件和政策损益，制定符合利益相关主体决策理性的交流政策，并按政策推行的基本规律设计各县推进教师交流轮岗的时间表和路线图。

（一）全面分析政策实施的客观条件、政策成本和主体意愿

尊重相关主体意愿是政策顺利推行的关键。教师交流政策的相关主体包括县教育局、派出学校、接收学校以及教师等。在制定政策前，应充分调查分析这些主体的利益诉求和真实意愿，为预判各主体价值目标激励相容的可能性，以及达到激励相容目标应克服的各类障碍奠定基础。首先，客观评估县教育局实施教师交流政策的资源基础、外部条件和教育发展状况。资源基础指的是可供教师交流政策支配的各类教育资源，包括上级政府和本级政府的资源支持；外部条件包括地理与气候条件、基础设施建设情况、学校空间布局等；教育发展状况指的是教育的整体发展水平、教育均衡化程度和教师队伍的基本状况等。外部条件和教育发展状况决定了政

---

① 王夫艳、叶菊艳、孙丽娜：《学校里的"陌生人"：交流轮岗教师身份建构的类型学分析》，《教育学报》2017 年第 5 期。

策成本，如果县域内基础设施完善、学校分布相对集中，并且教育均衡化程度较高、教师数量充足，那么政策成本将较低；如果县域内交通状况较差、学校布局分散或者学校之间的教育差距巨大，那么政策成本将较高。如果政策成本在教育资源的可承受范围内，那么政策是可推行的，否则政策就不能推行或只能部分推行。其次，综合研判实施教师交流对城镇学校带来的影响。对于城镇学校而言，其受到的影响主要是师资队伍改变对学校教育教学水平、学校文化等方面产生的变化，影响的大小取决于教师的遴选方式和遴选比例。这些影响将在一定程度上决定城镇学校的主体意愿。再次，深入调查接收学校对交流教师的需求状况。教师的需求状况包括具体数量和相应的性别、年龄和学科结构等。农村接收学校的价值期望是促进学校整体发展。因此，教师交流的政策安排在本质上与其发展需求一致，一致化程度取决于接收多少符合其需求的优秀教师。最后，充分考虑教师个体的家庭状况、发展阶段和真实意愿。教师个体的决策受个体的成长经历、学历、职业、家庭以及社会文化等多重因素的影响。因而，在政策起草阶段，应广泛征求教师的建议，充分尊重教师需求，并保证教师代表参与政策的制定；在交流人员遴选时，应保证程序公正、公开和公平，杜绝教师交流成为教师惩罚的变相途径；在政策内容设计上，应考虑个体的发展阶段，保证交流形式多样、交流时间开放，给教师自主选择空间，使教师可以结合自己的实际情况选择交流形式与时间阶段。

（二）构建基于主体损益和决策逻辑的"补偿＋奖励"的激励机制

利益补偿是交流政策顺利实施的保障。如果在政策执行过程中，利益相关主体所耗费的成本高于其所获得的收益，那么相关主体会尽可能地逃避或敷衍政策；如果其获得的收益大于其付出的成本，也即付出的代价要小于所获得收益，那么执行主体会自觉地改变行为方式，遵循公共政策。[①]因此，教育行政部门在政策执行前应该充分了解相关主体在执行政策过程中的利益损耗，建立分类分级的激励机制。第一，对县教育局通过经费配套与奖励进行激励。县教育局是一个有着多重价值效用的行为主体，客观

---

① 王志立：《公共政策执行成本的经济视角探析》，《企业导报》2011 年第 8 期。

条件和政策成本决定了县教育局的执行方式，如果给予其充分的资源支持，那么将可以保证其行为目标与交流政策的一致性。因此，应科学测算教师交流的政策成本并建立积极差异补偿机制，依据各县的经济能力，中央和省级政府按一定的分担比例给予经费支持。对于教师交流政策实施效果较好的省份，中央政府应该给予奖励。第二，对城镇学校通过政策支持进行激励。城镇学校是一个追求学校发展、在意教育局与社会综合评价的微观组织，派出优秀教师支援农村学校的发展并非其组织目标。因此，只有改变评价的方式，才能保证其参与动力。县教育局在考评城镇学校时应该将其派出的教师的数量与质量作为考评指标，鼓励城镇学校积极派出优秀教师参与教师交流。第三，对教师个体以初次补偿与评价奖励相结合的方式进行激励。前者为了弥补由交流带来的生活和工作成本的增加，可基于工作与生活条件的艰苦程度进行补偿；后者为了奖励交流教师的努力程度和贡献状况，可基于交流教师带来的教育教学的提升状况，如学生"成长量"、教师的综合带动作用等，进行分级评价奖励。

三　县域内教师交流激励相容机制构建的维度

补偿标准构建的目的是尽可能让个体利益与公共利益达成一致。合理的补偿能够降低利益受损群体政策执行的抗拒心理，也是执行群体认同、响应并执行政策的基本要求，但不足、不合理的补偿标准不仅不能弥补政策调整的损失，还会造成利益相关者对政策的不理性判断。教育行政部门应该进一步完善补偿标准，激励教师在教育系统内部自主、主动地流动。补偿标准的设计维度与内容是，通过补偿约束并激励教师实现个体利益与公共利益的最大化，激励教师由被动参与转变到主动有效参与。

（一）经济补偿

经济补偿指对因政策调整而对教师造成的直接或间接损失给予经济上的补贴或补助。经济补偿具有直接性、外显性及可预期性，应将其作为最重要的补偿。经济补偿包含基本补贴与浮动补贴两个部分。基本补贴是在交流过程中对教师因工作地点转移造成的损失而进行的补偿，面向的群体是所有参与交流的教师。浮动补贴则是为了鼓励和激励优秀与紧缺教师交流而进行的补偿，面向的群体比较具有针对性。其中，基本补贴分为两个

部分。一是在交流过程中产生的直接经济费用，补贴标准遵守"损失多少，补贴多少"的原则。基于这一原则，应该全面测算教师在交流过程中的直接损失，依据教师在交流过程中实际产生的交通费用、是否有周转房、学校是否提供伙食等因素，建立县域内教师交流基本补贴标准，总的实际补贴金额应包括交通费、住宿费、伙食费。基本补贴标准根据实际支出有区域性的差别。二是在交流过程中产生的间接损失，如对新环境的适应、交流期间因无法承担家庭责任而产生的额外支出等。补贴标准应依据学校艰苦边远程度、软硬件条件和生活便利性对县域内各学校进行分类，按照学校类别对间接损失进行折算，建立地域差异性分类分档补贴标准。浮动补贴则是指在交流过程中为了鼓励、激励具有高级职称的教师以及特殊与紧缺学科教师参与交流而设立的补贴标准，补贴标准的设立可考虑到教师的实际劳动价值、实际投入贡献、教师的紧缺程度等因素，按照其劳动价值以及紧缺程度构建分等级的补贴标准。

（二）发展补偿

教师的发展补偿是围绕教师在交流的过程中产生的职业发展成本而建立的相关补偿标准。发展补偿与教师的切身利益密切相关，在补偿中有重要的地位与作用。如教师职业发展最为在意的职称评聘、骨干教师评选等。地方教育行政部门可以在职称评聘的体制机制方面进行创新，在区域范围内实行教育行政部门统一管理、按比例分配的教师职称岗位制度，依据教育发展的规律为每个学校或学区设立合理的职称体系，教师可以依据自身条件与聘用条件，应聘与其条件相符的职称岗位，并享受相应的职称工资。各地也可以依据当地情况自设职称岗位，盘活职称体系的存量，在福利待遇上保持与国家职称体系相当的水平，鼓励满足职称条件的教师跨区域、跨学校竞聘上岗，促进教师主动流动。在骨干教师评选、学科带头人评选以及优质课评选方面打破传统上名额到校、名额到区的分配方式，鼓励实施名额转换机制或名额共享机制，允许跨校、跨区评选，给予交流教师公平的竞选与发展机会。

（三）机会补偿

机会补偿是指通过增加教师奖励与选择机会而对交流行为造成的损失进行补偿。机会补偿可以保障教师职业的基本权益，具体包括两个层面。

第一个层面，增加正向的奖励机会，强化教师的精神动力。首先，通过遴选教学水平较高的教师参与交流，鼓励教师能够以积极的心态认识交流并参与交流，正向引导交流的常态化与制度化。其次，在区域范围内增加宣传与表彰的机会，鼓励教师在总结交流过程中在教学或管理模式上取得新方法以及探索新经验，既有利于提升教师自身的专业发展水平，也有利于其他教师借鉴交流经验。最后，为参与交流的教师提供更多的培训机会，补偿其在交流过程中的职业发展机会损失。第二个层面，通过增加选择机会补偿教师对职业稳定性的需求。首先，给予交流教师柔性选择的机会。柔性选择的机会是指教师能够结合自身的意愿以及需求保障教师在较为宽松的情况下自主选择可供交流的学校。教育行政部门应在学年初对每类学校的补偿标准、学校的教师需求、学校所处的具体位置、生源以及生活条件情况予以明示，允许教师依据自身的条件进行选择。其次，给予教师一定的时间选择权和地域选择权。教育行政部门应根据区域内教育均衡发展的目标，定期公示各学校的交流需求，让教师可以依据教育发展规划合理选择交流的时间与学校。

第七章
县域内教师交流模式及其适宜性研究

推动教师交流轮岗是激发义务教育教师发展活力、促进教育资源二次配置的必要举措。区域间以及学校间教育发展差异并非"高与低"的差异，而是由客观条件和教育资源分布特征造成的结构性差异。受地理交通条件、经济社会发展水平以及社会文化观念等多重因素影响，不同地区教师交流轮岗政策执行模式多样。在地理交通条件便利且经济发展水平较高的地区，教师交流轮岗政策通过合理的人事管理制度改革实现良性有序的全员轮换；在区域间及区域内教育发展不均衡的地区，各地方逐步探索出联校共同体、单向支援、双向交流、定岗走教等交流模式，有序推进教师交流轮岗政策；在教育发展相对薄弱且地理交通条件不便的地区，远程互动模式则成为交流轮岗政策推进的合理选择。为了使教师交流轮岗政策能够充分契合地方教育发展的宏观背景和教师个体的微观需求，系统分析不同地区教育管理制度、社会文化观念、学校发展以及教师个体适应性等诸多影响因素，探讨教师交流轮岗的合理模式，对促进教师交流轮岗实现制度化、常态化至关重要。

第一节　全员轮换模式

全员轮换模式是指区域内在同一所学校任教满一定年限的教师，原则上均需参加交流轮岗。2014 年，《教育部 财政部 人力资源和社会保障部关于推进县（区）域内义务教育学校校长教师交流轮岗的意见》（教师〔2014〕4 号）明确提出，"在同一所学校连续任教达到地方教育行政部门规定年限的专任教师均应交流轮岗"。按照这一要求，许多地区开始探索实施全员轮换式教师交流。连云港市连云区相关政策要求，在同一所学校任教满 6 年以上（含 6 年），离法定退休年龄在 5 年以上的教师，须服从区教育局组织的教师校际流动工作安排。[①] 成都市政策规定，教师按照"九年一轮"的方式实行"全员流动"。[②]

全员轮换模式是落实交流轮岗政策的创新举措，也是当前事业单位人事管理制度改革的必然产物。义务教育学校的人员配置受事业单位编制总量控制。学校依据核定编制数补充教师，编制所在学校即教师所在之处。长期固化的编制管理模式使教师具有较强的"学校人"属性。这使教师交流轮岗推进面临极大挑战。为了打破这一管理体制障碍，部分地区按照国家政策要求，积极探索推进"县管校聘"，加强县（区）域内义务教育教师的统筹管理。2015 年，教育部公示了首批义务教育教师队伍"县管校聘"管理改革示范区，其中包括 15 个省份的 19 个县（区）。[③] 2017 年，教育部公示第二批义务教育教师队伍"县管校聘"管理改革示范区，包括22 个省份的 30 个县（区）。[④]"县管校聘"旨在将原有划归学校的教师编制统一由区县教育局管理，由此实现教师由"学校人"向"系统人"转变。从"系统人"的角度来看，区县教育主管部门需要以民事主体的身份与教师签订聘用合同，明确双方职责和权利，并根据合同中教师完成工作的情况，在聘期结束时考虑是续聘还是解聘；而学校只是区域教育系统的有机组成部分，是承担教育教学工作的专业机构，其对教师的管理更多是基于教育教学专业上的业务管理。[⑤]

按照"县管校聘"的改革思路，各地不断探索教师人事管理制度改革，在此基础上开展了区域内"编随人走"式教师交流轮岗全员轮换。全

---

① 资料来源于连云港调研资料，本章未标注出处的连云港资料均为实地调研资料。

② 庞祯敬、李慧：《成都市中小学教师流动：模式、效应及挑战》，《教育理论与实践》2014年第 29 期。

③ 《关于首批义务教育教师队伍"县管校聘"管理改革示范区名单的公示》，中华人民共和国教育部，http://www. moe. gov. cn/jyb _ xxgk/s5743/s5745/A10/201504/t20150413 _ 187093. html，最后访问日期：2023 年 3 月 25 日。

④ 《教育部关于公布第二批义务教育教师队伍"县（区）管校聘"管理体制改革示范区的通知》，中华人民共和国教育部，http://www. moe. gov. cn/srcsite/A10/s7151/201708/t20170804_ 310658. html，最后访问日期：2023 年 3 月 25 日。

⑤ 操太圣、卢乃桂：《"县管校聘"模式下的轮岗教师管理审思》，《教育研究》2018 年第 2 期。

员轮换主要包括以下三种方式。

一 教育行政部门统筹的教师交流轮岗

教育行政部门统筹的"编随人走"式教师交流轮岗,即教育主管部门依据各学科教师工作量划定各学校的交流教师指标,由学校自行确定交流教师人选,并保证参与交流轮岗教师的人事关系随工作岗位变动而变动。如连云港市连云区实施该种教师交流轮岗方式。在"以县为主"的教育管理体制下,县级主管部门具有编制统筹管理的职能,但核定到校的编制无法随教师调动而重新进行调配。"县管校聘"的实施使教师编制不再归属于某一学校,其统筹权重新交由县(区)教育行政部门,这为教师交流轮岗创造了有利条件。

二 人事代理机构集中管理的教师交流轮岗

由人事代理机构管理的教师交流轮岗是指区县教育主管部门将教师编制全部划归至人事代理机构,由"第三方"主体与教师签订聘用合同,统一安排教师交流轮岗工作。相比于县(区)教育行政部门统筹编制,由人事代理机构进行教师管理不仅能够实现从"学校人"向"系统人"的转变,也能够通过合理的岗位聘用机制实现教师交流轮岗的有序运转。如成都市流动教师档案由成都市人才流动服务中心教育分中心实行集中管理,统一管理人事、工资,统一配置师资。[①] 安徽省和山东省在"县管校聘"实施方案中也提到要成立专门性的教师管理服务中心,统筹县域内中小学教师的人事档案管理、教师资格定期注册管理以及相应的服务工作。[②]

三 教育集团企业化管理的教师交流轮岗

教育集团企业化管理的教师交流轮岗即全面实施"全员岗位聘任"制度,由教育集团对教师进行考核和评价、奖励和晋升,如济南高新区取消

---

① 庞祯敬、李慧:《成都市中小学教师流动:模式、效应及挑战》,《教育理论与实践》2014年第 29 期。

② 李茂森:《"县管校聘"实施方案研究与再思考——基于浙、皖、粤、鲁、闽等 5 省"县管校聘"改革实施意见的内容分析》,《教育发展研究》2019 年第 2 期。

了教师编制。[①] 全面取消教师编制不仅突破了编制管理和职称评聘对教师交流轮岗的限制，而且通过灵活的岗位管理和评聘制度充分激发教师发展的内生动力。

尽管部分地区以多种方式探索推行全员轮换模式的教师交流轮岗，但这种模式只适宜在满足特定条件的地区推广。

一是多方职能部门高度统筹的地区。动态化的教师编制管理和岗位聘用机制是实现教师交流轮岗的必要前提，而完善编制管理和岗位聘用机制不仅需要教育部门的有力推动，而且需要编办、人社、财政等多个部门的协调配合。在原有相对固化的编制管理模式下，教师与学校编制相"捆绑"导致教师交流轮岗难以推进。"县管校聘""编随人走"能够在一定程度上打破编制管理固化对教师交流轮岗的制约，但由于教师职称评聘尚未能够匹配动态化的编制管理模式，放宽编制管理权限后的教师交流轮岗仍然面临诸多现实问题。人事管理权限下放至人事代理机构或教育集团，在一定程度上能够突破编制和职称等对教师交流轮岗的束缚，但存在因部分学校办学自主权过大而加剧区域内教育发展不均衡的风险。因此，全员轮换模式的教师交流轮岗不仅需要大刀阔斧改革的行动力，而且对教育部门与编制、人社、财政等多个部门的协同管理提出了更高要求。

二是经济社会发展水平较高的地区。事业单位编制所赋予教师的不仅是长期稳定的经济收入，还是一种公职身份和社会地位。然而，无论是"县管校聘"还是全面取消教师编制，实际上都将打破教师一辈子只在一所学校任教的局面。在偏远艰苦地区，付出与回报不对等的心理落差已造成部分教师的长期留教意愿不强，缺乏编制保障会进一步弱化岗位吸引力。因此，为了吸引且留住优秀人才，以全员轮换模式推进教师交流轮岗的地区必须保证在编教师与编外教师"同工同酬"，具有同等发展机会，以高水平的薪资待遇保障教师个体利益。

三是思想观念相对开放的地区。教师交流轮岗政策执行既要靠地方政府有力推进，也离不开学校及教师的支持与参与。对于部分观念相对保守

[①] 《破冰之举：教师全员聘任价值何在》，中国教育新闻网，http://www.jyb.cn/zgjsb/201710/t20171025_823372.html，最后访问日期：2023年3月25日。

的学校而言，全员轮换式教师交流不可避免地会遇到一定阻力。如部分校际文化存在较大差异，以强制性方式推动教师交流轮岗实施存在冲突与抵制的风险。对于部分思想观念相对保守的教师而言，长期稳定地在一所学校任教的想法已根深蒂固，而跨校竞聘等方式也意味着其无法稳定在一所学校工作，因此让其在短时间内接受全员轮换模式存在较大困难。

第二节　联校共同体模式

联校共同体模式依托校际合作开展形式多样的教师交流轮岗活动。从各地实践经验来看，联校共同体模式既是校际办学形式或管理形式的统一，也是行政化或市场化方式的共建。联校共同体模式旨在通过校际合作提升薄弱学校教育质量，而非使不同类型学校呈现均一化发展样态。遵循这一前提，综合分析不同地区联校共同体模式的利弊，并结合地区教育发展的实际情况理性决策，有助于促进教师交流轮岗政策发挥实效。

一　集团学校内的教师交流轮岗

集团化办学是指若干所学校在办学理念、教学管理、教师培养、教育资源、考核评价等方面进行捆绑，由品牌学校牵头形成具有统一管理模式的教育团体。集团化办学强调办学形式的统一，集团成员可通过资源共享、教师互派、跨校教师培养及培训等方式达成集团成员学校共同发展的目标。2018 年，《北京市教育委员会关于推进中小学集团化办学的指导意见》（京教基一〔2018〕13 号）提出，探索建立集团牵头校和成员校之间互派干部双向交流、互派教师轮岗交流的制度，探索集团内干部教师培养、培训、评价和考核等机制；发挥集团内优秀干部和骨干教师的示范作用，搭建干部教师成长发展平台，促进集团干部教师专业发展、素质提升。按照集团化办学模式，教师人事管理将突破原有的"学校人"壁垒，使教师具有集团成员校教师的身份属性，从而实现集团内部教师交流轮岗。尽管如此，集团化办学模式的教师交流轮岗推行也存在以下前提条件。

一是集团内优质学校应有充足的师资储备。集团化办学将不同类型和不同发展水平的学校纳入同一发展共同体。这也就意味着优质学校承担着帮扶薄弱学校发展的责任。如果集团内优质学校数量较少而薄弱学校多，那么大量薄弱学校教师进入优质学校参加交流轮岗的同时，也需要优质学校派出部分骨干教师到薄弱学校交流。优质学校骨干教师数量有限，难以带动薄弱学校发展，甚至可能会影响其自身的发展。二是集团内教师交流轮岗管理方式要灵活。集团化办学强调学校共同发展而非同质性发展。这也就意味着，集团内成员学校既要积极吸纳其他学校的优势之处，也要注重保留学校自身发展特色。集团内参与交流轮岗的教师应充分掌握其他成员学校的发展情况，在保持自身优势的基础上，针对其他学校的发展特征给予帮助。三是集团学校应处于良性的教育生态环境。集团化办学在一定程度上能够扩大学校品牌效应，形成更大规模的教育载体，在资源配置、生源质量等方面占有一定优势。但教育集团的不断扩张可能会出现负效应，在一定程度上会对其他学校发展造成"挤压"。为了使教育集团化办学达成促进教育均衡发展的目标，教育集团在进行内部教师交流轮岗的基础上，应加强与外部其他学校的交流合作，推动集团间、集团内学校间教师交流轮岗，营造良好的教育生态环境。

二　学区内教师交流轮岗

学区化办学强调因地制宜，利用区域内教育资源情况合理划分学区，形成具有统一管理模式的发展共同体。有的学区是围绕一所中心学校形成的学区，学区化办学在很大程度上是这所学校优质资源的外溢，在这所学校的引领下，周边学校组成办学共同体；而有的学区则是多中心的，在一个学区内，有若干所引领性的品牌学校，每所引领性的学校又有大小不一的辐射范围，社会影响可能并驾齐驱，也可能多少有些差异。[①] 但与集团化办学强调办学模式同一化不同，学区化办学模式更强调统一的教育管理方式，即学区制管理。学区制是打破我国传统的捆绑式区域管理模式之后的又一种教育管理模式，是地理属性与管理属性相结合的新的教育治理概念。[②] 学区允许学校主体有不同的办学模式，但包括教师交流轮岗在内的

---

① 郭丹丹、郑金洲：《学区化办学：预期、挑战与对策》，《教育研究》2015 年第 9 期。
② 程艳霞：《从捆绑式区域管理到学区制治理的跨越》，《中国教育学刊》2016 年第 11 期。

一系列管理工作则由学区进行统一安排。2018 年,《北京市教育委员会关于推进中小学学区制管理的指导意见》(京教基一〔2018〕14 号)明确提出,鼓励学区内各校加强校际协同合作,融通教育资源,促进干部教师交流。从学区制管理的地域特征来看,教师交流轮岗适宜于学校相对集中的地区。学区制管理能够通过学区统一管理实现教育资源的统筹调配,但如果学区地域范围过大,则将在一定程度上影响教师个体参与交流轮岗工作的积极性,阻碍交流轮岗政策推进。从学区制的管理模式来看,教师交流轮岗适宜于具有学校类型相对统一的地区。不同学段、不同类型学校的教育教学理念和方式存在较大差异,教师交流轮岗到与以往完全不同学段或类型的学校后,需要较长时间来适应新的工作安排。为了使教师能够尽快适应新的工作场域,学区内教师交流轮岗应保证同一学段至少包含两所学校,且尽可能使教师在新的学校担任其在原学校承担的学科。

三 共建学校的教师交流轮岗

共建模式是通过行政化手段将若干学校进行捆绑,以派出团队的形式开展教师交流轮岗工作。如天津各区依据区域特点和教学需求,采取了针对性的措施,和平区与南开区采用了"学科共建"的方式,选派特级教师、领军人才、首席教师、市区级学科带头人等优秀人才到对口学校的薄弱学科进行"手拉手"式的交流。[①] 连云港开发区由市直属的优质学校牵头,以互派教干、教师进行深度交流合作的方式,与周边的薄弱学校、农村学校进行结对共建。共建模式不仅能够针对薄弱学校的实际需求组建交流团队开展对口帮扶工作,且以团队形式到其他学校开展工作能够有效解决单一教师个体到其他学校后难以适应的问题。共建模式的交流轮岗政策推行需要支援学校有充足的优质师资保障,即适宜于教育发展水平相对较高的地区学校支援薄弱学校共建。事实上,对于大多数县域内学校而言,师资配置长期处于相对不足的局面,骨干教师数量更是严重短缺。在县镇学校师资整体不足的情况下,以教师个体参与的形式派出骨干教师已使部分学校"捉襟见肘",而若要求以团队的形式支援其

---

① 王光明、张永健、卫倩平:《教师交流轮岗政策研究——以天津市义务教育为例》,《天津师范大学学报》(社会科学版)2017 年第 6 期。

他学校，必然将对派出骨干教师的学校教育质量造成一定的负面影响。为了使学校共建模式下的教师交流达成政策预期效果，地方教育行政部门应充分考虑支援学校是否具有充足的师资储备，保障支援学校能够派出高质量的教师交流团队，并通过科学化评估制度促进学校共建的教师交流轮岗高质量完成。

四　委托管理制度下的教师交流轮岗

薄弱学校委托管理是由政府或教育主管部门采用市场化的运作机制，通过签订委托管理协议，以购买服务的方式，将基础教育阶段的薄弱学校委托给其他优质学校或教育专业机构进行管理的一种新型教育管理方式。①学校委托管理突破了人、财、物等资源跨区域流动难的问题，实现了城乡义务教育学校的交流互动和共同成长。尽管与学校共建模式一样，委托管理模式以派出教师团队的形式开展交流工作，但其更强调以市场化的运作机制推动教师交流。在委托管理模式下，教师交流轮岗成为"一纸契约"。地方教育行政部门通过契约方式将薄弱学校委托给具有资质的优质学校管理，达到委托管理期限后，地方教育行政部门依据若干指标对委托管理成效进行综合评估。委托管理模式赋予具有资质的优质学校参与帮扶薄弱学校的选择权，这在一定程度上能够避免部分优质学校派出团队后师资不足的问题。尽管如此，委托管理模式推行也应具备诸多现实条件。一是参与委托管理的学校需具备一定资格。支援学校不仅应有充足的师资储备和经验丰富的管理人员，也应具有良好的教育资源、办学经验和社会声誉。二是地方政府向委托管理学校提供必要的经费保障。地方政府应按照合理标准落实补助，并在职称评聘、评奖评优中给予相应的政策倾斜。同时，受援学校应为支援学校人员提供生活保障以及工作支持。三是具有管、办、评相分离的委托管理评价体系。为保证委托管理工作能够取得实质性成效，地方教育行政部门应委托第三方机构对委托管理成效进行阶段性考核和结果性评估。

---

① 邓亮、林天伦：《薄弱学校委托管理制度建设：困境与出路》，《教育科学》2015 年第 5 期。

第三节 单向支援模式

单向支援是通过经济发达地区支援贫困地区、城市地区支援农村地区、区域内优质学校支援薄弱学校等"以强带弱"的形式，促进薄弱地区学校教师队伍建设，实现教育均衡发展。单向支援模式在一定程度上划定了参加交流轮岗的教师群体范围，使教师交流轮岗政策执行中的人员安排具有一定的可协调空间。

一 单向支援模式教师交流轮岗方式

各地教师交流轮岗政策执行的主要模式可以分为以下三类。

一是优秀教师"三区"支教。受地理环境和交通条件等客观因素制约，我国区域间经济社会发展长期不均衡，东部沿海地区经济社会发展整体处于较高水平，而中西部地区特别是"三区三州"地区经济社会发展处于较低水平。在诸多不利因素影响下，"三区三州"地区教师队伍建设面临诸多难题。为了深入贯彻落实教育扶贫工作，全面提升贫困地区教育质量，国家大力推进区域间教师交流轮岗政策。2012年，《教育部等五部门关于印发〈边远贫困地区、边疆民族地区和革命老区人才支持计划教师专项计划实施方案〉的通知》（教民〔2012〕6号）明确要求，每年选派3万名优秀幼儿园、中小学和中等职业学校教师到"三区"支教一年。在"人走关系不动"的教师派出模式下，交流教师更多以具有丰富经验的"实践指导者"身份参与受援学校的教育教学工作。为了保障交流教师的个体权益，政策也在其人事关系、福利待遇、职业发展以及生活工作条件等方面给予了保障。在国家政策的积极推动下，新疆、甘肃、海南、广西、江西等地加大教师选派工作经费保障力度，积极选派优质学校骨干教师到"三区"支教。"三区"支教对促进教师到贫困地区交流轮岗起到了积极的示范带动作用，但由于贫困地区优质师资需求缺口较大，每年派出教师数量对当地师资整体提升作用较为有限。

二是城镇教师支教。依据国家交流轮岗政策要求和地方教育发展实际情况，各地不断推进城镇教师交流轮岗。从当前各地实践情况来看，城镇教师支教主要包括刚性约束和正向激励两种方式。刚性约束交流轮岗"指标到校"是按照"城镇学校、优质学校每学年教师交流轮岗的比例不低于符合交流条件教师总数的10%，其中骨干教师交流轮岗应不低于交流总数的20%"的政策要求，地方教育行政部门依据区域内各学校的实际情况划定教师交流轮岗指标，由学校自行安排参加交流轮岗的人员。尽管"指标到校"能够在一定程度上达成教师交流轮岗的数量要求，但在学校层面操作过程中，以遵循教师个体意愿的方式达成交流轮岗指标往往存在较大困难，部分校长也因此长期面临着做好教师参与交流轮岗思想工作的难题。为了达成交流轮岗指标，部分学校不得不自行建立一套教师交流轮岗制度体系，将考核排名靠后的教师派出到相对薄弱的学校参加交流轮岗，但这种交流方式容易对交流轮岗效果产生负面影响。正向激励城镇教师参与支教是依据《教育部 财政部 人力资源和社会保障部关于推进县（区）域内义务教育学校校长教师交流轮岗的意见》（教师〔2014〕4号）提出的"在职务（职称）评聘工作中，要将教师到农村学校、薄弱学校任教1年以上的工作经历作为申报评审高级教师职务（职称）和特级教师的必备条件"而设立的方式。《乡村教师支持计划（2015—2020年）》（国办发〔2015〕43号）也进一步提出，城市中小学教师晋升高级教师职称（职务），应有在乡村学校或薄弱学校任教一年以上的经历。在国家一系列政策要求下，各地方相继出台相关政策，将交流轮岗作为教师职称评聘、评奖评优的刚性约束条件，激励部分教师主动参与交流轮岗。

三是县域内乡村支教。优化教师队伍结构是教师交流政策实施的重要目标。由于农村地区特别是边远艰苦地区教师岗位吸引力不够，其师资配置特别是年轻教师的补充长期面临极大困难。《乡村教师支持计划（2015—2020年）》（国办发〔2015〕43号）提出，"县域内重点推动县城学校教师到乡村学校交流轮岗，乡镇范围内重点推动中心学校教师到村小学、教学点交流轮岗"。县域内教师交流轮岗即由县级统筹，推动县镇学校教师到乡村学校进行交流轮岗。相对于乡村教师，县镇地区教师具备参与城镇教师支教的基本特征，但由于县域内人事制度管理具有较大的自主权，部分地区往往针对县域内教师建立了适宜地方教育发展的交流轮岗制度。为了能够使更多年轻教师通过交流轮岗的方式到农村学校任教，部分地区对新入职教师作出强制性规定，要求其必须具有到乡村学校或薄弱学校任教的经历。课题组对福建古田县的调查发现，该地要求县镇小学新任教师应有在乡村学校任教 3 年以上的经历。县域内乡村支教能够促进区域内教育均衡发展，但由于乡村学校岗位吸引力不足，以刚性制度约束年轻教师到乡村任教难以契合教师个体的主观意愿，且对教师个体专业发展的作用有待进一步考量。

二　单向支援模式教师交流轮岗地区选择

在教师交流轮岗全面推进的政策要求下，单向支援模式为教师交流轮岗提供了充足的发挥空间，使不同地区能够依据其教育发展实际情况制定符合本区域的教师交流轮岗制度。由于教师交流轮岗直接影响着不同学校和教师群体的利益，以单向支援模式进行教师交流轮岗的地区应综合考虑以下三个方面。

第一，单向支援模式适宜于区域间教育发展差异不大的地区。单向支援模式将经济发达地区学校或城镇地区学校的骨干教师派至农村学校参与交流轮岗，这种"以强带弱"的方式对提升农村学校教育教学质量、促进教育均衡发展发挥着重要作用。但受区域经济社会发展不均衡等客观因素制约，城乡教育长期以来存在巨大的发展差距，如果区域间教育发展差距过大，则将可能使城镇教师交流轮岗面临"水土不服"的局面。首先，城镇教师短期内难以适应乡村学校的工作及生活环境。相对于城镇学校地处交通条件便利和生活环境良好的地区，乡村学校则多地处偏远且条件艰苦的地区。由于部分地区教师周转房数量不足或配套设施不全，交流轮岗教师到乡村学校的生活环境堪忧。其次，城镇教师需自我调整适应乡村学校教育教学环境。尽管乡村学校教育教学设备基本齐全，但部分学校教育教学设备长期闲置导致老化严重，难以满足城镇教师对高质量硬件设施配置的教育教学需求。事实上，城镇学校教师不仅在教学设施、办公条件等方面占有优势，且具有更多参加各类教育教学研讨、听评课以及外出培训活动等的机会。而农村学校特别是乡村小规模学校师资力量较为薄弱，难以形成规模化的教学研讨，甚至可能需要教师承担多学科的教学任务。这种工作内容和教学方式的变化必然对城镇教师适应乡村学校工作带来巨大挑战。最后，城镇教师需要面对大量留守儿童等弱势学生群体。城镇化背景下农村劳动力进城务工使农村地区出现了大量留守儿童。由于长期缺乏父母陪伴，部分留守儿童尚未养成良好的学习和生活习惯，因而需要教师给予更多的指导和帮助。与城镇学校家长积极配合学校完成各项工作相比，城镇支教教师在农村学校开展家校合作会面临诸多困难。

第二，单向支援模式适宜于区域内城镇学校数量相对较多的地区。在"指标到校"的政策要求下，单向支援模式将教师交流轮岗指标分派到区域内各个学校，由学校自行安排参加交流轮岗的人员。以学校为单位分派教师交流轮岗指标能够在短期内达成交流轮岗的数量要求，但如果忽视不同学校主体的教育发展需求，教师交流轮岗的效果将难以得到保证。随着农村学龄人口大量流失，农村学校布点整体呈现以县镇中心校为中心的辐射模式，而初中学校则呈现每个乡镇最多一所的单点模式。无论是将学校规模还是教育教学质量作为交流轮岗指标的划定依据，县镇学校都不可避免地成为交流轮岗政策执行的"主阵地"。这也就意味着，县镇学校需要派出优秀教师到其他学校进行交流，而乡村学校则主要作为输入端吸纳县镇其他学校派出的交流教师。在"财政供养人员只减不增"的政策背景下，学龄人口向城性聚集使县镇学校长期处于"超编缺人"的局面，这也使多数学校并不情愿甚至也无法派出教师到其他学校交流轮岗。由于部分县域内存在大量地处偏远且条件艰苦的小规模学校，以少数优质学校带动大量薄弱学校必然容易陷入"小马拉大车"的局面。出于对学校自身发展的考虑，部分优质学校往往采取"末位淘汰"的模式，将教学业绩和综合表现排名靠后的教师作为交流轮岗人选。这种"数字式"交流不仅难以发挥教师交流轮岗的作用，还可能因派出交流教师工作积极性不高而对薄弱学校产生负向引导作用。

第三，单向支援模式适宜于有条件保障交流教师个体利益的地区。对于部分教师而言，教师交流轮岗并非其个体主观意愿而更多迫于被动的刚性要求。为了激发教师参与交流轮岗的内在动力，应采取多种举措逐步消除相关教师参与交流轮岗的顾虑。首先，保障交流教师的基本生活条件。交流教师离开原来所在学校不仅意味着工作场域的变化，生活环境也随之发生了变化。由于部分地区教师周转房和教职工宿舍供给有限且条件艰苦，交流教师到岗后难以适应乡村学校生活环境。为了兼顾工作和家庭，部分家庭所在地与交流学校相距较远的教师采取通勤往返的方式参加交流，而如果其经济成本和时间成本未能得到补偿，则必然会对其交流意愿产生负面影响。其次，满足交流轮岗教师的职业发展诉求。单向支援模式的交流轮岗是部分教师达成职业发展目标的必要选择。对于大多数交流教师而言，参与交流轮岗的教师能够在职称晋升、评奖评优上更加具有优势，且能够在与其他学校教师的合作中获得专业成长。然而，部分教师对参与交流轮岗后的职业发展存在一定顾虑，如交流轮岗影响其在原学校的发展或者可能无法回到原学校岗位。为了激励教师参加交流轮岗，从职业发展维度消除交流教师的顾虑显然是不可缺少的。最后，突出交流轮岗教师的岗位贡献。交流教师的获得感不仅在于外部的物质条件，也源于内在职业认同。交流教师应能够为交流学校注入新活力，但前提是学校管理人员能够为其提供合适的岗位。而合理制定交流轮岗的评价制度，形成对交流学校和交流教师的系统性考核机制，对激发教师内生动力、增强交流教师的职业获得感是至关重要的。

第四节　双向互派模式

双向互派模式即在一定期限内，以校际教师互派的方式，选派城市学校骨干教师和农村学校教师进行交流轮岗的模式。双向互派模式通过师徒结对、集体备课、示范课、听评课等一系列教研活动，使城市优秀教师带动薄弱学校教师实现专业发展，也通过良性的师资流动制度为学校注入新的活力。

一　双向互派模式教师交流轮岗方式

从实践层面来看，双向互派模式的教师交流轮岗主要包括两种方式。一是跨区域城乡学校对口支援。教育对口支援主要包括全国援藏、援疆系统工程中的教育支援；东部发达省份对口支援、东西部高校及省（区、市）内的教育对口支援。[1] 二是县域内城乡学校结对互派。课题组实地调查发现，陕西省洋县实行学校联盟试点，城乡学校结对子互派教师轮岗交流。双向互派模式突破了城市学校向农村学校输送交流教师的单一模式，

---

① 郑刚：《建立教育对口支援长效机制的政策分析》，《中国教育学刊》2012年第7期。

使农村教师获得进入城市学校交流学习的机会。但是，双向互派模式的教师交流轮岗保持教师原有人事关系不动，即教师在一定期限参与交流轮岗后仍返回至原学校。尽管教师交流政策意味着城乡学校教师的"双向互派"，但从实地调研情况来看，教师交流主要是以城市教师到农村学校支教为主，由农村派教师或校长去城市顶岗、跟岗的数量较少。[①]

二　双向互派模式教师交流轮岗地区选择

双向互派模式难以推行，不仅在于政策设计和保障措施的不健全，也受诸多现实问题的影响。这种模式主要适宜在以下三种类型的地区推行。

一是教育发展相对均衡且地理交通条件相对便利的地区。尽管双向互派模式强调在城乡平等互利的基础上实现教师交流轮岗，但是如果校际教育教学质量存在较大差距，那么双向互派式交流轮岗将不可避免地因资源不对等而陷入难以推行的局面。一方面，部分到城市学校进行交流轮岗的教师，不仅面临着城市学校快节奏的工作适应问题，也面临着难以充分获得优质学校及学生家长认可的问题。由于师资配置相对不足，农村教师往往需要承担跨年级、多学科的教学任务，这使教师参加教学研讨、各项课程活动的时间相对较少。而到城市学校参加交流轮岗的教师，不仅需要完成规定的教学任务，也需要一段时间适应城市学校的教学研讨、听评课等教育教学活动安排。相比于农村学校生源，城市学校学生基础较好且见识广，这对农村教师专业素养提出了更高要求。不仅如此，部分城市学校家长对农村教师教育教学能力的偏见，使农村教师进入城市学校后面临着严重的"信任危机"，这无时无刻不在考验着交流轮岗教师个体的心理素质。另一方面，部分到农村学校参加交流轮岗的教师，既要适应农村学校的工作和生活环境，也要保证其教育教学方式能够为农村学校所接受。由于双向互派模式下交流轮岗的人事关系保持不动，城市教师到农村学校交流只是一段时间内的工作安排，部分城市教师也因此具有往返于工作地与家庭居住地的需要。如果交流学校间距离过远或交通不便，城市教师将面临交流期限内无法回家或耗费大量时间和精力往返于路途的问题，这对城市教

---

① 王正惠：《教师交流政策目标悬置分析——基于国家试验区的调查研究》，《教育发展研究》2015 年第 18 期。

师安心在农村学校完成交流轮岗工作安排是极为不利的。同样，如果交流学校之间在教育理念、课程设置、教学模式乃至学生基础等方面存在较大差异，那么部分初到农村学校任教的城市教师尽管在城市学校的教育教学成绩出色，但到农村学校依然容易出现"无用武之地"的现象。

二是教育统筹力度较大的地区。交流轮岗政策的有序实施有赖于地方政府的统筹推进。在双向互派模式推进的地区，地方政府既要充分考虑政策在学校层面的执行问题，也要兼顾教师个体的利益诉求。一方面，双向互派模式推行需要地方政府做好学校工作，使相关学校充分认识到双向互派工作的必要性。双向互派模式通过校际教师交流轮岗实现"以强带弱"共同发展，对促进教育均衡发展具有重要作用。但是，部分学校对这种模式认识不足，在双向互派模式中出于自身发展考虑，对派出骨干教师有所保留，导致其派出的教师不仅难以满足对方学校的实际需求，还可能因派出教师整体素质不高而产生负面影响。另一方面，地方政府需完善制度化体系，确保教师个体利益。在教师交流实施过程中，一些教师会持一种消极观望或被动等待的态度，存在"流动了回不来怎么办""流动以后待遇如何落实"等顾虑，这些顾虑是很多教师对政策制度的一种不信任表达。[1]为了打消交流轮岗教师的这些顾虑，地方政府应在建立合理的交流轮岗制度基础上，通过加大政策宣传力度、签订交流轮岗保障协议等方式，有效推动双向互派模式。

三是校际文化差异较小的地区。双向互派模式的教师交流轮岗能够增强校际教师合作，缩小校际教育发展差距，达成"1 + 1 > 2"的政策效果。交流政策的有效执行有赖于不同学校和教师群体的积极参与，但不同地区学校文化存在差异使交流轮岗教师面临如何适应新学校工作场域的问题。部分学校处于不同的民族或宗教地区，校际文化存在较大差异，教师交流轮岗工作开展面临诸多不便。对于教师个体而言，在固定的交流周期内，交流教师需要适应新学校的生活和工作环境，发现不同学校学生的学习情况差异，同时与新同事进行合作研讨，将原有的教育教学思维与新学校的管理模式进行整合。如果教师始终以"局外人"的身份进入交流学

---

[1] 李茂森:《城乡教师交流制度实施难题破解探析——基于浙江省 A 县的个案研究》,《中国教育学刊》2015 年第 6 期。

校，不仅难以在交流期内形成组织认同感，也容易出现消极怠工的情绪。这不仅对交流教师个体的职业发展产生负面影响，也将对流入学校的日常工作安排造成不利影响。

第五节　定岗走教模式

城镇化背景下农村学龄人口向城性流动使学校规模不断缩小，乡村小规模学校数量不断增加。在规模取向的编制核定标准下，乡村小规模学校师资配置长期不足，跨年级、跨学科教学现象普遍存在，部分地区仍存在"包班教学"的现象。按照当前义务教育课程设置要求，小学阶段包括语文、数学、外语、科学、品德与生活、品德与社会、体育、艺术（或音乐、美术）、综合实践活动、地方与学校课程等，初中阶段则包括语文、数学、外语、科学（或生物、物理、化学）、历史与社会（或历史、地理）、思想品德、体育与健康、艺术（或音乐、美术）、综合实践活动、地方与学校课程等。义务教育阶段学科高度分化对教师的专业素养提出较高要求。由于师资配置不足，乡村小规模学校教师往往需要承担多门课程，教师工作负担巨大，且教育教学质量也难以得到保证。尽管如此，从现阶段来看，为乡村小规模学校配足配齐各学科特别是音乐、体育、美术等专任教师仍存在较大困难。为如此庞大数量的小规模学校配足配齐专任教师，将不可避免地造成教育资源的浪费。

一　定岗走教模式的教师交流轮岗方式

为了突破乡村小规模学校师资配置的瓶颈，部分地区探索了定岗走教模式，区域内若干所学校共享师资，由部分教师承担多所学校的部分教育教学工作。定岗走教模式在一定程度上缓解了小规模学校特别是音乐、体育、美术等小学科专任教师紧缺的问题，并在实践中逐步探索出形式多样的教师交流轮岗方式。

一是中心校统筹教师走教。部分地区以县镇中心校为核心辐射乡村小规模学校，由中心校派出教师定期到乡村小规模学校开展走教活动。按照乡村小规模学校的实际需求，中心校指定特定学科专任教师，按照合理的课程设置安排,定岗定时到乡村小规模学校开展教学活动。中心校派出教师多为音乐、体育、美术等课程教师,中心校教师直接参与乡村小规模学校教育教学工作的方式,不仅能够有效缓解乡村小规模学校音乐、体育、美术等课程开设不足的问题,也在一定程度上优化了乡村教师队伍结构。同时,部分地区开展了优质学校骨干教师定期巡回指导的走教活动。针对乡村教师的专业发展需求,部分地区选派教师定期到乡村小规模学校进行公开课、听评课等的指导。如锦州市要求优秀教师走出校门送课,其他教师走进优秀教师的课堂听课,使全市优质资源得到共享。① 相对于直接参与乡村小规模学校教育教学工作的走教模式,巡回指导的形式对提高乡村教师专业素养、及时更新先进教育教学理念具有重要的现实意义。

二是学校联盟共享师资。由于乡村小规模学校难以达成办学规模效益,其在教育资源配置中长期处于弱势地位,发展面临诸多困难。2014年,四川省广元市利州区范家小学联合周边 14 所农村小规模学校,发起成立了"微型学校发展联盟",共同寻求学校发展的动力与方向。同年,"农村小规模学校建设与发展论坛"在北京举行,并成立了"农村小规模学校联盟"。② 小规模学校联盟是名校与薄弱学校捆绑发展的有益补充,为自下而上进行教育改革提供了条件,改变了小规模学校"孤立无援"的发展状态。③ 学校联盟整合了乡村小规模学校的教育资源,联盟学校可通过师资共享的方式配足配齐专任教师。按照国家规定的课程设置要求,联盟学校可安排教师同时兼任合理范围内的若干所学校的课程,根据各学校的实际教育教学活动,统筹安排教师定期到不同学校任教。遵循学校联盟这一创新思路,学校联盟包括但不局限于区域内乡村小规模学校联盟,跨区域、跨学段的学校联盟合作也成为可能。如东北师范大学提出并实施的"校 – 府 – 校"(U – G – S)教师教育新模式,破解了长期困扰我国教师教育改革中的师范生教育实习、农村中小学教师培训和教师教育者专业发展

---

① 李潮海:《"走校式"教师交流值得提倡》,《中国教育学刊》2014 年第 5 期。
② 安晓敏、邬志辉:《农村小规模学校联盟发展模式探究》,《中国教育学刊》2017 年第 9 期。
③ 陈国华、袁桂林:《学校联盟:农村小规模学校发展的新探索》,《中国教育学刊》2016 年第 6 期。

难题。①

二 定岗走教模式教师交流轮岗地区选择

定岗走教模式是地方教育实践探索的有效途径，能够在一定程度上解决由乡村学校规模小且分布广导致的教师交流难的问题，但全面推广也存在诸多现实问题，有待进一步考量。定岗走教模式主要适宜在以下类型地区推行。

一是地理交通条件相对便利的地区。定岗走教模式的教师交流需要教师走出校门参与其他学校的教学工作，因此地势平坦且学校分布相对密集的地区具有较强的适宜性。但是，如果学校相距较远且地理交通不便，那么定岗走教模式将使教师耗费大量的时间与经济成本往返于学校之间，这不仅会影响教师参与定岗走教的意愿，也可能因日常路途劳顿而影响教师的工作积极性。对于地理自然环境相对恶劣的地区，长期往返于学校之间的教师更是存在较大的安全隐患，这对学校及教师个体都是极为不利的。

二是具有相对完善的配套保障措施的地区。作为理性的行动者，一线教师往往会基于自身所处情境解构教育政策并做出利益最大化的选择，以截然不同的身份参与"联校走教"政策实施。② 与在固定的学校工作相比，参与定岗走教的教师不仅需要日常往返于学校之间，也需要协调不同学校的工作安排。这也就意味着，教师个体的需要面临更多的经济成本和精神负担。如果未能获得相应的利益补偿或政策待遇，理性的教师个体决策难以达成定岗走教的设计初衷。对于追求办学效益的学校而言，定岗走教模式推进也并非符合其发展需求。中心校派出教师参与定岗走教即与小规模学校共享教师资源。在师资配置有限的情况下，中心校派出教师参与定岗走教不可避免地会影响其正常的教学工作安排，且对交流轮岗教师的管理也存在诸多不便，这在一定程度上也影响着学校参与的积极性。因此，实现定岗走教的有效推进，必然需要地方具有相应配套设施和奖惩机制，通过必要举措满足学校和教师个体的利益诉求，从而形成共同发展的责任

---

① 刘益春、李广、高夯：《"U-G-S"教师教育模式建构研究——基于教师教育创新东北实验区建设的实践与思考》，《教师教育研究》2013年第1期。

② 雷万鹏、王浩文：《真实情境中教师的差异化行为：S县"联校走教"政策十年观察》，《华东师范大学学报》（教育科学版）2019年第4期。

意识。

第六节 远程互动模式

受地理交通条件不便、教师个体交流意愿不强等诸多因素制约，部分地区教师交流轮岗推进面临较大阻力，而借助信息化手段实现在线交流成为实现教师交流轮岗的重要途径。远程互动模式的交流轮岗是广义上的教师交流，即通过信息化手段实现校际教师的交流互动、获取外部教育信息资源，对教师人员岗位流动未作具体要求。各地在实践中不断探索出形式多样的远程互动式教师交流形态，如北京市通州区 31 所初中开展了包括"一对一实时在线辅导""一对一预约辅导""问答中心""微课学习"等多种形式的试点工作；宁夏银川充分发挥教育信息技术的作用，创新智慧教室授课、利用录播室实现同步课堂。

一 远程互动模式的教师交流轮岗方式

远程互动模式教师交流形式多样，当前各地在实践中主要探索了以下三种形式。

一是同步课堂。同步课堂即采用在线课堂直播互动的方式，将处在不同地域的课堂连接到一起，使处于薄弱学校的学生获得参与优质学校课堂教学活动的机会。在同步课堂中，薄弱学校教师可通过在线参与优质学校课堂的方式获取先进的教育理念、教学模式及教学方法。然而，由于教师间缺乏在线互动，薄弱学校教师在同步课堂中更多处于观摩状态，对于"为何如此教"的问题，教师容易将其归结为学生生源的差异。实际上，同步课堂对薄弱学校教师提出了更高要求，教师既要及时发现校际课程内容差异并进行调整与补充，也要根据学生的基础和反馈情况及时解答学生在课程中遇到的困惑。而如果学校课程内容与学生基础差异较大，则必然将对薄弱学校教师与学生造成较大压力。

二是异步课程。不同教师对同一课程有各自的理解方式，在教学方法和教学风格上也存有较大差异。异步课程即通过局域网络共享教师课堂实录，教师可自由安排时间进行观摩学习，并在线交流同一课程的教学经验。相比于同步课堂，异步课程模式下教师交流内容范围更广且时间更为灵活。但由于部分学校教师日常教育教学工作繁忙，课堂实录及观摩、反思、交流等一系列活动易成为教师额外的工作负担，在一定程度上影响了教师参与意愿。

三是在线互动。在线互动模式即通过建立网络名师工作室、在线研讨平台等方式定期分享、探讨并解决教师在教学实践中的困惑。在线互动的教师交流能够使教师通过网络平台接触到更多不同地域的优秀教师，通过定期交流研讨，更新教育理念与方法，吸取高效的教育管理经验。如成都市锦江区与青白江区充分利用"网络教研""视频会议""空中e课堂"等网上教研平台，有效开展教育教学研讨活动；青羊区与蒲江县开展"远程互动教学现场观摩活动"，深化了两地课堂教学改革。[①]

二　远程互动模式下教师交流轮岗面临的现实挑战

远程互动模式适宜于交通不便的地区与外部学校的联系，依靠科学技术手段不仅能够使学生获得优质的教育资源，也能使教师与外界优质师资进行对话。尽管如此，全面推行远程互动模式也面临着诸多现实挑战。

一是远程互动模式对教师掌握不同区域学校教育发展异同的能力提出较高要求。由于教育发展不均衡，不同地区学校存在较大差异。优质学校教师与薄弱学校教师应在相互理解与尊重的基础上开展交流对话。一方面，优质学校应利用资源获取优势，通过与地方政府及高校的合作，在教师实现自我发展的基础上，进一步了解薄弱学校教师工作开展面临的现实问题。基于此，优质学校教师可根据薄弱学校的实际情况提出建设性意见。另一方面，薄弱学校教师应以积极心态接受新的教育理念及方法，充分利用远程互动模式提升专业能力及教学质量。远程互动模式不是强制性向薄弱学校教师灌输教学经验，而是通过加强不同区域间的教师交流互动，促进双方共同提升。

二是远程互动模式应有教育信息技术设施及相关技术人员提供支持。国家不断加大对农村义务教育基础设施建设的投入力度，农村地区学校硬件设施和信息化建设取得了显著成效。但由于农村学校缺乏具有教育技术

---

① 柯玲、赵燕：《城乡教育互动发展联盟模式研究——以成都市为例》，《教育研究》2013年第7期。

能力的教师，部分教育设施设备因长期闲置而不断老化，城乡教育信息化资源配置仍存在一定差距。远程互动模式不仅需要搭建信息化平台以提供支持，也对教师运用现代教育技术手段提出了更高要求。

三是远程互动模式有赖于良性运行机制调动教师参与交流互动的积极性。远程互动模式能够使薄弱学校教师以较少的经济和时间成本付出，获得大量与不同区域优秀教师交流的机会。但由于部分教师日常工作负担较重，利用课外时间参与教师交流必然容易使教师产生抵触情绪。因此，远程互动模式推广应探索建立有效激励机制，将远程互动交流纳入工作量核定范畴。另外，还应加强交流内容和形式的灵活性和针对性，让教师能够甘于分享、乐于收获。

在教育现代化快速发展的背景下，远程互动模式能够为教师交流提供便利性平台，但从现阶段来看，远程互动模式也仅适宜于部分地区。第一种是地理环境较差和交通不便的地区。传统的交流轮岗能够通过教师亲身参与其他学校的教育教学工作，获得与其他学校优秀教师交流学习的机会。但受地理交通等客观条件的制约，部分学校派出教师参加交流轮岗存在诸多不便，严重制约着教师交流的全面推行。远程互动模式打破了教师交流的地域性障碍，使不同地区学校教师能够实现空间上的交流，改变了农村学校长期与外界隔离的局面。第二种是教育发展程度较为相似的地区。借助远程互动平台的开放性和便利性，不同学校乃至不同地区的教师能够针对教学方法和经验进行交流。但由于区域间、学校间教育发展实际情况不同，不同学校教师实际面对的办学条件、课程内容以及生源基础均存在较大差异。如果教师在远程互动交流中未能客观分析不同地区教育发展特征，无法尊重其他类型学校教师的实践经验，那么远程互动模式也将偏离教师交流的初衷。第三种是教育信息化普及程度较高的地区。依托信息化平台开展的远程互动模式应有充分的硬件设施基础。尽管远程互动模式适宜于地理环境较差和交通不便的地区，但由于部分地区经济社会发展相对落后，地方教育财政长期投入不足使其基础教育设施配置更新缓慢。学校硬件配置严重老化导致农村学校信息化平台难以与城市学校实现"无缝对接"，这对开展远程互动模式的教师交流来说是无法逾越的现实阻碍。

第八章

义务教育教师交流典型案例研究
——以 L 市三种模式为例

党的十九大报告指出，当前我国社会主要矛盾已转化为人民日益增长的美好生活需要和不平衡不充分的发展之间的矛盾。反映在教育领域里，城乡教育之间发展的不平衡以及农村教育自身发展的不充分是当前制约我国义务教育发展的主要瓶颈。义务教育教师交流是提升区域内义务教育质量、推动义务教育均衡发展的重要举措，有助于实现"更加公平、更有质量"的教育发展目标。L 市自 2017 年大面积正式实施教师交流制度以来取得了显著的成效，探索出一些可资借鉴的交流模式。

从 20 世纪 80 年代以来，L 市义务教育学校数量总体呈现下降态势。截至 2020 年底，全市共有普通小学 441 所，C 中学 151 所。从纵向视角来看，1985～2005 年，全市普通小学数量逐渐减少，尤其是在 2000～2005 年，学校数量减少的速度明显加快，之后保持稳定态势（见图 8－1）。1985～2020 年，全市初中学校总体数量亦逐渐减少，但较之小学学校，其减少速度较为缓慢，变化曲线相对平缓（见图 8－2）。

L 市义务教育学校学生数量经历先增长后减少以及再增长三个阶段。截至 2020 年底，全市普通小学和 C 中学的在校学生数分别为 44.47 万人、21.29 万人。1990～1998 年，全市小学学生数量呈现稳步上升样态；1999～2009 年，全市小学学生数量锐减；2010～2020 年，全市小学学生数量逐步增加。1990～1997 年，全市初中学生数量有所增加；1998～1999 年，全市初中学生数略有减少；2000～2004 年，全市初中学生数继续保持增长态势，于 2004 年达到数值顶峰；2005～2014 年，全市初中学生数持续走低；

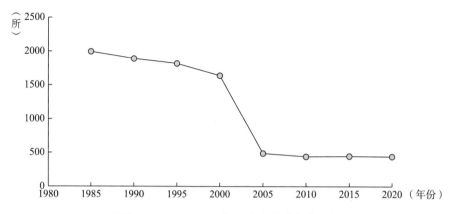

图 8 - 1　1985～2020 年 L 市小学阶段学校数
资料来源：L 市统计局《2021 年统计年鉴》。

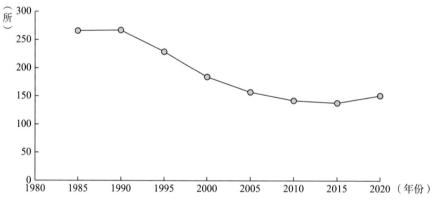

图 8 - 2　1985～2020 年 L 市初中阶段学校数
资料来源：L 市统计局《2021 年统计年鉴》。

2015～2020 年，全市初中学生数有所回升（见图 8 - 3）。

截至 2020 年底，全市普通小学专任教师数为 2.80 万名，普通中学（含普通高中）专任教师数为 2.60 万名。1990～2020 年，小学阶段生师比处于先增长后降低的态势。其中，1990～1999 年，小学阶段生师比从 21.93∶1 持续增长至 30.82∶1；2000～2009 年，小学阶段生师比逐步回落，降至 15.58∶1；从 2010 年开始，小学阶段生师比又逐渐提高，2015～2020 年又有下降趋势（见图 8 - 4）。

从全市的教育发展状况来看，有限的优质教育资源难以满足学龄人口的强烈需求。受城镇化因素的影响，市区、县城学校和部分乡镇中心小学

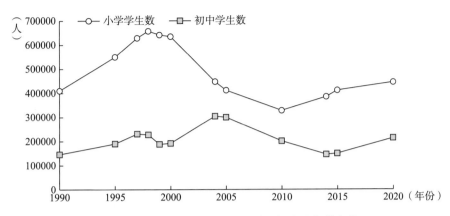

图 8 – 3　1990～2020 年 L 市小学、初中阶段学生数

资料来源：L 市统计局《2021 年统计年鉴》。

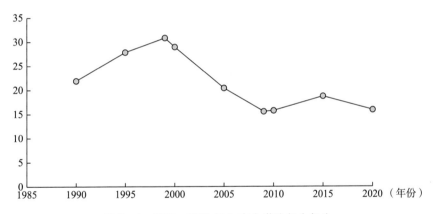

图 8 – 4　1990～2020 年 L 市小学阶段生师比

资料来源：L 市统计局《2021 年统计年鉴》。

大班额现象较为普遍，尤其是过去的部分省实验小学、示范初中等优质学校大班额问题突出。例如，主城区受外来人口影响，在公共教育服务供给方面面临较大压力，有的学校班额多达 60 余人。① 而村小和教学点的学龄儿童不断外流，学校规模也逐步萎缩。

　　"十二五"规划时期，L 市的教育保障能力明显提升。全市将教育投入作为公共财政的保障重点，全市国家财政性教育经费投入已达到 82.58

---

① L 市教育局：《L 市"十三五"教育发展规划》，http://yj.lyg.gov.cn/lygsjyj/jyzcqgh/content/075718d7-77ac-474d-a3d6-9e10d663ec7e.html，最后访问日期：2023 年 3 月 25 日。

亿元，是"十一五"时期的 1.7 倍，约 19.11% 的公共财政预算支出用于教育事业。[1]

推进义务教育均衡发展成为新时期重要的时代命题。目前，我国教育发展逐步进入质量提升和内涵发展的新阶段，大众诉求由"有学上"向"上好学"转变。[2] 推进城乡义务教育一体化，促进义务教育优质均衡发展，是国家做出的重大战略决策和极力倡导的工作重点。为此，国家、省、市层面出台了多个重要的政策文件。例如，2012 年，《国务院关于深入推进义务教育均衡发展的意见》（国发〔2012〕48 号）明确指出，发挥优质学校的辐射带动作用，鼓励建立学校联盟，探索集团化办学，提倡对口帮扶，实施学区化管理，整体提升学校办学水平。2017 年 2 月，J 省政府第一次以一号文件的形式部署义务教育的城乡一体化和优质均衡发展工作，并出台了《省政府关于统筹推进城乡义务教育一体化促进优质均衡发展的若干意见》（SZF〔2017〕1 号），鼓励名校校长到薄弱学校任职，鼓励县域内、跨地区开展学校结对帮扶、托管、集团化办学，共享优质教育资源，省级层面根据交流轮岗规模和成效给予奖补。2017 年，L 市制定了《L 市义务教育优质均衡发展三年行动计划（2017—2020 年）》。该计划提出，市、县（区）教育行政部门要根据区域义务教育学校布局与规模、发展现状及师资构成等实际情况，创新义务教育办学机制与模式，如集团化办学、结对共建、教育共同体等组织形式。为此，全市打破区属和市属的行政区划界限，扩大主城区重点学校的资源辐射，各县教育行政部门打破城乡界限，建立城乡学校联盟。

推进校长教师交流轮岗，实现了对教师资源的二次配置，是促进义务教育均衡发展的有效路径。"十一五"时期，J 省率先启动"千校万师支援农村教育工程"，积极探索跨市县的教师支援办法，在全省范围内集中师资力量以缩小城乡教育发展差距。从 2007 年到 2010 年底，全省统筹省域范围内的学校资源，选派众多师资力量支援薄弱地区，尤其是与农村地区

---

① L 市教育局：《L 市"十三五"教育发展规划》，http://yj. lyg. gov. cn/lygsjyj/jyzcqgh/content/075718d7-77ac-474d-a3d6-9e10d663ec7e. html，最后访问日期：2023 年 3 月 25 日。

② L 市人民政府：《L 市推出义务教育优质均衡发展三年行动计划》，http://www. lyg. gov. cn/zglygzfmhwz/xstzgg/content/07fff213-4e87-4984-b209-c578cb85d510. html，最后访问日期：2023 年 3 月 25 日。

建立结对帮扶机制，致力于区域范围内教育的均衡发展；在经费保障上，省财政以 4000 万元/年的标准拨付专项经费，主要用于鼓励和支持参与支教的学校，在此基础上，各市县按照实际情况也给予适当的经费保障，其中，支教学校享有 4 万元的经济补贴，支教教师获得不低于 500 元/月的生活补助。[①] 2012 年，J 省印发《关于进一步推进义务教育学校教师和校长流动工作的意见》（SJR〔2012〕19 号），规定推动城乡双向交流制度的常态化发展，鼓励城镇教师到乡村学校挂职支教，支持农村教师到城镇学校顶岗学习。

2014 年，《教育部 财政部 人力资源和社会保障部关于推进县（区）域内义务教育学校校长教师交流轮岗的意见》（教师〔2014〕4 号）提出，支持鼓励各地创新教师交流模式，自主选择定期交流、学校联盟、集团化办学、对口支援、乡镇中心学校走教等适宜性模式，推动师资力量的均衡配置。2017 年，《J 省市县落实教育经费保障主体责任综合奖补办法》（SCG〔2017〕5 号）规定，J 省在全省范围内依据各地教师交流轮岗情况实施综合奖补办法，以期激发地方政策推行的积极性。2017 年，《L 市义务教育优质均衡发展三年行动计划（2017—2020 年）》提出在校际实行"三个互动"和教干教师交流工程，具体表现在：集团学校之间、共建学校之间和共同体学校之间互派副校级干部、中层或年轻后备干部任职、挂职；以构建教师培养梯队为目标，校际互派教师到对方学校，开展师徒结对、顶岗交流，加强学科（年级）组建设，缩小校际师资差距；通过校园文化联谊、社会实践活动、生活互换体验等方式开展学生交流互助活动，塑造良好品行，促进共同进步。[②]

为打破区域内教师交流的制度壁垒，全市积极探索形成促进教师交流的多种模式，如 G 区形成基于"集团化办学"的教师交流模式，Y 区形成基于"区管校聘"的教师模式，K 区形成基于"学校共建"的教师交流模式。

---

① 《J 省启动千校万师支援农村教育工程》，http://www.gov.cn/fwxx/wy/2007-03/13/content_549432.htm，最后访问日期：2023 年 3 月 25 日。

② L 市人民政府：《关于印发〈L 市义务教育均衡发展三年行动规划（2017—2020 年）〉的通知》，http://www.lyg.gov.cn/zglygzfmhwz/zxgh1/content/e33a733a-bef7-4cf6-afa3-10607e9dafea.html，最后访问日期：2023 年 3 月 25 日。

第一节　基于"集团化办学"的教师交流：
G区实践经验

为加快区域内义务教育优质均衡发展进程，2018年秋季，L市G区在城区义务教育学校探索实施集团化办学新模式，成立了六个教育集团，并在集团内部积极开展教师交流工作，取得了良好的成效。

一　以集团化办学促进教师交流模式

从2018年秋季起，区教育局启动"G区义务教育优质均衡发展三年行动计划"，在城区义务教育学校探索实施集团化办学新模式，制定了《G区城区义务教育阶段学校集团化办学教师交流实施方案》，该方案主要包括教师交流指标、交流条件及要求、保障措施、教师待遇等内容。

（一）教师交流指标

城区义务教育阶段学校常态化实施集团化办学和教师交流工作，每年固定交流15%左右符合条件的教师。按此比例，各集团学校内部形成同等数量的教干、骨干教师的双向交流和互动。

（二）交流条件及要求

教育集团的教师交流工作，遵循"统筹兼顾、均衡配置、按岗聘用"的原则，实施教师定期交流。交流对象是在现学校任教满3年且离退休年限超过5年的教师（含人事关系不在本校，但在现学校已工作满3年且离退休年限超过5年的教师）、教干（原则上任期满3年），交流时间为3年。交流期满，交流教师原则上调回原学校任教；集团牵头学校交流出去的教师，交流期满可自愿申请并经教育局审批同意后，留在交流学校任教。

教育集团各成员学校推选教师交流须遵循学科分布对等、年龄性别结构均衡、名特优指标切实落实等原则。

（三）保障措施

为确保集团化办学顺利实施，区教育局成立集团化办学工作领导小组，教育局主要领导任组长，分管领导任副组长，人事科、师资科、中教科、初教科等相关科室负责人和教育集团负责人任成员。各教育集团和相关科室按照"整体设计、分步实施"的要求，明确责任，完善政策，创新工作。

各集团学校要在认真制订工作方案的基础上，明确教师交流的工作任务和管理要求，不断修改和完善与教师交流相配套的考核制度。加强对交流教师的管理、指导与考核，对不服从交流的教师予以调离。

（四）教师待遇

第一，教师交流实行"编随人走"的政策，人事科为参加交流的教师及时办理人事关系转移手续。教师在交流所在学校参加年度考核、职称评定、岗位晋升，参与年度绩效工资分配等，服从交流所在学校工作安排，遵守工作纪律，确保教师交流顺畅。教师在交流期间，职称评聘、岗位晋升按交流所在学校岗位设置情况予以评聘；交流期满，凡返回原学校任教的交流教师按原学校岗位设置情况予以评聘。确保交流教师在交流过程中不低于交流前岗位等级聘任。

第二，教育集团成员学校的教师按人事关系所在学校的性质享受相关待遇，包括乡镇工作补贴等。

第三，树立典型，表彰先进。为促进教师积极参与交流，激发队伍活力和工作积极性，区教育局每学年将对教师交流情况进行考核，考核合格的，在评优评先、职称评定、岗位晋升及后备干部培养等同等条件下优先考虑。对圆满完成交流工作任务、表现突出、业绩显著的单位和个人，予以表彰。

二　G 区教师交流取得的成效

依托教育集团推进教师交流的模式得到了 G 区学校管理层的大力支持和教师的积极响应。H 小学校长（XZ2020MP）在访谈中提到"本想鼓励教师进行交流，但是没想到我们老师交流的积极性很高，全部都报满，所以我觉得我们制订方案、宣传效果还不错，老师认可度比较高，都去了"。调研发现，政策实施以来，区域内交流教师专业能力、薄弱学校学生成绩以及义务教育均衡化水平均得到显著提升。

（一）交流教师专业能力得到有效提升

对于教师来说，更换教学环境既是一种挑战，也是一种发展的机遇。教师交流到与原学校异质性较强的陌生学校，身体在场的融入、沟通与碰撞均有利于打破自身发展壁垒，获得新的发展动力，从而促进个人专业能力全面提升。一是教师发展的内在动力增强。S 中学副校长（XZ2020SLJ）在访谈中提到"交流丰富了教师职业生涯履历，开阔了教师教育视野。长期在一个地方容易思维僵化，甚至陷入职业倦怠。从一个熟知学校到全新的学校，在思想上有很大的转变"。一名从 C 中学交流到 S 中学交流的教师（JS2020WP）在访谈中提到"我们是从 C 中学到 S 中学，我们在 C 中学不断压低自己的教学，然后 S 中学我们要不断地拔高，一直去提升自己，打破舒适区，不断重新定位自己的教学"。二是教师教学观念得到更新。一名从 S 中学交流到 C 中学的教师（JS2020SXX）在访谈中提到"回去之后，我觉得原先对学生没耐心，现在看到学生特别努力，我觉得回到 S 中学对薄弱学生一定要有耐心"。一名从 K 区小学交流到 H 小学的教师（JS2020XDS）在访谈中提到"我在这里最大的感受就是凝聚力，我带了 6 年级班主任，班级活动中，集体的力量是我以前没感受到的。我是从小的地方到大的地方，看到了大的学校是怎么发展的。还有就是学校的人文关怀，老师过生日全部给庆祝，也让我非常感动。我自己也想要好好表现，努力去进步"。三是教师教学技能普遍得到提升。H 小学校长（XZ2020MP）在访谈中提到"最重要的我觉得是我们的老师交流以后在教育观念方面进行了吸取和融合，在交流过程中教师教育教学技能都得到了提高。比方说有位老师说他去交流代表着 H 小学，教不好都不好意思。在我们这儿交流的老师就说，我们的校本教研给了他们很大的帮助"。

（二）薄弱学校学生的成绩得到显著提高

通过集团内部教师交流，一批优秀教师来到薄弱学校，针对学生基础较差的情况，灵活调整教学内容和教育方法，薄弱学校的教学质量得到明显提升，学生成绩得到显著提高。一名从 H 小学交流到 K 区的教师（JS2020CF）在访谈中提到"来到新学校后发现新学校学生的基础不太好，我就根据学生情况重新备课，原来考二三十分的学生现在能考到五六十分了"。另一名从 H 小学交流到 K 区小学的教师（JS2020YD）在访谈中也提到"学生从 20 分提到六七十分,我感觉很有成就,觉得只要老师有耐心,学生的提升空间还是很大的"。

（三）推动区域内义务教育均衡化发展

集团化办学旨在通过优质教育的辐射作用促进教育均衡发展,政策实施一年以来,得到了交流教师和学生家长的广泛认可,部分薄弱学校学生"回流"现象显著,有力推动了区域内义务教育均衡化发展。S 中学副校长（XZ2020SLJ）在访谈中提到"我们区实施教师交流、集团化办学对老百姓有很大好处。我切身的感受是,促进了教育的均衡,在一定程度上化解了择校的难题。S 中学是优质学校,C 中学相对薄弱。通过交流,C 中学片区家长很认可（C 中学）,招生的时候更加容易了。优质教师资源均衡化使家长消解了对薄弱学校的担心,教师和学生因素结合使 C 中学更好发展了"。

三　集团化办学教师交流存在的问题

L 市 G 区依托集团化办学的教师交流政策虽然取得了不菲的成绩,但交流教师仍然面临一些需要克服的问题,这些问题主要体现在以下几个方面。

（一）交流教师的适应与再适应问题

教师的适应与再适应问题是教师交流过程中的重要问题之一。教育是一种育人活动,教师对教育场所及教育对象不适应将直接影响育人效果。通过调查发现,G 区交流教师也存在教学环境适应问题。首先,交流教师在交流初期存在对新教学环境的适应问题。交流教师刚进入新环境,面对周边的陌生环境,可能产生不适应问题,需要打破自身与新环境之间的隔阂,积极融入新集体,成为集体中的一员。从城区 S 中学交流到城郊 C 中学的一名教师（JS2020LFY）讲道:"我今年带的是初三,这个班里学生的基础比较差,我在以前学校探索出的教学模式和教学策略不适合这个班的教学,需要重新寻找适合这个班的教学方式。而且我担心在这个学校待久了,回到 S 中学后又面临难以适应 S 中学的教学氛围（的问题）,毕竟这两个学校的教学模式、管理模式、教风和学风差异较大。"从 K 区小学交流到 H 小学的一名教师（JS2020WGD）说:"刚开始听到交流比较抵触,因为原来（的）学校我已经习惯了。H一直都名列前茅，我怕辜负期望。"需要注意的是，交流教师在适应新环境的过程中不是一味被动地适应，他们在适应新环境的过程中也将自己在原来学校探索出来的教学经验带到新学校，在相互适应中达到共同进步的效果。其次，交流教师在交流结束后存在对原单位教学环境的再适应问题。各交流教师在交流期间适应了交流学校的教学模式，交流期结束后，可能会对原单位不适应。从C中学交流到S中学的一名教师（JS2020MS）讲道："现在我们也在考虑刚刚适应了以后又要回去怎么办，因为两个学校的学生差距和学校管理差距也太大了。"

（二）交流教师的发展兼容性问题

交流教师在交流过程中面临发展兼容性问题。以交流教师的职称评聘为例，交流教师的职称评聘是做好教师交流工作的重要内容，客观公正地评聘交流教师对提高交流教师工作积极性、激励更多优秀教师积极参与交流活动具有重要意义。交流教师的职称评聘是占原单位指标还是占交流所在单位的指标是一个值得深思的问题。G区对交流教师的评聘管理做了如下规定，"教师在交流期间，职称评聘、岗位晋升按交流所在学校岗位设置情况予以评聘；交流期间，凡返回原学校任教的交流教师按原岗位设置情况予以评聘"。由于每所学校的教师岗位设置不一样，职称评聘压力不一样，由郊区交流到主城区的教师不仅失去了乡村倾斜照顾的优势，而且加上自己是"外来户"，在职称评聘方面显然处于不利地位，容易引起这些教师的不满情绪。S中学的校长（XZ2020YYF）在访谈中提到"交流优秀的教师评职称我们都没有指标，我们现在够资格升高级职称的有120余人，连续三年都没有几个名额"。

（三）交流教师的待遇及交流补助差异问题

交流教师的生活待遇是影响其交流动力的重要因素，公平合理的待遇标准能够打消交流教师的顾虑，如果交流教师待遇的发放标准不统一，则容易使交流教师心理上产生不平衡感，进而影响交流教师的工作积极性。如G区教育局局长（JYJ2020MLK）在访谈中提到"最大问题是不同地区的个人利益不同，比方说一个地方有乡村补助，一个地方没有，那交流了乡村补贴给不给，两边标准不一样往往引发诸多问题"。笔者在调查中发现，G 区交流教师的补助标准没有达到统一，引起部分交流教师的不满。一名从 C 中学交流到 S 中学的教师（JS2020HLL）在访谈中提到"我们有一个困惑就是交流过程中条件的不对等，他们过去有各种优势的条件，我们现在什么都没有。干同样的工作，而待遇却不一样，这让我们交流的老师心理上有一种不平衡，可能会产生情绪"。

（四）教师交流政策的执行偏差问题

良性的教师交流应该是交流双方基于各自发展的目的，在自愿、互惠的原则下，合理配对、优势互补，最终达到交流双方合作共赢的效果。通过实地调查发现，由于缺乏科学的交流教师选拔与管理机制，G 区教育局出台的教师交流政策在部分地区学校的执行过程中出现偏差，致使交流政策变样、"走味"。这突出表现在部分领导层基于个人意愿安排教师交流，交流学校和交流教师缺乏自主选择权。一名从 C 中学交流到 S 中学的教师（JS2020ZD）在访谈中提到"在人员选派过程中有些领导会有个人的情绪，我觉得人员选派应该以学校的发展为目标，而不是由某一个或者个别领导决定……我们 C 中学派去 S 中学的教师中有很多人是带着个人情绪去交流的"。一名 H 小学交流到 K 区教师（JS2020HR）提到"其实我是带着很多苦来的，你想我原来所在学校条件这么好，然后到 K 区，学校条件差距太大了"。除了在交流对象的选择方面缺乏选择权，部分教师进入交流学校后，在教学选择方面也缺乏自主权。一位 H 小学交流到 K 区的教师（JS2020QQ）在访谈中提到"我们到交流学校，那个老师说，你是 H（小学）的你就得挑大的。我想不应该一去就让我们带最差的班，这不公平"。缺乏选择的权利和机会使教师交流流于形式，缺乏时效，不仅没有达到提高农村教学质量的目的，而且容易影响学校正常的教学工作。

四　基于集团化办学的教师交流优化建议

（一）组建教研共同体

组建具有较强凝聚力的教师教研共同体是有效解决交流教师适应与再适应问题的重要举措。教研共同体是基于学习共同体的一种联合教研模式，是以同质促进、异质互补的原则建立的，是根据各自特色和教师专业发展的需求，联合互动，共同开展教研，从而形成一种资源共享、相互借鉴、协同研究、共同发展的良好机制。① 交流教师到达新学校后，与新环境教师组成教研共同体，能够帮助交流教师尽快熟悉所在学校的学生，进而形成适合当地学生的教学模式，减少交流教师的教学困惑，缩短交流教师的适应期。交流教师在交流期限结束返回原单位时，积极融入原单位的教研共同体，能够有效缓解其教学环境再适应的问题。

（二）完善区域教师评聘机制

为了解决交流教师职称评聘等发展兼容性问题，可以建立区域层面的交流教师评聘机制，对区域内交流教师的职称评聘统一管理。对此，要成立区域层面的交流教师考核机构，对全区内的交流教师统一考核。在职称评聘的过程中，先由交流教师所在学校按照差额原则提名给区教育局，区教育局对其进行进一步考核后确定名单，并给予公示。交流教师所占的职称指标由区教育局单列另拨，不再占用所在交流学校和原单位的职称评聘指标。这样可以减少交流教师间及交流教师与学校间的矛盾，调动交流教师的交流积极性，推动教师交流政策顺利执行。

（三）建立科学交流补助标准

古人云："不患寡而患不均。"教师交流补助发放标准不统一会导致交流教师产生心理落差，不利于教师交流政策的真正推行。应健全教师交流补助政策，设置科学化交流教师补助标准，尽量减少交流教师间的不平衡感。在保障大多数交流教师补助标准相同的条件下，采取灵活措施，创新激励方式和手段，根据交流教师所处环境、交流学校距离给予梯度化补助，尽量照顾到每位交流教师的感受，消除他们的生活顾虑，进而提高交流教师的教学积极性。

（四）健全选拔与管理制度

在制定教师交流方案的过程中，要从实际出发，建立健全相应的选拔管理制度。一方面，要规范交流教师的选拔程序，给予交流学校和交流教师充分的自主选择权，尽量实现"供需"平衡；另一方面，可考虑采取灵活的交流方式，如交流时间、交流形式等可根据现状随时进行适当的调

---

① 高居二：《论学校教研共同体的构建》，《当代教育科学》2010 年第 12 期。

整①，以此真正达到教师交流目的，发挥其效用，而非仅仅流于形式。

第二节　基于"区管校聘"的教师交流：
Y 区实践经验

为加快区域内义务教育优质均衡发展进程，自 2017 年起，L 市 Y 区探索实施"区管校聘"改革，并在此基础上积极开展教师交流工作，取得了良好的成效。

一　依托"区管校聘"促进教师交流模式

（一）基本原则

Y 区的教师交流坚持"总量控制，动态管理；编随人走，岗随人动；正向流动，均衡发展；规范有序，平稳过渡"的基本原则。

（二）交流条件与周期

凡在同一所学校任教满 6 年以上（含 6 年），离法定退休年龄在 5 年以上的教师，须参与教师校际流动；不满 6 年的，经个人申请或学校根据区内共建需要，经研究同意，可参与交流；因病、孕等原因不能坚持正常教育教学工作的教师不纳入 2018 年教师流动范围。Y 区教育局规定参加交流的教师一次流动期限原则为 3 年。

（三）交流方向

Y 区交流教师的交流方向主要有三种：单向交流、双向交流和环形交流。单向交流指的是学科教师配备率高的学校教师向配备率低的学校调配流动；双向交流指的是区内共建学校中的领衔学校优势学科向成员学校薄弱学科派驻骨干教师，成员学校安排对应学科相同数量青年教师到领衔学校学习工作；环形交流指的是主城区较大规模学校之间同学科等额互派学校交流。

---

① 鲍传友、西胜男：《城乡教师交流的政策问题及其改进——以北京市 M 县为例》，《教育研究》2010 年第 1 期。

（四）管理考核与激励机制

第一，各校需结合实际情况规范教师工作量，合理安排教师课程任务。单轨学校（或班级人数少于 20 人）鼓励教师跨年级任教。鼓励教师以"跨校走班"的灵活方式进行走教流动。中小学校长（党组织负责人）要带头深入课堂教学一线任课听课，指导教师课堂教学。患病需工作量照顾人员，由各校根据本单位实际情况酌情安排。

第二，区级以上骨干教师要带头参与校际交流工作。参与板桥、宿城、连云、连岛辖区学校校际交流的教师，按要求享受相关生活补贴。

第三，参与交流人员要服从现工作单位统一管理。凡教师个人无正当理由拒不服从校际流动工作安排的，经核实后，当年年度考核确定为"基本合格"等次，低聘教师职务一级，两年内不得参与评优评先和申报高一级职称。基础性绩效工资中的岗位津贴在考核结果确定后，从次月起停发 6 个月，不参与当年度奖励性绩效工资分配。凡享受优秀教育人才相关政策规定津贴的教师，如不服从校际交流安排，则取消其相关待遇。自 2017 年 9 月起，对在条件较为艰苦学校工作的在职在岗教师发放生活补助，所需经费列入年度财政预算，每学期发放一次。

二 Y 区教师交流取得的成效

（一）促进义务教育师资均衡配置

Y 区依托于"区管校聘"的教师交流，促进了义务教育师资均衡配置。"区管校聘"的教师管理模式将教师由"单位人"变为"系统人"，以各校实际在岗教师为基础，以教研部门确定的各学科教师工作量为标准统一规划安排，便于各科教师的灵活调动，优化了区域内学校的师资布局，大大提高了区域内的整体教育质量。Y 区教育局人事科科长（JYJ2020WH）在访谈中提到"每年的交流政策制定前我们都会对区域内学校的师资状况进行调查，通过这两年的交流，各学校之间的师资配置均衡多了，整个区的教育质量显著提升了"。

（二）提升交流教师的专业水平

通过教师交流，交流教师的专业水平得到了提升。教师交流是交流教师专业能力进一步提升的重要途径。通过对交流教师的访谈发现，许多教师认为交流对其专业知识的扩充和专业能力的提升有很大的促进作用。交流到 D 中学的一名体育教师（JS2020PNN）在访谈中提到"我挺赞成教师交流的，在交流中还是能学到很多东西，以前我们学校的田径队的管理经验比较欠缺，我交流到这个学校，学到了很多田径队管理经验"。

三 "区管校聘"教师交流存在的问题

（一）交流教师遴选机制不健全

在教师交流过程中，交流教师和交流学校能否有充分的自由选择权直接影响其参与交流的积极性。Y 区教师交流是在区教育局对区域内各学校科目教师调查的基础上，由区教育局统一分配各学校学科教师交流指标。将交流指标下放到学校后，再由学校自行安排交流人员，然后上报给区教育局。对于具体教师的遴选标准，各个学校的规定不一样，这样每个学校派出的交流教师能力参差不齐。Y 区教育局人事科科长（JYJ2020WH）在访谈中提到"我们预先把需要交流的教师指标下放到学校，具体学校怎么安排、选择什么样的老师去交流我们不管，只要保障有人交流就行"。区教育局层面缺乏具体的教师遴选标准，致使交流教师的质量可能参差不齐。交流到 D 中学的一位教师（JS2020LH）在访谈中提到"我比较特殊，我是工作满 6 年了，按照区里文件规定的满 6 年必须得交流"。

（二）交流教师的学校归属感不强

教师能否静心从教、舒心从教，取决于其在任教环境中体验到的归属感。"区管校聘、编随人走"的交流方案将教师由"单位人"变为"系统人"，这种交流模式虽然有助于交流教师的管理与考核，便于更顺畅地推行教师交流政策，但容易造成交流教师的学校归属感不强。在调查中，一位交流到 D 中学的教师（JS2020NTS）谈道："交流初期，到了新的环境，挺不适应的，由于是编随人走，担心自己能不能回去。"D 中学的一位体育老师在访谈中谈道："我以前就在这个学校，后来交流到其他学校，三年后又交流回来了，人事关系跟着自己走，不断变换，感觉挺没归属感的。"

（三）人员调动、岗位聘用机制不完善

目前 Y 区"区管校聘"制度还存在不足，教师流动过程中的人员调

动、岗位聘用等问题是制约"区管校聘"改革的主要因素。目前 Y 区的教师流动还没有完全实现从"单位人"到"系统人"的转变。部分教师对出台的教师交流政策还存在一些抵触情绪。

四 基于"区管校聘"的教师交流优化建议

(一) 建立健全教师遴选机制

当前 Y 区在区层面还没有制定交流教师的遴选标准，只是规定了区域内所有教师在原单位工作满 6 年后必须参加教师交流，没有对遴选教师的专业素质、教龄等交流条件作出明确规定，而是将交流教师的遴选权下放给学校，这虽然有助于调动学校参与交流的积极性，但是容易产生敷衍应付、所派非所需的现象。对此，区教育局可以邀请专家、学者协助制定科学、合理的遴选标准，在具体实施过程中凸显"以人为本"的理念，淡化行政强制色彩，尊重教师的自主选择权。[①]

(二) 完善教师交流激励与保障机制

完善教师交流激励与保障机制是增加交流教师归属感的重要举措。首先，不仅要适当提升交流教师的待遇，还应对参与教师交流的教师在评优评先、职称晋升、参加培训等方面给予倾斜。其次，除物质方面的激励外，还应多关注交流教师的心理健康状况，定期对交流教师进行心理指导，及时发现并消除交流教师的消极懈怠情绪。最后，应为交流教师的专业发展提供支持，不仅为其提供能满足自身发展的平台，还应为其提供较多参与培训等的机会，从而提升教师的职业期待和职业满意度。

(三) 健全岗位聘用机制

首先，岗位设置工作能与职称制度改革工作同步研究推进，保持政策文件的相互关联与衔接。其次，在基层、边远地区学校工作的教师，或参与边远学校支教的优秀教师，在岗位晋级工作中可以不受学校现有岗位设置的限制，优先晋级。最后，打破目前岗位设置的限制，参照公务员职务和职级并行制度，让符合职级晋升条件的教师按照一定的考核要求，结合

---

① 王光明、张永健、卫倩平:《教师交流轮岗政策研究——以天津市义务教育为例》,《天津师范大学学报》(社会科学版) 2017 年第 6 期。

年龄、职龄等因素，直接晋升高一级职务。当职称、岗位不再成为影响教师工作积极性的制约因素时，教师流动工作的瓶颈问题也会得到根本性解决。

第三节 基于"学校共建"的教师交流：K区实践经验

为了提高教育水平，进一步实现区域间教育的均衡发展，2017年L市K区创新探索学校共建办学模式，深入开展教师交流工作。采用学校共建办学模式，可以快速提高L市K区教师队伍素质，使K区共建学校的教学水平得到提升，促进义务教育一体化发展。

一 以"学校共建"促进教师交流

2016年，《L市教育局L经济技术K区管委会教育现代化共建协议》颁布。学校共建就是以市直属的优质学校为龙头，以互派教干、教师进行深度交流合作的方式，与周边的薄弱学校、农村学校进行结对共建。

（一）共建模式参与学校和互派教师计划

参与学校共建的派出学校为XH小学和CW小学，接受支援的学校为Z1小学与Z2中学。互派的教师包括中层教干及骨干教师。经济技术K区参加共建的学校选派相应数量的教干、教师到市直属学校进行交流学习（见表8-1）。

表 8 - 1 参与学校和互派教师计划

派出学校	接受支援学校	人员性质	建议学科
XH 小学	Z2 中学	副校长、中层干部、骨干教师	数学、物理、历史、体育
CW 小学	Z1 小学	副校长、骨干教师	语文、英语、数学

（二）教师交流周期与条件

教师一次交流期限原则为3年。市直属学校选派交流教干、教师到K区共建学校开展共建工作，交流人员一般不少于6人，其中包括副校长1

人、中层干部 2 人、骨干教师 2 人。市直属学校校长任共建学校第一校长，市直属学校副校长任共建学校执行校长，其他人员工作职务根据工作需要确定。

交流教干年龄在 40 周岁以下的校长或副校长，要求教学实绩突出，具有丰富的管理经验和良好的道德修养，为学校中层干部；交流教师年龄在 40 周岁以下、教龄 6 年以上的优秀教师，要求具有坚实的学科理论素养，教育实绩突出，需曾获得区级及以上的骨干教师、教学能手、学科带头人、优秀班主任等称号。

（三）交流参与者的工作职责

由市教育局、K 区管委会和共建学校的相关负责人组成共建工作领导小组，领导小组下设办公室（下称"共建办"），由 K 区教育局局长兼任办公室主任，负责协调共建工作。

第一，共建办每学期需至少进行两次名校共建专题研究，并听取交流教干、教师的专题工作汇报。

第二，交流教干、教师在共建办的领导下开展工作，第一校长负责共建学校发展目标规划的制定，督促、指导规划的执行，协调相关事宜；执行校长在共建办指导下负责共建学校的日常教育教学管理工作。

第三，市直属学校教干要帮助 K 区学校制定学校发展规划，把直属学校的先进管理理念、管理经验、管理办法传授给 K 区学校，帮助该学校提升管理水平。

第四，市直属学校教师除承担相应学科的教学任务外，需以提高 K 区共建学校教师教学能力为目标，通过帮助共建学校制订学科教学提升计划、集中讲座、上公开课、集体备课、重点帮扶等形式，全面提升共建学校的教育质量。

（四）管理与考核办法

共建办负责对交流教干、教师的日常工作情况进行检查管理，第一校长根据教育教学工作需要，经协商自主开展工作，每月至少到共建学校工作两次；其他成员在共建办领导下，发挥团队作用，按照工作岗位要求全面履行工作职责，并定期向共建领导小组报告工作。

每学年对交流教干、教师进行一次考核，以接受共建学校原来的成绩为起点，学年末考试（或毕业升学考试）中，考查接受共建学校总成绩在全市教学质量评估中是否获得提升（包括综合得分位次有提升、名校创建有突破等）。

（五）激励办法与补贴

根据每学年的考核结果，以团队的形式发放奖金，奖金的基数为30000 元。若共建学校教学质量得到提升，视情况分设一、二、三等奖，奖金比例在基数基础上分别上浮 15%、10%、7%；若考核结果在全区学校中排倒数第一、第二名，奖金则分别下浮 10%、8%。

K 区负责交流教干、教师的交通补助和午餐补助。由共建工作领导小组对交流教干、教师进行考核，对实现教育教学实绩明显提升的教干给予奖励。

交流的教干、教师经考核合格，可享受到农村或边远地区支教的相关奖励与待遇。教师到农村或边远学校的交流经历是晋升高级教师职务的必要条件，在评先评优、职称评聘等方面也对交流教师予以倾斜。

二　"学校共建"模式下的教师交流成效

"学校共建"通过互派教干、教师进行定期交流的方式，有效提高了K 区的教育水平，进一步推动了区域间教育均衡发展。同时，在交流过程中，教师教学水平得到显著提升，家长对学校教育的认可度得到提高。

（一）推动区域间教育均衡发展

教师是影响教育质量的重要因素，是推动教育均衡发展的核心动力。在"学校共建"模式下，学校之间互派优秀教干、教师，将优质学校先进的办学理念与教学经验带到薄弱学校中，大大提高了薄弱学校的教育质量，缩小了城乡学校间的教育差距，有效推动区域间教育的均衡发展。例如，在 2019 年 K 区小学生基础能力素养达标竞赛中，Z1 小学获得了第二名的好成绩。2018 年中考，全市 140 所中学中有 23 所中学平均分超过 480分，Z2 中学就是其中之一。

（二）家长对学校教育的认可度得到提高

教师交流制度的推进，为教育均衡发展提供了有效助力。在"学校共建"模式下，优质学校与薄弱学校共享教育资源与平台，如开展"共上一节课，共读一本书"等主题活动，为薄弱学校带来了新的活力。同时，充分发挥优秀教师的辐射带动作用，不仅提高了本校教师的教学水平，学生的学习成绩也得到了有效提升，获得了学生与家长的认可，出现了学生"回流"的现象。K 区实施交流政策后，Z1 小学的招生人数在 2018 年有所提升，Z2 中学的招生人数由原来的 4 个班增加到 6 个班。K 区一位交流教师（JS2020CF）说："因为教学质量提高，做出（了）成绩，人家就愿意回来。共建对于这边的小孩来说还是非常好的，这边学校共建之后，留下的孩子越来越多了。"

（三）教师教学水平得到提升

教师交流有助于教师的专业水平提升。同一个工作环境，学生差异较小，长期处在相同的环境中，容易思维僵化甚至产生职业倦怠。教师交流到其他学校，无论是从薄弱学校到优质学校，还是从优质学校到薄弱学校，都需要接受身心方面的挑战，不断学习与提升，以适应新的环境、解决新的问题。在这个过程中，教师的教学水平与专业能力得到了有效提升。同时，优秀教师充分发挥辐射带动作用，为薄弱学校的教师发展注入了新的活力，薄弱学校的教师教学水平也得到了显著提高。K 区一位交流教师（JS2020WSD）说："应该说在师资力量、教育资源共享方面，也是迈出了实质性的一步。我们这边一个老师，秦老师代表 L 市，到省里面参加基本功大赛，获得了省基本功二等奖。市优质课、市基本功以及 K 区区内的演讲（课）、素养（课）、科研（课），我们也取得了很好的成绩。"K 区一位校长（XZ2020YG）说："比如我，改变了学校工作环境，我之前所接受的那套教育方式在这里可能就不适合，然后来到 Z1 之后我再因地制宜地改变一些教学方式，从这个角度来讲也是提升。"

三　基于"学校共建"的教师交流存在的问题

结对共建通过校际教学、管理人员双向挂职、定期交流，推动区域内教育的优质均衡发展。然而，在学校共建组织形式下的校际交流模式中，交流教师面临角色适应难题，交流补偿标准难抵教师损失，管理机制不健全影响交流效果。

（一）交流教师面临角色适应难题

在学校共建组织形式中，共建团队交流轮岗到结对学校，引发工作角色的适应性难题。其中，角色适应是指由于环境变化，教师所赋予的一系列角色要求随之发生相应变化，为此，教师个体或群体需要通过意识转变和行为调整，使之符合角色期望的过程。[1] 交流教师轮岗到新的工作环境，意味着一段新的社会关系的开始，其中包括师生关系、家校关系、同事关系及领导关系等。

第一，全新的教学对象引发教学适应问题。从客观上讲，不同地区学习主体在学业基础、学习能力、学习期望、家庭社会经济地位等方面存在差异，这就使交流教师初到新的学校会出现教学适应性问题。不同学校之间，尤其是跨城乡的学校之间，学生群体的认知水平和认知结构存在一定差异。城区学校聚集了许多家庭资本比较丰富的学生群体，而城乡接合部、乡镇等地区的学校存在许多留守学生，其家庭收入较低，对教育的投入较少。在多重因素交织作用下，互派教师需要针对不同的教学对象设计和调整教学方案。如一名从 CW 小学交流到 Z1 小学的教师（JS2020WM）谈道："CW 小学是城区学校，学生的质量比较好，Z1 小学主要在城乡接合部，一半以上的学生是留守儿童，还有外来务工人员子女。我刚到 Z1 小学（的时候），想开展阅读课程，结果发现学生都没有课外阅读的书目。"

第二，固化的社会印象引发心理适应问题。在社会舆论环境下，薄弱学校教师的社会地位不及优质学校的教师，教师交流轮岗到薄弱学校意味着"降职"，从而导致交流教师产生挫败感。受传统价值思维的影响，社会群体对不同类型教师的直观评价呈现显著差异。其中，教师社会地位的差异性特征表现为城乡间差异，同时也表现为重点校与非重点校的差异。[2]与薄弱学校相比，优质学校在资源投入、教学管理、办学效益等方面具有显著优势，其附属的社会声望也高于薄弱学校，因此交流到薄弱学校的老师可能会面临心理适应性问题。如从 CW 小学交流到 Z1 小学的一名校长（XZ2020SGH）表示："刚开始领导找我谈话的时候，我怎么也没想到是我，曾经有一个朋友的儿子还开玩笑说，我这是不是左迁了，内心多少还是有点落差。"

---

[1]　熊伟荣：《义务教育阶段流动教师角色适应的调查研究》，《基础教育研究》2014 年第 20 期。

[2]　张源源：《教师交流补偿标准研究》，《中国教育学刊》2019 年第 1 期。

第三，不同的组织机制引发环境适应问题。不同学校的组织文化、工作模式和管理细则等存在较大差异，为此交流教师将会面临适应和融入问题。学校管理模式受学校规模等多方面因素的影响，不同规模的学校采取的管理模式也不同。随着学校规模不断扩大，师生人数激增，传统的管理模式无法适应学校的超常规发展，有的大规模学校会实施年级部管理的扁平化模式。因此，共建学校互派的交流教师需要根据双方学校管理模式的差异性进行适时调整。如一名从 CW 小学交流到 Z1 小学的教师（JS2020YL）表示：“CW 小学的学校规模很大，实行扁平化管理，工作节奏比较快，所以 Z1 小学交流到我们那儿的老师得有两三个月才能适应过来，而我刚到 Z1 小学时就发现，这儿的工作效率相对比较低，该交活动方案的时候总是拿不出来，所以我们交流来的校长也一直在设法改变这儿的工作模式。”

第四，陌生的工作环境引发人际关系适应问题。长久下来，学校组织内部会形成持久、稳定的社会关系网，交流教师初入新的工作岗位，需要适应和构建新的人际关系网络。从教师的组织关系来看，教师与上级领导的层级关系、教师与同事的平行关系、教师与家长的社会关系等，都是交流教师需要思考和适应的问题。威廉·萨姆纳（William Sumner）首次提出“内群体”的概念，试图用其说明个体在所属群体中的归属感和自我意识，以及群体中他人对个体的影响。约翰·特纳（John Turner）继而提出了自我归类理论（Self-categorization Theory）对其进行补充。他认为，人们会自动地将与自己相仿或相似的个体视为内群体成员，而将与自己相背或相异的个体归属为外群体成员。[①] 对于交流教师来说，建立自己所属的内群体需要双方之间的反复互动，这是一个长期的过程，因此交流教师在入职初期的归属感较弱。

（二）交流补偿标准难抵教师损失

共建团队在双向交流过程中，工作和生活发生诸多变化，个人利益会受到一定损耗。首先，在学校共建的校际交流模式中，交流教师的人事关系及工资关系不发生改变，因此，教师的基本工资水平不受交流轮岗的影

---

① 李静、强健：《共同内群体认同视角下铸牢中华民族共同体意识研究》，《西南民族大学学报》（人文社会科学版）2021 年第 10 期。

响，但绩效工资水平会出现偏差。其次，因工作变动，交流教师需要承担额外的交通成本、时间成本及机会成本，也会因重新适应新环境而付出心理成本。由于家校距离变远，交流教师的家庭生活为此受到影响，如不便于照顾父母和教育子女等。交流轮岗期间，交流教师因不在原学校工作，要承担评奖评优、专业发展等方面的机会成本，例如共建团队从优质学校到薄弱学校，学校间的硬件环境和软件环境存在一定差距，部分教师担心脱离原来的教科研团队，专业发展会受到影响。[①] 还有的教师担心交流期间原学校的工作岗位被同事替代，交流结束后未能回到原岗位。如一名从 CW 小学交流到 Z1 小学的教师（JS2020MK）表示："我在 Z1 小学交流一年后回到 CW 小学，最开始学校领导想让我去教学教研部门，但是我不想去，因为这个部门经常承担一些市里的活动，经常加班，那我还是想回到原来的工作岗位，但之前的工作岗位已经有老师在岗了，所以被调到了另一个年级做主任。"最后，交流教师从优质学校交流到薄弱学校，其工作环境可能存在较大差距，存在艰苦条件损失。受经费投入机制的影响，优质学校的硬件环境相对完善，受地区基础设施的影响，优质学校的外部环境相对优越，因此，从优质学校交流到薄弱学校，尤其是从主城区的优质学校交流到城乡接合部、乡镇等地区的薄弱学校，交流教师可能在工作环境、生活状态等方面要承担一定的损失。[②] 如一名从 CW 小学交流到 Z1 小学的教师（JS2020LS）表示："Z1 小学的教师交流到我们学校是很乐意的，因为我们学校的工作环境、地理位置是很好的，相对而言，Z1 小学的工作环境就会艰苦一些。"

在学校共建组织形式下，交流教师因工作变动产生经济成本、机会成本及心理成本等，而其补偿标准未能弥补教师的实际损失。在生活保障方面，周转房建设尚不完善，交流教师的食宿补贴等难以平衡其成本，进而影响结对共建活动的持续开展。这主要表现在两个方面。一是教师周转房的配建工作尚不到位。由于家校距离变远，住房困难是交流教师普遍关注的问题，在一定程度上影响了教师参与交流的意愿。二是交流教师的补贴标准有待科学核算。教师的交流意愿与其补贴标准密切相关，如何科学测

---

① 张建伟、王光明：《机制建设："义务教育教师交流轮岗"矛盾的化解——以天津市交流轮岗教师调查为依据》，《现代基础教育研究》2017 年第 4 期。

② 夏茂林、冯文全：《定期轮换制度下流动教师利益补偿机制探讨》，《教师教育研究》2011 年第 1 期。

算由工作变动引发的额外成本是亟待解决的问题，补贴标准过低会打击教师交流的积极性。如受访校长（XZ2018ZS）表示："之前我们学校派老师到 HZW 学校，中间开车大概是一小时吧，自己开车自己加油，幸亏那个老师还有亲戚在那个学校附近住，还省了租房（费用），但一分钱的补贴（都）没有。"在待遇体系方面，共建学校的待遇体系不兼容，损害了部分教师的经济利益，引起教师的不满情绪。在学校共建组织形式下，互派学校的待遇体系各自独立，交流教师的工资虽由原学校支付，但其绩效工资部分会因交流工作出现差异，尤其是交流教师因不再承担原学校管理职务而损失管理岗位津贴，且流入学校没有对兼任该校管理岗职位的交流教师发放相应的津补贴，这在一定程度上损害了交流教师的经济利益。如一名从 CW 小学交流到 Z1 小学的教师（JS2020KDY）表示："我之前在 CW 小学做年级主任，有岗位管理津贴，一般奖励性绩效都会超过自己 30% 的部分，交流到 Z1 小学之后，我也是边上课边做办公室主任，但是因为不在 CW 小学做管理岗，我的岗位管理津贴就扣掉了，而且 Z1 小学也不会因为我做的管理岗而给予相应津贴，最后拿的奖励性绩效就比之前要少。"

（三）管理机制不健全影响交流效果

学校共建项目在配套经费、交流时长等方面的约束机制还不健全，教师交流的长效性和稳定性缺失。首先，维持结对学校活动开展的经费投入尚不充分，维持持续的高质量运行存在一定困难。共建学校双方要达成长期协议，需要配套经费的持续供给，以保证共建学校的活动建设和互派教师的生活补偿。如有的共建学校合作到期后，由于没有后续经费补充，便陆续将派出的师资撤回，终止了学校共建的校际交流。如有受访校长（XZ2018ZS）表示："之前我们学校支援 CZ 小学，教学硬件、设施设备跟我们这边相差无几，再加上我们的教师及管理队伍，可以说当时效果还是非常好的，但是因为后续的一些配套政策没有跟进，导致后续不可持续发展。"其次，成员学校之间签署的合作意向协议只规定了学校共建的周期和时长，对教师个体交流轮岗的时间未作明确要求，削弱了校际交流的规范性和稳定性。目前，对共建学校互派教师的约束机制尚不健全，互派教师的工作职责和交流时长等管理细则尚未规定，在一定程度上会影响交流的实效性。如有一名从 CW 小学交流到 Z1 小学的教师（JS2020LT）谈道："双方学校签订的协议是三年一个周期，总共两个周期，我来这儿交流一年以后，原来的学校招我回去，之前一年是完全待在 Z1 小学，后来就说让我以走教的形式来 Z1 小学，但是不在 Z1 小学代课了，只是把 CW 小学的一些活动策划拿过来分享。"最后，相关的教育行政部门以及共建学校组织内部缺少硬性制度和协商机制，到后期有的成员校合作积极性逐渐降低。在跨区域的学校共建组织形式中，打破区域间体制机制的障碍是学校共建活动持续开展的基础，共建活动的开展和教师的互派活动需要双方教育行政部门的协商和磨合，沟通机制不通畅极易造成学校共建活动的中断。如有受访校长（XZ2018ZS）表示："从宏观管理者角度来讲，要打破壁垒，不要有地方保护主义，不能因为你是市直的，我是区属的，非一个体制内的，就有一定的排斥。同时也要推进一些配套措施，不能说你来就来吧，我也不管，那光我们有热情也不行啊。"

四 基于"学校共建"的教师交流优化建议

针对学校共建组织形式下的校际交流模式面临的适应性问题、补偿性问题及管理机制问题，应构建交流教师角色适应路径，健全交流教师利益补偿机制，完善学校共建项目的管理机制。

（一）构建交流教师角色适应路径

多元主体应采取多种举措促进交流教师的角色适应，从上层政府部门到基层学校主体共同促进交流教师尽快适应流入学校的新环境。交流轮岗前，相关的教育行政部门应当组织岗前培训，帮助交流轮岗教师充分了解流入学校的周围环境、组织机制和教学对象等。交流轮岗期间，流入学校内部应加强沟通和协调，对轮岗教师的工作和生活给予人文关怀，支持和帮助交流教师重构人际关系，形成良好的组织合作氛围。针对轮岗教师的工作内容和职责进行定期的校本培训和跟踪指导，通过校本培训帮助交流教师实现组织文化的适应和岗位角色的重建，通过跟踪指导帮助交流教师适应当地的教学环境，通过教研平台共同探讨教育教学过程中的问题和困难。此外，还可以通过建立流动教师培训网站等途径，为不同地区、不同学校的流动教师提供资源交流、共享平台。[1]

---

[1] 钱朴：《教师流动中的社会学问题探讨》，《上海教育科研》2006 年第 11 期。

（二）健全交流教师利益补偿机制

设计差异化的补偿激励机制是实施结对共建学校互派教师计划的重要推力。在市域范围内，各级政府主体按照一定比例建立结对共建资金库，该项资金主要用于补偿和奖励结对共建学校及交流轮岗教师。在绩效工资部分，结对学校针对交流教师的绩效考核和工资分配进行沟通协商，避免交流教师的绩效工资部分受损。在流动成本部分，双方教育行政部门应通过实地调查明确成本类型，并以此为依据给予相应补偿，如按照工作变动距离、交通工具及时长合理测算交流教师的交通成本等。在补偿标准部分，按照流入学校的地理位置、交通条件、工作环境和生活条件等因素确定若干差别化的艰苦条件补贴。[①] 借鉴日本的津补贴基准，按照交流学校的区域特征设置差异化的艰苦条件补贴，按照交流教师的身份属性（如教师的职称级别、学科属性等）设置差异化的激励性津贴，按照交流教师的家庭情况（如是否需要照顾老人或抚养子女等）设置家庭型补贴等。为激发交流教师的工作积极性，除了进行必要的利益补偿外，还要科学考量共建团队的教育教学成果，建立相应的工作奖励机制。

（三）完善学校共建项目的管理机制

完善学校共建项目的管理机制，是实现教师交流轮岗预期目标的关键。在学校共建组织形式中，一方面，相关的教育行政部门和共建学校要在有效的沟通机制上达成共识，保证校际交流的长效运行，如保证共建活动的资金投入和建立配套的保障性和激励性措施等。另一方面，加强交流轮岗教师的约束机制。在学校共建过程中，应明确轮岗教师的交流时长和工作职责等，并在此基础上建立相应的奖惩机制；应通过对交流轮岗教师行为进行约束，加强共建学校的组织规范性，保证交流教师的工作效率。

---

① 夏茂林、冯文全：《定期轮换制度下流动教师利益补偿机制探讨》，《教师教育研究》2011年第1期。

参考文献

安晓敏、邬志辉：《农村小规模学校联盟发展模式探究》，《中国教育学刊》2017年第9期。

白亮、万明钢：《城乡义务教育一体化发展中县域学校布局优化的原则与路径》，《教育研究》2018年第5期。

鲍传友、西胜男：《城乡教师交流的政策问题及其改进——以北京市M县为例》，《教育研究》2010年第1期。

操太圣、卢乃桂：《"县管校聘"模式下的轮岗教师管理审思》，《教育研究》2018年第2期。

操太圣、吴蔚：《从外在支援到内在发展：教师交流轮岗政策的实施重点探析》，《全球教育展望》2014年第2期。

曹大辉：《英国"教育行动区"计划的特点分析》，《世界教育信息》2005年第10期。

常宝宁：《法国义务教育扶持政策与我国教育均衡发展的政策选择》，《比较教育研究》2015年第4期。

陈国华、袁桂林：《学校联盟：农村小规模学校发展的新探索》，《中国教育学刊》2016年第6期。

陈黎明、田刚：《"走教"现象暗含危机》，《瞭望》2007年第7期。

陈鹏：《乡村教师支持计划实施两年多 乡村教师下得去留得住教得好》，《光明日报》2017年9月16日，第5版。

陈鹏：《义务教育教师均衡配置的法理探源与法律重构》，《陕西师范大学学报》（哲学社会科学版）2010年第1期。

陈旭峰：《县域内城乡小学教师交流的激励机制研究》，《教学与管理》

2019 年第 27 期。

陈峥：《英国义务教育福利化的历史发展》，《湖南师范大学教育科学学报》
　　2011 年第 3 期。

程琪、曾文婧、秦玉友：《美国中小学教师流动的特征、影响及应对策
　　略》，《外国教育研究》2017 年第 12 期。

程艳霞：《从捆绑式区域管理到学区制治理的跨越》，《中国教育学刊》
　　2016 年第 11 期。

储优君、陈旭：《金坛市推出学校联盟教师交流新模式》，《学校党建与思
　　想教育》2010 年第 24 期。

戴颖：《我国教师交流政策发展与地方实施述评》，《教育评论》2015 年第
　　6 期。

邓亮、林天伦：《薄弱学校委托管理制度建设：困境与出路》，《教育科学》
　　2015 年第 5 期。

董天鹅：《教育经济学视域下中小学教师城乡交流问题思考》，《教学与管
　　理》2013 年第 3 期。

杜屏、张雅楠、叶菊艳：《推拉理论视野下的教师轮岗交流意愿分析——
　　基于北京市某区县的调查》，《教育发展研究》2018 年第 4 期。

樊改霞、孙焕盟：《学生：受惠主体还是政策服从者——基于城乡教师交
　　流政策的分析》，《中小学教师培训》2015 年第 5 期。

费方域：《约束均衡与短缺均衡理论的区别》，《学术月刊》1991 年第
　　11 期。

佛朝晖：《县域义务教育师资均衡配置政策执行现状、问题及建议——基
　　于县市教育局长的调查分析》，《教育发展研究》2011 年第 11 期。

付睿：《日本义务教育阶段教师定期流动制度研究——以教师流出与流入
　　机制为中心》，硕士学位论文，东北师范大学，2015，第 24 页。

付淑琼、高旭柳：《日本教师定期轮岗制的经济保障制度及其对我国的启
　　示》，《教师教育研究》2015 年第 1 期。

付卫东、范先佐：《〈乡村教师支持计划〉实施的成效、问题及对策——基
　　于中西部 6 省 12 县（区）120 余所农村中小学的调查》，《华中师范大
　　学学报》（人文社会科学版）2018 年第 1 期。

高海明：《"无校籍管理"促教师流动》，《教育》2014 年第 16 期。

高居二：《论学校教研共同体的构建》，《当代教育科学》2010 年第 12 期。

高如峰：《法国义务教育教师工资制度研究》，《河北师范大学学报》（教育科学版）1999 年第 3 期。

高如峰主编《义务教育投资国际比较》，人民教育出版社，2003，第 87～88 页。

郭丹丹、郑金洲：《学区化办学：预期、挑战与对策》，《教育研究》2015 年第 9 期。

国家教育发展研究中心编《中国教育政策分析报告（2011）》，高等教育出版社，2012，第 96 页。

国家教育发展与政策研究中心编《发达国家教育改革的动向和趋势（第二集）》，人民教育出版社，1987，第 265～266 页。

郝保伟：《促进教育均衡发展的中小学教师流动研究》，知识产权出版社，2015，第 34～37 页。

何舒颖：《教育公平视域下的中小学教师轮岗制审视》，《继续教育研究》2013 年第 6 期。

黄忠敬：《我国教育政策制定过程之探讨》，《教育理论与实践》2007 年第 5 期。

贾建国：《城乡教师交流制度的问题及其改进》，《教育发展研究》2008 年第 20 期。

贾晓静、张学仁：《县域内城乡义务教育阶段教师交流：问题、原因及对策》，《教师教育论坛》2017 年第 7 期。

姜超、邬志辉：《校长教师交流轮岗机制：类型、评价和建议》，《现代教育管理》2015 年第 11 期。

蒋硕亮：《国家公务员激励机制研究》，《中国行政管理》2003 年第 6 期。

靳希斌主编《市场经济大潮下的教育改革》，广东教育出版社，1998，第 288 页。

柯玲、赵燕：《城乡教育互动发展联盟模式研究——以成都市为例》，《教育研究》2013 年第 7 期。

雷万鹏、王浩文：《真实情境中教师的差异化行为：S 县"联校走教"政策十年观察》，《华东师范大学学报》（教育科学版）2019 年第 4 期。

李潮海、徐文娜：《校长教师交流的困境分析与实践建构》，《中国教育学刊》2015年第1期。

李潮海：《"走校式"教师交流值得提倡》，《中国教育学刊》2014年第5期。

李建忠：《OECD各国教师工资水平比较》，《中国教师》2009年第23期。

李静、强健：《共同内群体认同视角下铸牢中华民族共同体意识研究》，《西南民族大学学报》（人文社会科学版）2021年第10期。

李均、郭凌：《发达国家改造薄弱学校的主要经验》，《外国中小学教育》2006年第11期。

李凌、阳锡叶、宋晓敏：《教师交流制度化要跨几道坎》，《中国教育报》2014年1月20日，第3版。

李茂森：《城乡教师交流制度实施难题破解探析——基于浙江省A县的个案研究》，《中国教育学刊》2015年第6期。

李茂森：《"县管校聘"实施方案研究与再思考——基于浙、皖、粤、鲁、闽等5省"县管校聘"改革实施意见的内容分析》，《教育发展研究》2019年第2期。

李梦琢、刘善槐、房婷婷：《县域教师交流政策的场域脱嵌与优化路径——基于全国13省50县的政策文本计量分析》，《教师教育研究》2021年第3期。

李萍、储召生、蒋亦丰：《名校跨域突破 教育"时差"归零》，《中国教育报》2018年7月25日，第4版。

李素敏、牛蒙刚：《义务教育均衡背景下教师交流轮岗的困境与破解》，《天津师范大学学报》（基础教育版）2017年第1期。

李喜燕：《义务教育教师交流的问题、困境及制度路径》，《教育学术月刊》2011年第1期。

李先军：《城乡教师交流轮岗政策的失真与对策》，《教育科学研究》2019年第2期。

李学海、沈明意、王伟：《均衡发展城乡教育 创新教育管理机制》，《教育实践与研究（A）》2010年第2期。

李宜江：《城乡教师交流政策实施中问题与对策——基于对安徽省A县的调研分析》，《中国教育学刊》2011年第8期。

李奕：《集团化办学：基础教育基本公共服务模式的转型升级》，《人民教育》2017 年第 11 期。

李勇：《改革开放以来东西扶贫协作政策的历史演进及其特点》，《党史研究与教学》2012 年第 2 期。

廖全明、张莉：《我国中小学教师城乡交流现状、问题及对策》，《现代教育管理》2011 年第 5 期。

刘冬岩：《由关注到关怀——谈教师交流轮岗制度实施中的人文关怀》，《新教师》2015 年第 1 期。

刘光余、邵佳明：《构建基于受援学校的教师专业发展机制——教师轮岗制度的政策趋向探析》，《中国教育学刊》2010 年第 9 期。

刘敏：《以教师流动促进教育均衡——法国中小学师资分配制度探析》，《比较教育研究》2012 年第 8 期。

刘善槐：《我国农村教师编制结构优化研究》，《教育研究》2016 年第 4 期。

刘伟、朱成科：《农村学校实施教师轮岗制度的困境及其对策》，《教学与管理》2010 年第 22 期。

刘益春、李广、高夯：《"U－G－S"教师教育模式建构研究——基于教师教育创新东北实验区建设的实践与思考》，《教师教育研究》2013 年第 1 期。

柳燕：《论我国教师交流轮岗制度的实施困境与机制创新》，《教学与管理》2015 年第 10 期。

卢乃桂、柯政：《教育政策研究的类别、特征和启示》，《比较教育研究》2007 年第 2 期。

马焕灵、景方瑞：《地方中小学教师轮岗制政策失真问题管窥》，《教师教育研究》2009 年第 2 期。

马用浩、谷莎：《城乡教师交流轮岗制度运行的困境与对策》，《北京教育学院学报》2016 年第 5 期。

毛春华：《义务教育教师交流轮岗存在的问题、成因与对策》，《教学与管理》2019 年第 18 期。

莫兰、邹顺康：《公民参与公共政策制定的价值与障碍》，《人民论坛》2015 年第 5 期。

牛菊奎：《前进中的中央民族大学藏学研究院》，《中国民族》2001 年第

6 期。

庞祯敬、李慧：《成都市中小学教师流动：模式、效应及挑战》，《教育理论与实践》2014 年第 29 期。

彭新实：《日本的教师培训和教师定期流动》，《外国教育研究》2000 年第 5 期。

钱朴：《教师流动中的社会学问题探讨》，《上海教育科研》2006 年第 11 期。

钱再见：《公共政策执行的风险因素分析》，《江苏社会科学》2001 年第 6 期。

钱再见：《论政策执行中的政策宣传及其创新——基于政策工具视角的学理分析》，《甘肃行政学院学报》2010 年第 1 期。

石火学：《教育政策执行偏差的表现、原因及矫正措施》，《教育探索》2006 年第 1 期。

史亚娟：《中小学教师流动存在的问题及其改进对策——基于教师管理制度的视角》，《教育研究》2014 年第 9 期。

司晓宏、杨令平：《西部县域校长教师交流轮岗政策执行中的问题与对策》，《教育研究》2015 年第 8 期。

孙德芳：《英国提升薄弱学校质量的举措》，《中国教育学刊》2009 年第 6 期。

孙刚成、翟昕昕：《义务教育教师轮岗交流制度的困境及其对策》，《教学与管理》2016 年第 9 期。

孙绵涛主编《教育政策学》，中国人民大学出版社，2010，第 165 页。

孙启林主编《世界主要发达国家义务教育均衡发展比较研究》，东北师范大学出版社，2009，第 14 页。

唐松林：《中国农村教师发展面临的基本问题（二）》，《湖南农业大学学报》（社会科学版）2005 年第 6 期。

唐智松、温萍：《城乡教师交流中的适应性问题》，《中小学教师培训》2010 年第 7 期。

田汉族：《刚性教师交流制的实践困境与法律思考》，《教师教育研究》2011 年第 1 期。

田汉族、戚瑜杰、李丹华：《北京市义务教育教师交流的现状、问题与对策建议》，《教育科学研究》2014 年第 12 期。

汪波：《教育管理工作中的激励机制》，《教育理论与实践》2003 年第 16 期。

汪丞：《中日中小学教师流动之比较及启示》，《比较教育研究》2005 年第 11 期。

王芳琴：《嵌入人力资本的劳动力市场非均衡分析》，博士学位论文，吉林 大学，2013，第 14 页。

王夫艳、叶菊艳、孙丽娜：《学校里的"陌生人"：交流轮岗教师身份建构 的类型学分析》，《教育学报》2017 年第 5 期。

王光明、张永健、卫倩平：《教师交流轮岗政策研究——以天津市义务教 育为例》，《天津师范大学学报》（社会科学版）2017 年第 6 期。

王家峰：《作为设计的政策执行——执行风格理论》，《中国行政管理》 2009 年第 5 期。

王彦才：《中小学教师流动：问题及对策——基于海南省中小学教师流动 现状的调查分析》，《教师教育研究》2014 年第 2 期。

王艳玲：《社区共建：英国改造薄弱学校的新举措》，《外国教育研究》 2005 年第 4 期。

王正惠：《教师交流政策目标悬置分析——基于国家试验区的调查研究》， 《教育发展研究》2015 年第 18 期。

王正青：《国外促进城乡学校师资均衡配置的政策与举措》，《现代中小学 教育》2015 年第 1 期。

王志立：《公共政策执行成本的经济视角探析》，《企业导报》2011 年第 8 期。

潍坊市政府：《潍坊市三项措施深化中小学教师管理体制改革》，《机构与 行政》2015 年第 8 期。

吴小建、王家峰：《政策执行的制度背景：规则嵌入与激励相容》，《学术 界》2011 年第 12 期。

邬志辉主编《中国农村教育评论——教师政策与教育公正（2013）》，北京 师范大学出版社，2013，第 13～29 页。

夏茂林、冯文全：《定期轮换制度下流动教师利益补偿机制探讨》，《教师 教育研究》2011 年第 1 期。

夏茂林、冯文全、冯碧瑛：《日韩两国中小学教师定期流动制度比较与启示》，《教师教育研究》2012 年第 3 期。

夏茂林：《人力资本产权视角下义务教育教师流动问题思考》，《教育与经济》2014 年第 3 期。

夏征农主编《辞海》，上海辞书出版社，2002，第 1185 页。

小詹姆斯·H. 唐纳利、詹姆斯·L. 吉布森、约翰·M. 伊凡赛维奇：《管理学基础——职能·行为·模型》，李柱流等译，中国人民大学出版社，1982，第 195 页。

谢延龙、李爱华：《教师流动伦理：意蕴、困境与出路》，《现代教育管理》2014 年第 4 期。

邢俊利、葛新斌：《我国西部边远地区教师轮岗政策的执行困境与破解——基于西藏教师轮岗政策执行的调查分析》，《教师教育研究》2018 年第 6 期。

熊伟荣：《义务教育阶段流动教师角色适应的调查研究》，《基础教育研究》2014 年第 20 期。

徐玉特：《校长教师交流轮岗体制机制的困境与破解》，《教育理论与实践》2016 年第 4 期。

许学梅、嵇东海、许方维：《激励研究综述及展望》，《经济研究导刊》2009 年第 21 期。

薛正斌、刘新科：《中小学教师流动样态及其合理性标准建构》，《陕西师范大学学报》（哲学社会科学版）2011 年第 1 期。

荀以勇：《义务教育均衡化目标下的城乡教师交流探析》，《教学与管理》2016 年第 5 期。

阎光才：《NCLB 与布什政府的教育政策倾向》，《外国教育研究》2002 年第 8 期。

杨慧：《美国教师资格证书制度的改革》，《外国中小学教育》2004 年第 9 期。

杨天平：《我国农村中小学布局调整的原因、进程、问题及对策》，《教育理论与实践》2013 年第 16 期。

姚永强：《教师交流：好政策缘何遇尴尬？——一个典型农业大县的教师交流样本》，《中国教育报》2013 年 9 月 12 日，第 5 版。

叶飞：《城乡教师交流的"异化"及其对策分析》，《中国教育学刊》2012年第6期。

原思明：《邓小平及第二代中央领导集体治藏兴藏的思想》，《西藏研究》2004年第3期。

张建伟、王光明：《机制建设："义务教育教师交流轮岗"矛盾的化解——以天津市交流轮岗教师调查为依据》，《现代基础教育研究》2017年第4期。

张茂聪、张雷等：《公平与均衡：义务教育管理体制改革及制度保障》，山东教育出版社，2013，第138页。

张清宇、苏君阳：《校长教师交流轮岗实施方案中的问题与改进策略——基于35个区（县）校长教师交流轮岗实施方案的内容分析》，《教师教育研究》2017年第6期。

张淑细：《英国公学及其改革的历史演变》，《教学与管理》2001年第2期。

张田利：《日本偏贫地区中小学教师定期流动研究——以北海道地区为例》，硕士学位论文，华中师范大学，2017，第13、20页。

张源源：《教师交流补偿标准研究》，《中国教育学刊》2019年第1期。

张源源、刘善槐：《县域内教师交流的机制梗阻与政策重建》，《中国教育学刊》2016年第10期。

张源源、邬志辉：《美国HTS学校教师发展的措施及其对我国的启示》，《贵州师范大学学报》（社会科学版）2011年第5期。

赵爽：《政策工具视角下T市中小学教师交流政策反思》，《当代教育科学》2013年第20期。

郑刚：《建立教育对口支援长效机制的政策分析》，《中国教育学刊》2012年第7期。

中国社会科学院语言研究所词典编辑室编《现代汉语词典》（第7版），商务印书馆，2016，第650页。

钟文芳：《法国基础教育改革中的教师政策》，《教育评论》2004年第1期。

周晨琛：《我国中小学教师轮岗政策的合法性分析》，《教育发展研究》2015年第8期。

周国斌、杨兆山:《论城乡教师交流政策的完善与落实》,《教育研究》2017年第11期。

周洪宇等:《教育公平论》,人民教育出版社,2010,第16页。

周久桃、谢利民:《英国私立学校的发展及其启示》,《外国中小学教育》2006年第3期。

周黎莎、余顺坤:《基于激励相容的企业绩效管理模式设计》,《技术经济与管理研究》2012年第1期。

周珣、胡忠英:《组建教育"共同体",释放发展"群动力"》,《重庆日报》2018年5月14日,第10版。

朱昆:《法国中小学教师配置改革对我国师资配置的启示》,《教育导刊》2010年第8期。

朱亚丽、宋乃庆:《城乡教育帮扶模式的实践与思考——以重庆市"领雁工程"为例》,《教育研究与实验》2015年第1期。

朱玉明:《关于"工业反哺农业、城市支持农村"若干问题的探讨》,《财政研究》2005年第12期。

祝怀新:《英国基础教育》,广东教育出版社,2003,第27~28页。

Congress. gov, Library of Congress, "Amendments – H. R. 1 – 107th Congress (2001 – 2002): No Child Left Behind Act of 2001," https://www. congress. gov/bill/107th-congress/house-bill/1/amendments, Accessed March 25.

Glazerman, S., Protik, A., Teh, B. R., Bruch, J., & Seftor, N., "Moving Teachers: Implementation of Transfer Incentives in Seven Districts. NCEE 2012 – 4051," National Center for Education Evaluation and Regional Assistance 4 (2012): 3 – 4.

Hurwicz L., "On Informationally Decentralized Systems," in Radner and McGuire, eds., *Decision and Organization* (*Amsterdam: Elsevier Science*, 1972).

Institute of Education Sciences, "Impact Evaluation of Moving High-Performing Teachers to Low-Perform Schools," https://ies. ed. gov/ncee/projects/evaluation/tq_ recruitment. asp, Accessed March 25.

MEN, 2023, "Les informations clés sur la carrière des enseignants," https://guide-iprof. adc. education. fr/xmedia/L8416A60. htm, Accessed March 25.

Monk D. H., "Recruiting and Retaining High-Quality Teachers in Rural Are-

as ," *The Future of Children* 1 (2007): 155 – 174.

Steven Glazerman, Ali Protik, Bing-ru Teh, JulieBruch, & Neil Seftor, "Moving High-performing Teachers: Implementation of Transfer Incentives in Seven Districts," *Mathematica Policy Research Reports* 1 (2012): 15 – 16.

Walsh K. et al., "Attracting, Developing and Retaining Effective Teachers: Background Report for the United States," US Department of Education 10 (2004): 27, 42.

川前あゆみ「へき地・小規模校の1日訪問による学生の意識と端緒的教育効果」『へき地教育研究』第 63 号、2008。

島田雅治「へき地教育の重要性と問題点：隠岐島教師の実態を申心とて」『島根大学教育学部紀要（教育科学）』第 5 号、1971。

玉井康之「『へき地教育振興法施行規則』に見るへき地校のとらえ方の変化とへき地の課題」『へき地教育研究』第 62 号、2007。

玉井康之「義務教育費国庫負担制度の廃止問題とへき地・小規模校の統廃合問題——へき地校の役割と地域教育・地域振興の現代的課題」『教育学研究』第 12 号、2005。

佐々木徹郎「僻地教師の赴任の類型」『教育社会学研究』第 6 号、1954。

后　记

　　深入推进义务教育均衡发展，师资是关键。近年来，我国义务教育教师队伍整体素质不断提升，但教师质量在城乡、校际仍存在显著差距。持续推进县域内义务教育教师交流轮岗，是缩小城乡教育差距、促进教育公平的重要举措。经过努力探索，各地涌现出学校联盟、集团化办学、对口支援、乡镇中心学校走教等多种交流方式，但在激励保障、评价引导等方面仍有提升空间。为此，需要对交流政策进行深入研究，以进一步激发教师参与的积极性与主动性，保障教师交流的效果。基于这些研究内容，我们形成了此书稿。

　　本书系国家社会科学基金教育学青年课题"县域内教师交流的激励相容与约束均衡机制研究"（课题批准号：CFA140140）的研究成果。本书由研究团队共同完成。张源源设计了全书的框架并撰写了书稿，王爽、朱秀红、周兆海、武芳、李梦琢、赵垣可、王涛、薛芳芳、秦田田、房婷婷、李昀赟、冯晓瑞、孙硕、刘煜、杨颖等参与了书稿撰写和资料整理工作，毋锶锶、白茹、杨雨晴参与了格式调整和文稿校对工作。张源源进行了最后的校对、把关。本书能够顺利出版，要感谢国家社科基金对课题研究的支持，感谢在调研过程中提供资料与数据的教育管理者、校长、教师、学生和家长，感谢参与课题研究的老师和同学，还要特别感谢社会科学文献出版社谢蕊芬老师、孟宁宁老师在本书出版过程中对书稿的格式和语言表达提出许多完善建议，对此感激不尽！

　　在教师交流政策持续推进以及乡村教育不断发展的背景下，教师交流也涌现出一些新的问题，未来仍然有许多重要的问题有待进一步深入研究。限于研究能力和研究的数据资料，本书还有许多不足之处，敬请批评指正！

2023 年 5 月于长春

图书在版编目（CIP）数据

县域教师交流：现实样态与机制构建／张源源等著
. -- 北京：社会科学文献出版社，2023.7
（多元视野下的农村教育丛书）
ISBN 978 - 7 - 5228 - 1844 - 3

Ⅰ.①县⋯ Ⅱ.①张⋯ Ⅲ.①农村学校 - 中小学教育
- 义务教育 - 师资培养 - 研究 - 中国 Ⅳ.①G635.12

中国国家版本馆 CIP 数据核字（2023）第 098292 号

多元视野下的农村教育丛书
县域教师交流
——现实样态与机制构建

著　　者／张源源 等

出　版　人／王利民
责任编辑／孟宁宁
责任印制／王京美

出　　版／社会科学文献出版社·群学出版分社（010）59367002
　　　　　地址：北京市北三环中路甲29号院华龙大厦　邮编：100029
　　　　　网址：www.ssap.com.cn
发　　行／社会科学文献出版社（010）59367028
印　　装／三河市尚艺印装有限公司

规　　格／开本：787mm×1092mm　1/16
　　　　　印　张：14.25　字　数：232千字
版　　次／2023年7月第1版　2023年7月第1次印刷
书　　号／ISBN 978 - 7 - 5228 - 1844 - 3
定　　价／98.00元

读者服务电话：4008918866